정신분석
재발견하기

생각하기와 꿈꾸기, 배우기와 잊기

Thomas H. Ogden 저 | 김정욱 · 민경희 공역

REDISCOVERING PSYCHOANALYSIS
THINKING AND DREAMING, LEARNING AND FORGETTING

학지사

우리는 여러 가지 길을 통해 정신분석을 배워 왔다. 주로 학교에서 강의를 통해서나 정신분석 저서와 논문 등을 통해 배우는 것 같다. 역자 개인적으로는 학교에서 배운 정신분석과 현장에서 분석가를 통해 배운 정신분석은 달랐다. 관념적으로 그럴 것이라고 생각하는 것과 실제 경험하는 것 사이의 차이 같았다. 그것은 개인적으로는 정신분석의 재발견이었고, 새로운 길을 찾은 느낌이었다.

지금은 정신분석을 공부할 수 있는 길이 더 풍부해졌다. 그럼에도 종종 사람들이 정신분석을 공부하기 어렵고 접근하기 어렵다고 한다. 역자는 정신분석이 누구나 접근할 수 있는 학문이라고 생각한다. 그것은 자신의 정서적 경험을 꿈꾸기함으로써 가능하다고 생각한다. 우리는 꿈꾸기를 통해 각자 정신분석을 재발견할 수 있을 것이다.

프로이트는 꿈을 통해 무의식의 세계로 들어갈 수 있다는 것을 보여 주었다. 우리는 꿈을 꿈으로써 잠을 보호할 뿐만 아니라 미처 알지 못했던 의미들을 발견하게 되고, 점차 더 깊은 자신을 만나게 된다. 프로이트는 꿈을 밤에 꾼다고 생각하였다. 비온은 인간이 잠잘 때도 깨어 있을 때도 꿈을 꾸며, 꿈을 꿈으로써 미처 소화시키지 못했던 정서적 경험을 소화시킨다고 하였다. 우리는 일생 동안 생생한 정서적 경험을 꿈꾸고 생각하는 역량을 발달시켜 나가는 것이다.

프로이트는 정신분석이란 무의식을 의식화하는 방법론이라고 보았다. 반면 비온과 오그던은 의식을 무의식화해야 한다고 주장한다. 의식 속에 자리 잡은 무의식을 발견하기 위해 꿈을 꾸어야 한다는 것이다. 꿈꾸기는 의식적인 정서적 경험에 대해 무의식적 작업을 하는 것이다. 꿈꾸기는 정서적 경험을 직면하고 수용하는 과정에서 우리가 인간으로 존재하고 생성되어 가는 심리적 작업을 하는 것이다.

토마스 오그던은 이 책에서 정신분석의 이론적 깊이와 실천적 통찰을 조화롭게 엮어내고 있을 뿐만 아니라 인간의 무의식적 경험을 탐구하는 예술적이고 철학적인 여정으로 이끌고 있다. 오그던은 깊이 있고 독창적으로 정신분석의 본질을 성찰하면서, 우리 각자가 정신분석을 재발견하기를 요청한다. 우리는 정신분석 기법을 철저히 배우고 그것을 잊어버리고, 자신만의 정신분석을 재발견해야 한다.

이 책은 1장과 6장을 제외하고는 오그던이 2005년부터 2007년까지 써온 논문들을 엮은 것으로, 총 8장으로 이루어져 있다. 각 장에는 분석가, 환자, 슈퍼바이저, 슈퍼바이지, 집단 리더, 집단원, 세미나 리더, 세미나 구성원, 그리고 정신분석에 참여하는 모든 이들의 살아있는 정서적 경험이 생생하게 담겨 있다. 책의 제목에서 중요하게 볼 수 있는 것은 "-하기"라는 표현이다. 이것은 정신분석이 지속적이고 역동적인 과정임을 의미하며, 정신분석 작업이 끊임없이 변화하고 창조되는 경험이라는 오그던의 생각을 나타낸다. 따라서 정신분석은 단순히 읽고 이해하는 것이 아니며, 정신분석에 참여하는 모든 이들은 각자 자신만의 방식으로, 정신분석을 경험하고 자신만의 정신분석을 재발견하고 창조해야 하는 것이다.

오그던은 환자와 함께 정신분석을 새롭게 창조하는 것에 대해 이론적 맥락을 설명하고 치료 예시를 보여 준다. 1장에서는 오그던이 이 책 전체를 통해 말하려고 하는 바를 개관한다. 분석에서, 슈퍼비전에서, 분석적 글에서 어떻게 정신분석을 재발견하고, 어떻게 꿈꾸기를 하는지 개관한다.

2장에서는 환자와 분석가가 만들어 내는 새로운 형태의 대화하기를 보여 준다. 이것은 "꿈꾸기"에 기반한 대화하기로, 자신의 생생한 정서적 경험에 대한 무의식적 심리적 작업을 의미하며, 레브리, 자유연상, 일차과정 생각하기, 논점 이탈의 대화하기 방식으로 나타난다. 이러한 "꿈꾸기로서 대화하기"는 환자가 이전에는 "꿈꿀 수 없었던" 정서적 경험들을 꿈꿀 수 있도록 하며, 환자가 자기 자신으로 존재할 수 있도록 한다.

3장과 4장에서는 정신분석 슈퍼비전과 가르치기가 무엇인지, 분석가가 되는 것이 무엇인지, 슈퍼바이저와 분석가의 역할이 무엇인지를 보여 준다. 또한 "시간 낭비하기"와 "분석적 글쓰기와 읽기" "집단적 꿈꾸기" "귀 훈련하기 경험으로서 시와 소설 읽기" "배운 것을 잊기"를 통해 분석적 가르치기가 단지 지식이나 기술을 전달하는 것이 아니라, 이전에는 꿈꿀 수 없었던 치료 상황의 경험 측면들을 꿈꿀 수 있는 역량을 향상시키는 과정임을 보여 준다.

5장과 6장에서는 비온의 치료 예시와 이론에 대해 설명한다. 5장에서는 분석가의 살아있는 존재 방식으로서 스타일을 강조하고, 비온의 임상 세미나에 대해 더 깊이 생각하고 꿈꿀 수 있도록 한다. 6장에서는 생각하기 이론에 대해 설명하는데, 진실을 알고자 하는 인간의 욕구가 얼마나 중요한지 알 수 있다.

7장에서는 로왈드와 오이디푸스에 대해 말 그대로 재고찰하게 된다. 부모자식 관계에서 진정으로 죽어야 할 것이 무엇인지 돌아보게 한다. 8장에서는 "해럴드 설즈"라는 한 인물에 대해 생각하게 된다. 우리가 모르는 사이에도 분석이라는 것이 얼마나 많은 사람에게 개인적이면서도 밀도 있게 진행되고 있는지를 볼 수 있다.

이 책을 번역하는 과정에서 오그던이 인간 존재의 이유에 대한 근본적인 질문을 던지고 자신만의 답을 찾아가는 여정에 독자를 초대하고 있다는 느낌을 받았다. 이 책에 사용된 단어 하나하나, 문장 하나하나를 소리내어 읽는 과정 자체가 "[오그던이] 누구인지, 어떤 사람으로 생성되고 있는지, 그리고 [우리 자신이] 누구인지 어떤 사람으로 생성되고 있는지"에 대해 발견하는 과정이 될 것이다.

역자들은 이 책을 통해 프로이트의 작업과, 비온의 작업을 새롭게 볼 수 있게 되었을 뿐만 아니라, 설즈, 로왈드의 작업과 쿳시의『추락』, 코엔 형제의 영화 〈아리조나 유괴사건〉, 데릴로의『지하 세계』, 윌리엄스의『의사 이야기』와 같은 예술 작품들을 새롭게 만나게 되었다. 그럼에도 역자들의 경험과 능력의 한계로 인해 오그던의 사고의 깊이와 풍부함을 다 전달하기 어려웠던 것 같다.

판권을 얻기부터 이 책이 출간되기까지 긴 시간을 기다려 주고 응원해 주신 학지사 김진환 사장님과 한승희 부장님, 편집부 백소현 실장님에게도 심심한 감사의 마음을 전한다.

2025년 2월
역자 일동

차례

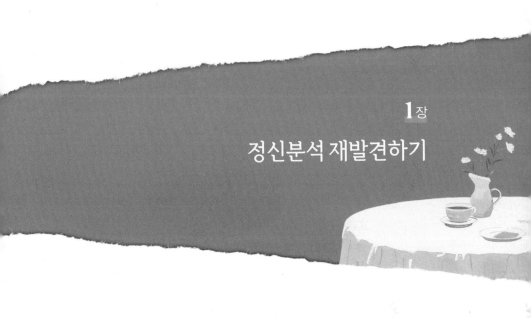

1장
정신분석 재발견하기

나는 6, 7세 무렵부터 줄곧 정신분석이 심리적 문제, 즉 불행하거나 무섭게 느끼는 것과 같은 문제를 치료하는 형태라고 알고 있었다. 하지만 16세 때 프로이트의 『정신분석 강의』(1916-1917)를 읽고 나서, 나는 처음으로 정신분석이 우리가 어떻게 지금의 우리 자신이 되었는지에 관한 일련의 아이디어들이라는 것을 발견하였다. 발견하였다는 용어를 사용할 때, 나는 그 일련의 입문 강의 중 기억할 만한 문장에서 한 단어를 빌려온 것이다: "그러나 나는 여러분에게 치료 방법으로서 정신분석에 대해 직접 말해 주지 않고, 여러분 스스로 직접 발견하라고 할 것입니다"(1916-1917, p. 431). 가르치는 것이 아니라 발견하라고 초대를 받는 것보다 어떻게 더 잘 정신분석을 소개할 수 있겠는가?

나는 그때의 처음 발견 이후 인생의 많은 시간을 정신분석을 재발견하는 데 보냈다. 중요한 의미에서, 하나의 정신분석적 삶은 어떤 다른 방식으로 살 수 없다. 결국, 정신분석은, 일련의 아이디어로서 그리고 치료 방법으로서, 처음부터 끝까지 생각하기와 다시 생각하기, 꿈꾸기와 다시 꿈꾸기, 발견하기와 다시 발견하기의 과정이다.

이 책의 모든 영역을 관통하는 공통된 줄기는 분석가의 과제가 자신이 하는 모든 것에서 정신분석을 재발견하는 과정에 참여하는 것이라는 생각이다: 모든 분석 회기에서, 모든 슈퍼비전 시간에서, 모든 정신분석 세미나에서, 모든 분석적 저술 읽기에서 등등.

정신분석을 재발견하는 것은 자유로운 사고 행위와 겸허한 행위, 쇄신 행위와 새로운 발견 행위, 자기 자신에 대해 생각하는 행위와 다음과 같은 인식 행위를 수반한다.

> 따라서 오늘날 히스테리와 그 심리적 기초에[또는 정신분석의 어떤 다른 측면에] 관해 자신의 견해를 제시하려는 사람 중 누구도 다른 사람의 사고의 상당 부분을 반복하는 것을 피할 수 없다. … 아래의 내용에서 독창성을 주장하지는 않겠다. (Breuer and Freud, 1893-1895, pp. 185-186)

이 책에서, 나는 세 가지 중복되고 서로 얽힌 형태의 정신분석을 재발견하는 나의 경험에 대해 이야기할 것이다: (1) 매 분석 회기에서 환자와 이야기하는 과정에서 정신분석을 새롭게 창조하기, (2) 정신분석을 슈퍼비전하고 가르치는 경험에서 정신분석을 재발견하기, (3) 분석적 텍스트와 문학 작품을 읽고 쓰는 행위에서 자기 자신을 위한 정신분석을 "꿈꾸기". 비록 나는 이러한 형태의 재발견을 각각

구분된 주제로 논의하지만, 주제들은 질서 있게 줄 서 있기를 거부한다: 슈퍼비전에 대한 생각들이 환자와 대화하는 논의에 슬금슬금 끼어들고, 분석 텍스트를 철저하게 읽다 보면 슈퍼비전과 가르치기에 대한 논의에 들어가게 되며, 창의적 문헌에 대한 반응들이 분석적 사례 논의에 등장한다 등등. 사실상, 이런 형태의 정신분석 재발견하기의 세 가지 형태 모두 이 장의 각 절에서 그리고 이 책의 모든 장들에서 서로 대화 중에 있다.

환자와 대화하는 경험에서 정신분석을 재발견하기

주요 매체, 아마도 내가 정신분석을 재발견하는 작업에 참여할 수 있는(그리고 그렇게 함으로써, 정신분석가가 되는 것이 어떤 것인지 재발견할 수 있는) 기회와 책임이 있는 그 주요 매체는 환자와 함께 있고 함께 대화하는 작업이다. 특히, 나는 매 분석 회기에서 각 환자와 새롭게 정신분석을 창조하는 것이 나의 역할이라고 본다. 이러한 정신분석의 재발견에서 결정적으로 중요한 측면은 분석의 그 순간에 그 환자에게 고유한, 각 환자에 대해 대화하기 방식을 창조하는 것이다. 내가 각 환자와 다르게 대화한다고 하는 것은 단순히 다른 목소리 톤, 말의 리듬, 단어의 선택, 형식적인 것과 비형식적인 것의 유형 등을 남의 시선을 의식하지 않고 사용하는 것을 가리키는 것이 아니다. 오히려 이 지구상에서 다른 어떤 두 사람 사이에도 존재할 수 없는 특별한 방식으로 다른 사람과 함께 있고 함께 소통하는 것을 가리킨다.

나는 내 인생에서 다른 어떤 사람과도 대화하지 않는 방식으로 환자와 내가 대화하고 있다는 것을 평소보다 더 잘 깨닫는 경우들이 있다. 이러한 순간들에는 나 자신이 매우 운이 좋은 사람이라는 강한 느낌이 든다. 환자에게 그리고 나에게 가장 중요한 것이 무엇인지에 대해 대화하기의 방식을 다른 사람과 함께 창조하는 데에 나의 삶의 많은 시간을 보낼 수 있기 때문이다. 이런 경험에서, 나는 내 삶의 다른 어떤 부분에서도 일어나지 않는 방식으로, 정서적으로 지적으로, 나 자신에게 이끌리고 있고 또 활용하고 있다. 이런 면에서, 설즈는 내가 종종 느끼고 생각했지만, 글로 쓰기는커녕 말할 용기조차 없었던 것을 표현했다. 조현병 환자의 심리치료에서 일어났던 경험을 이야기하면서, 설즈(1959)는 (그만이 표현할 수 있는 방식으로) 말한다, "우리가 침묵하며 앉아 있는 동안 그리 멀리 떨어져 있지 않은 라디오에서 감미로운 로맨틱한 노래가 흘러나오고 있었다. … 나는 갑자기 이 남자가[환자가] 세상 누구보다 나에게 소중한 사람이라는 것을 느꼈다, 내 아내를 포함해서."(p. 294) (설즈의 정신분석에 대한 이런 측면과 다른 측면에 대한 논의는 8장 참조)

분석가로서 어느 정도 성숙하기 위해서는—내 경험상, 10년 내지 20년 전일제 치료 실제 정도의—매우 긴 시간이 필요하다. 그래야 분석가로서 어느 정도 일관성을 가지고, 각각의 환자와 대화할 때 자기만의 고유한 방식으로, 그리고 그 특정 환자와의 분석적 대화에서 그 순간만의 고유한 방식으로 대화할 수 있다. 정신분석 기법을 철저하게 배운 다음 "그것을 잊을 수 있는" 포지션에 가야 한다—즉, 스스로 정신분석을 다시 발견해야 한다. 내가 기술하는 방식으로 환자와 대화하기 위해서는 분석가가 분석적 틀에 매우 신중하게 주의를 기울여야 한다. 내가 환자와 이런 방식으로 대화할 수 있을 때, 내가 "해석하기"와 다른 형태의 "분석적 개입"을 제시하는 것을 멈추고, 대신 환자와 "단순히 대화하기(simply talking)"하는 것으로 느껴진다. 환자와 "단순히 대화하기"는, 내 경험상, 보통 "대화를 단순히 하기(talking simply)"를 포함한다—즉, 진부한 표현, 전문용어가 없고, "치료적이고" 그 밖에 "안다"는 어조가 없는 단순하고 분명한 방식으로 말하는 것이다.

이런 측면에서 최근 슈퍼비전 경험이 떠오른다. 한 경험 많은 분석가가 자신의 분석이 "완전히 멈춰 버린 것" 같다고 자문을 구했다. 그는 자신이 해석했던 여러 유형에 대해 말했는데, 어떤 것도 환자에게는 가치 없어 보였다. 그가 말할 때, 나는 그 분석가에게 호기심을 느꼈다. 그는 매우 흥미롭고 매력적이었는데 "특이한 사람" 같았다. 그는 어디서 자랐을까? 아마도 남부 같았다—어쩌면 테네시주 같았다. 그는 어떤 소년이었을까? 어쩌면 조금 방황하고, 옳은 일을 하긴 했지만, 반항적인 기질이 있어서 비밀을 잘 지키고 있었을 수도 있다.

나는 그 분석가에게 그가 아직 환자와 대화하기를 시도해 보지 않은 것 같다고 말했다. 나는 그에게 해석하지 말고, 삶에서 가장 혼란스러운 것에 대해 대화해 보려는 희망과 두려움으로 그에게 온 한 인간으로서 환자에게 단지 대화해 보라고 했다. 그는 대답했다, "당신 이야기는 내가 이 환자와 분석하는 것을 멈춰야 한다는 건가요?" 나는 대답했다. "그래요. 만약 '분석을 한다는 게' 분석가로서 당신이 어떻게 해야 할지 이미 알고 있는 것을 말하고 듣는 것이라면요. 당신이 지금까지 다른 환자들과 함께 작업해 왔던 분석가였던 것과는 전혀 다르게 이 환자와 함께 하는 분석가가 되는 것이 어떤 느낌일지 느껴 보는 건 어떨까요?"

슈퍼비전 시간이 끝날 즈음, 분석가는 앞으로 이 환자에 대해 어떻게 진행해야 할지 어찌할 바를 모르겠다고 말했다. 나는 이러한 반응이 분석가가 우리의 대화를 활용했다는 좋은 표시라고 생각했다. 우리가 6주 뒤에 만났을 때, 분석가는 슈퍼비전을 받은 이후, 어찌할 바를 몰라서, 내게 읽어주었던 그 치료시간 이후 몇 주간 있었던 치료시간 동안 자신이 거의 말을 하지 않는다는 것을 알았다고 말했다. "대신 내가 뭘 놓쳐 왔나를 들으려고 했어요. 조용히 있음으로써 내 마음을 비우려고 했지만, 그런 식으로 치료시간마다 들으려고 안간힘을 쓰니 소진이 되었어요. 나는 환자와의 치료시간을 두려워한다는 길 알았어요." 이어 분석가는 내게 말하기를 우리의 슈퍼비전 이후 약 한 달이 지난 뒤 한 치료시간을 시작할 때, 그는 마침내 "포기했고" 환자에게 물었다고 했다. "내가 오늘 어떻게 하면 당신에게 도움이 될 수 있을까요?" 그는 이 질문에 환자가 놀란 것 같았고 다음과 같이 답했다고 말했다. "선생님이 그렇게 질문해 줘서 매우 기뻐요. 나는 정신분석에 실패한 것처럼 느껴져서, 오랫동안 내가 선생님의 시간을 낭비하지 말아야 한다고 생각해 왔어요. 나는 단지 어떻게 하면 선생님처럼 생각하고 말할지를 모르겠어요. 나는 오늘 여기 오기 전에 선생님이 분석을 끝내겠다고 말할까 봐 두려웠어요. 환자는 몇 분간 조용히 있다가 말했다." "만약 선생님이 한 말이 정말 진심이라면, 나는 어떻게 하면 내 아이들에게 더 나은 엄마가 될 수 있을까를 도움받고 싶어요. 나는 끔찍한 엄마였어요."

그 분석가는 아주 오랜만에 처음으로 환자가 그 치료시간에 한 말이 진정으로 흥미롭다고 느꼈다고 말했다. 나는 첫 슈퍼비전 시간에 분석가에 대한 나의 호기심과 상상을 떠올렸다. 회고해 보면 그가 그 나름대로 분석가로서 "자기 자신을 꿈꾸기" 어려운 것에 반응해서 내가 분석가에 대해 "꿈꾸고" 있었던 것 같다. 분석가는 환자에게 다음과 같이 말했다. "당신이 엄마가 되려고 할 때 두려움으로 가득 차 있고, 그것이 당신을 끔찍한 엄마처럼 느끼게 한다고 생각합니다. 나는 당신이 엄마가 되려고 노력하는 것이 단순히 엄마가 되는 것과 전혀 같지 않다는 것을 안다고 생각합니다. 내 생각엔 당신이 자연스럽게 느끼는 방식으로 어머니가 되려면 어떻게 해야 할지 모른다고 느껴져서 두려운 것 같아요."

나는 분석가에게 말했다. 내 마음에 확실한 것은 그와 환자가 이전에는 서로 말해 보지 않았던 방식으로 서로 말하기 시작했다는 것이다. 그리고 둘 중 누구도 그들의 삶에서 다른 누구와도 그런 식으로 말해 보지 않았던 것 같았다는 것이다.

기술한 순서에 따라, 분석가는 어떻게 할지 기존에 알고 있던 방식대로 분석가가 되는 것을 "포기"함으로써 자기 자신이 분석가가 되는 경험을 재발견할 필요가 있었다. 그렇게 함으로써, 분석가는 어떻게 분석가가 되어야 할지—어떻게 듣고 어떻게 환자와 대화할지—알지 못했던 경험에 대한 공간을 스스로 만들 수 있기 시작했다. 환자는 분석가가 스스로 생각하고 말할 수 있는 능력이 더 나아졌고, 무엇을 하고 있는지 전혀 모르는 "끔찍한 분석가"로서의 경험과 함께 살아갈 수 있게 되었다는 것을 의식적, 무의식적으로 인식하면서 분명히 안도감을 느꼈다. 바로 그때서야 환자는 끔찍한 엄마가 되는 자신의 경험을 인식하고 이야기할 수 있었다. 물론, 내가 인용한 것은 환자와 분석가가 말했던 축어록에서 가져온 것은 아니다. 그보다는 그 회기에서 무엇이 일어났는지 분석가가 구성한 것을 내가 재구성한 것이다. 이것은 내가 사용하고 있는 탐구 방법에 내재된 결함이 아니다. 그것은 이 방법의 중요 요소이다. 왜냐하면, 분석에서, 슈퍼비전에서, 분석 경험과 슈퍼비전 경험 사이의 관계에서 무의식적 수준에서 일어나는 것에서 진실한 뭔가를 포착하도록 돕는다는 점에서 그렇다(3장에서, 나는 분석적 슈퍼비전 경험의 이런저런 측면을 논의한다).

이러한 슈퍼비전 경험을 논의하면서, 나는 분석가를 "꿈꾸게 한다(dreaming up)"는 구절에서 **꿈꾸기**라는 용어를 사용하였다. 다른 사람을 꿈꾸게 한다거나 자기 자신이 존재하도록 꿈꾼다는 생각의 바탕에 있는 꿈꾸기 개념은 이 책에 뒤따르는 모든 것에서 근본적인 역할을 한다. 비온(1962a)의 전통을 따라, 나는 **꿈꾸기**라는 용어를 자신의 정서적 경험에 대한 무의식적 심리적 작업을 가리키기 위해 사용한다. 이러한 꿈꾸기 작업은 성격의 상이한 측면들 간의 대화에 의해 이루어진다(예를 들어, 프로이트[1900]의 무의식적 및 전의식적 마음, 비온[1957]의 정신증적 및 비정신증적 성격 부분, 그롯슈타인[2000]의 "꿈을 꾸는 꿈꾸는 자" 및 "꿈을 이해하는 꿈꾸는 자", 샌들러[1976]의 "꿈-작업" 및 "이해 작업"). 개인의 정서적 경험이 매우 혼란스러워서 꿈꾸기를 할 수 없을 때(즉, 그것으로 무의식적인 심리적 작업을 할 수 없을 때), 그는 그가 이전에 꿈꿀 수 없었던 경험을 꿈꾸기 위해 다른 사람의 도움을 필요로 한다. 이런 상황에서, 그것은 생각하는 두 사람을 필요로 한다. 분석 세팅에서, 다른 사람은 분석가이다. 슈퍼비전에서는 슈퍼바이저이다. 세미나 세팅에서는 집단 리더와 작업 집단의 정신성이다(Bion, 1959).

꿈꾸기는 잠잘 때나 깨어 있는 삶에서 계속해서 일어나지만, 깨어 있을 때는 우리의 꿈꾸기를 거의 깨닫지 못한다. 레브리(Bion, 1962a; Ogden, 1997a, b 참조)와 자유연상은 전의식적인 깨어 있는 꿈꾸기의 형태이다. 이런 방식으로 생각된 꿈꾸기는 무의식을 의식화하는 과정이 아니다(즉, 무의식의 파생물을 의식적인 이차 과정 사고에

가용한 것으로 만들기가 아니다). 그보다는 의식을 무의식화하는 과정
이다(즉, 의식적인 살아있는 경험을 무의식적 심리적 작업과 관련된 풍부
한 사고 과정에 가용한 것으로 만들기이다)(Bion, 1962a). 꿈꾸기는 개인
적인 상징적 의미를 우리의 살아있는 경험에 부여하는 과정이며, 이
런 의미에서 우리는 우리 자신과 다른 사람이 존재하도록 꿈꾼다.
더 나아가, 분석가나 슈퍼바이지를 도와서 이전에 꿈꿀 수 없었던
경험을 꿈꾸게 할 때, 그는 환자나 슈퍼바이지가 자기 자신이 (개인
으로서나 분석가로서) 존재하도록 꿈꾸는 것을 돕는 것이다.

　이러한 꿈꾸기 개념을 염두에 두고서, 나는 분석 세팅에서 깨어
있는 꿈꾸기(예를 들어, 자유연상) 역량이 거의 없는 환자들과의 작업
과정에서 일어났던 정신분석의 재발견을 살펴볼 것이다. 그러한 많
은 환자들과의 수년간의 분석 이후, 나는 내 자신이 (의식적 의도 없
이) 이들 환자와 책, 연극, 미술 전시회, 정치 등등에 관한 겉보기에
"비분석적인" 대화를 나눈다는 것을 알았다. 얼마 후 나는 이런 대화
들이 깨어 있는 꿈꾸기의 형태라는 것을 깨닫게 되었고, 나는 이것
을 "꿈꾸기-로서-대화하기(Talking-as-dreaming)"라고 생각하게 되
었다. 이러한 대화들은 느슨하게 조직되고, 일차 및 이차 과정 사고
로 보이며, 논점이탈이 많아 보이는 경향이 있었다. "꿈꾸기-로서-
대화하기"는 표면적으로는 비분석적으로 보인다. 그러나 내 생각에,
내가 말하고 있는 분석에서, 그것은 중요한 성취를 나타낸다. 그것
이 환자와 내게 현실적이고 생생하게 느껴지는, 이러한 분석에서 일
어나는 종종 첫 번째 형태의 대화이기 때문이다.

　이러한 환자들과의 작업에서 시간이 지나면서, 꿈꾸기-로서- 대
화하기는 분석적 관계의 주고-받기의 자연스러운 부분으로 확립되
었고, "꿈꾸기에 관한 대화하기"로 조용히 들어가거나 나오기 시작

했다—즉, 분석적 관계와 환자 삶의 (과거와 현재) 다른 부분에서 무엇이 일어나고 있는지에 관한 자기성찰적인 대화. 이들 환자들은 자기 자신을 "깨우는" 경험으로서 꿈꾸기에 관해 꿈꾸고 생각하고 대화하는 역량이 고양되는 경험을 하였다. 일단 "깨어날 수 있게 되면", 깨어 있는 및 잠자는 꿈꾸기에 대한 그들의 관계는 깊이 변화하였다—그들은 꿈을 개인적인 상징적 의미의 표현으로 생각하기 시작할 수 있었다. 꿈꾸기-로서- 대화하기의 발견에서, 이들 환자들과 나는 꿈꾸기와 자유연상을 재발견하고 있었다.

분석적 슈퍼비전과 가르치기에서 정신분석을 꿈꾸기

분석적 슈퍼비전과 세미나 세팅에서 정신분석을 가르치는 것은 내게는 분석 작업의 중요한 형태였고, 여기서 정신분석을 재발견하는 일이 일어났다. 나는 정신분석 치료 실제뿐만 아니라 분석적 슈퍼비전과 가르치기를 "인도된 꿈꾸기(guided dream(ing))"의 형태라고 본다(Borges, 1970a, p. 13). 분석적 슈퍼비전에서 그리고 세미나 세팅에서 사례를 제시할 때, 슈퍼비전 쌍과 세미나 집단의 과제는 논의되는 분석 환자에 대해 "꿈꾸기"하는 것이다. 제시되고 있는 환자는 분석가의 치료실에 누워 있는 그 사람이 아니다. 그보다는, 환자는 픽션이며, 슈퍼바이지나 발표자가 사례를 제시하는 과정에서 창조하는(꿈꾸기하는) 이야기상의 인물이다. 픽션을 창조하는 것을 거짓말하는 것과 혼동하지 말아야 한다. 사실상, 이 두 가지는 내가 그 용어를 사용하는 의미에서는 정반대이다. 분석가가 슈퍼비전이나 세미나에 환자를 데려올 수 없으므로, 그가 환자와 함께 할 때 경험하는 정서적 진실을 전달하는 픽션을 말로 창조해 내야 한다.

이러한 관점에서, 발표자는 의식적으로 무의식적으로 슈퍼바이저에게(또는 세미나 집단에) 분석에서 무엇이 일어나고 있는지를 꿈꾸는 (의식적인, 무의식적인 심리적 작업을 하는) 자기 역량의 한계에 대해 말할 뿐만 아니라 보여 준다. 슈퍼바이저와 세미나 집단의 역할은 분석가가 꿈꿀 수 없었던 환자와의 경험 측면을 분석가가 꿈꿀 수 있도록 돕는 것이다.

내가 환자와 슈퍼바이저 또는 발표자와 꿈꾸기하는 경험에 얼마나 많이 참여했는지와 상관없이, 나는 매번 심리적 사건으로 인해 놀라게 되며, 내가 투사적 동일시 개념을 재발견해 왔다는 것을 매번 알게 된다. 투사적 동일시의 핵심은 한 사람이 다른 사람이 스스로 생각하고/꿈꿀 수 없는 것을 생각하고/꿈꾸는 데 참여한다는 개념이다. 나는 지난 35년 동안 이 개념을 재발견해 왔다.

나는 이 절을 마무리하면서 분석적 슈퍼바이저로서 그리고 정신분석의 선생으로서 경험하면서 지속적으로 발견하고 재발견한 두 가지 영역을 간단히 언급하고자 한다. 이 장의 앞에서 언급했던 이러한 재발견 중 첫 번째는 슈퍼바이저와 세미나 리더의 역할을 인식하는 것과 관련된다. 그것은 슈퍼바이지나 세미나 구성원이 정신분석에 대해 배워온 것을 넘어서서 자신만의 방식으로 정신분석가가 되는 과정을 진정으로 시작할 수 있도록 돕는 것이다.

이러한 지속적인 재발견의 두 번째는 정신분석을 가르치는 나의 방법에서 다음의 방식들이 얼마나 중대한지 내가 인식하는 것이다. 그것은 공부 중인 (상세히 읽는) 분석적 또는 문학적인 텍스트 전체를 한 줄 한 줄, 한 문장 한 문장 소리내서 읽는 방식이다. 이 장의 다음 절에서, 한 편의 글을 정독하면서 내가 의미하는 것이 무엇인지 보여 줄 것이다. 이런 식으로 소리내서 텍스트를 읽음으로써, 세미나 구성원과 나는 단어의 소리, 읽는 사람의 목소리, 저자의 단어 선택, 문장의 리듬과 구조 등이 내용과 분리될 수 없는 정서적 영향을 만들어 내는 방식을 듣고 느끼게 되었다. 소리내서 읽은 문장을 들으면서, 단어들이 단순히 아이디어들을 담는 상자가 아니라는 것이 분명해진다. 그보다는, 단어들은—그것이 분석적 텍스트, 시, 짧은 이야기, 대기실에서 분석가에 대한 환자의 언급이나 환자의 꿈에 대한 분석가의 반응에서의 단어들이든 간에—단지 저자나 화자의 경험을 단순히 나타내는 것은 아니라, 그것들을 읽고/말하고/듣는 바로 그 행위에서 처음으로 어떤 경험을 창조한다.

정신분석을 "꿈꾸기"하는 형태로서 분석적 읽기와 쓰기

분석적 작업에 대한 글쓰기, 시, 그리고 기타 창작 문학은 분석가로서 나의 발달에서 중요했으며, 내가 계속해서 정신분석을 재발견하는 중요한 매개체였다. 이 책에서, 나는 로왈드와 설즈의 분석적 논문, 비온의 임상 세미나 축어록, 리디아 데이비스의 단편 인용문, 데릴로와 쿳시 소설에 대한 몇 가지 언급, 영화 〈아리조나 유괴사건〉의 독백을 정독할 것이다. 이러한 논의에서, 나는 단지 로왈드, 설즈와 비온 등의 작업을 설명하려는 것이 아니다. 나는 자신을 위해 그 작업들에 대해 "꿈꾸기하고 있고", 다음으로 내가 쓰고 있는 텍스트에 대해 그리고 그 텍스트를 내가 "꿈꾸기한" 것에 대해 독자들이 같은 것을 하도록 초대하고 있다. 내가 텍스트를 "꿈꾸기한다"고 말할 때, 나는 누군가가 자신이 읽는 텍스트를 자기 자신의 것으로 만드는 의식적 및 무의식적인 심리적 작업을 하는 것을 가리킨다. 이런 과정에서, 텍스트는 독자 자신의 창조적 행위의 출발점으로서, 그 자신에게 고유하며, 그 자신의 "독특한 정신성"을 반영한다(Bion, 1987, p. 224).

내가 분석적 텍스트에 관해 쓰기 시작할 때, 나는 텍스트가 언급하는 정신분석 측면에 관해 내가 무엇을 생각하는지에 대해 단지 막연한 감각을 갖고 있다. 나는 내가 무엇을 생각하는지 알기 위해 글을 쓴다. 내가 분석적 텍스트에 관해 글쓰기를 할 때 바라는 것은 다소간은 글렌 굴드(1974)가 자신이 연주한 음악 작품에 대해 시도하려 했다고 말한 것과 유사한 것을 텍스트에 대해 하려는 것이다: "나는 작품을 재창조한다. 나는 공연을 작곡으로 바꾼다." 마찬가지로, 분석적 텍스트에(예를 들어, 5, 7, 9장에 있는 비온, 로왈드 및 설즈의 개별 작품들에) 대해 또는 분석가의 삶-작업에(6장 비온의 생각하기 이론에) 대해 쓸 때, 나는 철저하고 비판적인 읽기와 쓰기를 작품으로 바꾸려고 하고, 저자의 발견을 내 자신의 발견으로 바꾸려고 한다. 나의 발견, 텍스트를 내가 꿈꾸기하는 행위는 저자가 하는 발견/꿈과는 다른 형태이며 때로는 상충되기도 한다.

여기서 내가 **꿈꾸기** 용어를 사용하는 방식에 대해 설명해 보겠다. 깨어 있는 삶에서, 우리의 의식적 생각하기는, 대부분, 순차적인, 인과적, 이차과정 논리에 의해 제약된다. 꿈-삶에서, 우리는 훨씬 더 깊은 유형의 생각하기에 들어갈 수 있다. 꿈꾸기에서, "우리는 자유롭게 상상할 수 있다. … 깨어 있을 때는 못한다"(Borges, 1980, p. 34). 꿈꿀 때, 우리는 어떤 상황을 많은 관점에서(그리고 어떤 시점들에서) 동시에 볼 수 있다. 한 꿈에서 단일한 인물이나 상황은 한 명

또는 많은 사람들과의 일생에 걸친 경험을—현실이든 상상이든—포괄할 수 있다. 꿈꾼 사람은 그 상황을 재작업하는 기회를 가진다—이런저런 방식으로 그것을 시도해 보고, 그것을 이런 관점에서 저런 관점에서 따로따로 또는 함께 본다. 꿈을 꾸는 사람은 꿈의 정서적 상황에서 자신의 가장 원시적이고 가장 성숙한 면들이 드러나게 한다. 그리고 가장 중요하게는, 자아의 이러한 면들이 상호 변형적인 방식으로 서로 대화한다.

우리가 잠잘 때 꿈꾸는 것은 우리가 깨어 있을 때의 경험을 재발견하는 것이다. 이 재발견은 그런 살아있는 경험에 빛을 비출 뿐만 아니라 그것을 무언가 새로운 것으로, 우리가 무의식적인 심리적 작업을 할 수 있는 무언가로 변형시키는 것이다. 그런 심리적 작업은 (꿈꾸기 작업은) 깨어 있는 생각하기의 좀 더 제한적인 매개체로는 성취할 수 없는 작업이다.

이렇게 확장된 꿈꾸기 개념은 내가 텍스트를 읽고 그것에 관해 쓰는 행위를 통해 텍스트를 꿈꾼다는 것으로 의미하는 바를 더 크게 이해하기 위한 틀이 될 수 있다. 로왈드(1979)의 「오이디푸스 콤플렉스의 쇠락」(7장)에 관해 쓸 때, 나는 로왈드가 생각하는 것이 무엇인지에 대해 관심 있을 뿐만 아니라 로왈드가 쓴 것으로 내가 무엇을 할 수 있는지에도 관심 있었다. 로왈드는 꿈-사고를 지녔으며, 그가 논문을 쓰는 행위는 그 사고를 꿈꾸고 있다고 말할 수도 있을 것이다. 일단 꿈을 꾸고/쓰게 되면, 로왈드의 꿈/논문은 "꿈-사고"가 되어서, 내가 그것에 대해 읽고 쓰는 행위에서 꿈을 꾸는 기회를 갖게 된다. 내가 로왈드의 논문을 나의 꿈으로 꿈꿀 수 있는("재창조할 수 있는") 정도로만 독자는 내 논문을 읽을 이유가 있으며, 그렇지 않다면 독자는 그냥 로왈드의 논문을 읽고 그걸로 끝내는 것이기 때문에 나의 논문을 읽을 이유가 없다.

분석적 텍스트를 꿈꾸기하는 것에 관해 이야기할 때, 나는 보르헤스의 말을 기억한다. "꿈은 … 우리에게 뭔가를 묻는다, 우리는 어떻게 대답해야 할지 모른다, 꿈이 우리에게 대답을 하고, 우리는 놀라게 된다"(Borges, 1980, p. 35). 우리가 비판적인 읽기와 쓰기 행위를 통한 꿈꾸기에서 얻게 되는 답은 퍼즐에 대한 해결책이 아니다. 그것은 그 자체로 창조적인 행위의 시작이다. 더구나, "꿈은 우리에게 뭔가를 묻는다."고 말할 때, 보르헤스는, 내 생각에, 꿈이 우리에게 뭔가를 요구한다고 제안하는 것이다. 예를 들어, 분석적 텍스트를 꿈-사고로 바라보면 그것은 비판적인 독자나 저자가 그것을 꿈꿔 주기를 요구하는 사고이다. 꿈-사고가 분석적인 텍스트일 때, "대답은" (더 정확히, 반응은) 독자나 비판적인 저자 자신의 용어로 재발견된 정신분석이다.

읽기와 쓰기가 꿈꾸기의 형태라고 내가 말할 때 의미하는 바를 보여 주기 위해, 나는 리디아 데이비스(2007)의 단편 끝 부분의 두 문장에 대해 간략히 논의할 것이다. "당신은 그 아기에 대해 무엇을 배우는가?":

> 그가 얼마나 책임감이 있는지, 그의 역량의 한계까지… 그가 얼마나 호기심이 많은지, 이해의 한계까지. 그가 얼마나 자신의 호기심을 불러일으키는 것에 접근하려고 하는지, 그의 움직임의 한계까지. 그가 얼마나 자신감이 있는지, 그의 지식의 한계까지. 그가 얼마나 숙달되어 있는지, 그의 능력의 한계까지. 그가 얼마나 자신 앞에 있는 다른 얼굴로부터 만족을 얻는지, 그의 주의의 한계까지. 그가 얼마나 자기 욕구를 표현하는지, 그의 힘의 한계까지. (Daves, 2007, p. 124)

"당신은 그 아기에 대해 무엇을 배우는가?"라는 이야기의 제목은 방금 인용한 마지막 줄을 포함해서 뒤따르는 모든 것의 틀을 제공한다. 이 제목은 그것이 말하고 있는 것 때문이 아니라, 그것이 유보하고 있는 것 때문에 주목할 만하다. 실제 여섯 단어로 된 제목의 모든 단어는 다소간 기묘한 정서적 억제에 기여한다: 당신은 ["나"를 대신하는 놀랍도록 비인격적인 대명사] 그 아기에 대해 [소유격인 "나의" 또는 "너의"가 아니라, 소름 끼칠 정도로 비인격적인 정관사인 "그"] 무엇을 [이보다 더 기술적이지 않은 단어가 있을까?] 배우는가 ["그 아기로부터 배우는가" 또는 "함께 배우는가"도 아닐 뿐 아니라 하물며 "일아가는가"는 디욱 아니다].

이러한 용어를 사용함으로써 생긴 냉담함에도 불구하고, 이야기의 이 마지막 문장은 꽤 아름답다. 얼마나라는 단어로 시작하고 중간에 쉼표로 구분되는 절이나 문장의 반복(7회)은 자장가를 연상시키는 소리와 리듬을 만들어 낸다. 하지만 이것은 평범한 자장가가 아니다. 단어들은 꼼꼼하게 다듬어지고 있다. 예를 들어, **책임감 있는**이란 단어는 그의 **역량의 한계까지**라는 구절에 의해, **호기심이란** 단어는 그의 **이해의 한계까지**라는 구절에 의해 단서가 붙는다.

그리고 이것은 평범한 어머니가 아니다. (독자는 말하는 사람이 어머니인지 아니면 남자인지 여자인지 결코 듣지 못한다. 나는 그 이야기에서 뭔가 의문점이 남아서 추측을 하고 있는 곳에 물음표를 표시할 것이다.) 화자(어머니?)는 매우 솜씨 있게 언어를 사용하면서 아기를 꼭 껴안는 동시에 어느 정도 거리를 두고 안고 있다. 동시에, 다정하고, 통찰력 있게 관찰하며, 감정적으로 멀리 떨어져 있고, 동시에 아기에게 헌신적이며, 어쩌면 "아기에 관해" 쓸 때 훨씬 더 헌신적일지도 모른다.

이 구절과 전체 이야기에서 제기되고 있는 것은 결코 말로 하지 않은 질문이다. "화자는 작가−인−어머니인가(a mother-who-is-a-writer) 아니면 어머니−인−작가인가(a writer-who-is-a-mother)?" 의심할 여지없이 답은 둘 다이다. 그러나 그것이 글쓰기에서 만들어진 정서적인 문제를 해결하지는 못한다. 어떻게 말하는 사람이 완전히 작가인(내 귀에는 확실히 그렇다) 동시에 완전히 어머니인 것일까(의심의 여지가 있다)?

화자는 어머니로서 자신의 낯섦을 받아들임으로써 이 정서적 문제에 대한 부분적인 해결책을 찾는 데 성공한다—어떤 엄마가 ("내 아기" 대신) "그 아기"에 대해 이야기하거나 자신의(?) 아기를 기술할 때 그렇게 미묘하게 단어를 구사할 수 있을까? 그녀 자신의(?) 낯섦을 받아들이는 것은 (그녀가 그렇게 기이하게 모성적인 것을 쓸 때의 편안함과 우아함에 반영된 것 같다) 화자도 자신의(?) 아기의 낯섦을 받아들이는 것 같다—아기는 참으로 매우 이상한 생물이다.

이 어머니가(?) 그녀의(?) 아기를 받아들인 즐거움에는 그의 삶의 상황을 포화시키는 아이러니에 대한 깊은 인식이 포함된다: "그는 얼마나 숙달되어 있는지, 그의 역량의 한계까지." 얼마나 숙달되어 있는지라는 말은 질문과(얼마나 숙달되어 있는가?) 인식의(얼마나 숙달되어 있는가!) 이중적 의미를 담고 있다. 그것이 질문의 일부이든, 놀라움의 표현이든, 숙달이라는 단어는 어색하고 유머러스하게 그의 역량의 한계까지라는 구절에 부딪친다. 여기서 아이러니를 사용하는 것은 내게는 어머니(?)의 글쓰기가 화자가 갈 수 있는 심리적/문학적 안식처를 제공하는 방법에 대한 감각을 전달하기 위한 것으로 보인다. 그녀가 그녀의(?) 아기로부터 휴식이 필요할 때, 그곳은 유아가 상상할 수 없는 곳, 초대받지 못한 곳이다.

절의 순서는 내게는 무엇이 가장 강력한 관찰인지를 완결시켜 준다. "그가 얼마나 자기 욕구를 표현하는지, 그의 힘의 한계까지." 힘이란 단어는(이야기의 마지막 단어) 놀랍도록 어둡고 불길한 단어이다. 이 단어는 이전 6개의 절에서 비슷한 위치에 있던 6개의 단어와 극명한 대조를 이룬다: 역량(capacity), 이해(understanding), 움직임(motion), 지식(knowledge), 능력(competence), 주의(attention). 힘(force)이라는 단어는 지금까지 지배해 온 제약의 법칙을 깨뜨린다: 모든 것이 무효가 되었고, 어머니(?)와 유아(또는 작가와 독자) 사이의 이전의 "이해"는 유지되지 않는다. 아기는 그가 필요한 것을 얻기 위해 가용한 모든 수단을 사용할 것이다. 어떤 타협도 없을 것이다. 아기로부터 휴식을 취할 수 있는 안식처는 없을 것이다.

이 구절의 미묘한 감정의 뒤섞임과 목소리의 복합성은 의역할 수 없다. 이 구절에 응답하는 것은, 글을 쓰고/꿈을 꾸는 행위로, 내게는, "1차적 모성 점유"(Winnicott, 1956), 아기에 대한 어머니의 건강한 미움, 환자에 대한 분석가의 건강한 미움을(Winnicott, 1947) 재발견하는 경험이다. 그것은 또한 정신분석적 "귀 훈련하기(ear training)"(Pritchard, 1994) 경험이다. 아마 무엇보다도, 그것은 예술적으로 사용되는 언어의 비범한 아름다움과 힘에 정서적으로 반응하고 나만의 무언가를 만드는 경험이다.

이제 나는 이 책을 꿈꾸고, 나의 꿈-사고를 꿈꾸고, 읽기 경험에서 자신만의 무언가를 만들어 내는 것은 독자의 몫으로 남겨둘 것이다.

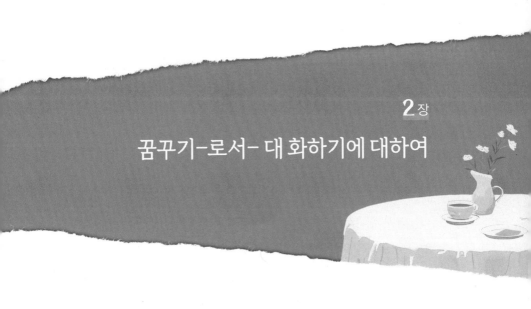

2장

꿈꾸기-로서- 대화하기에 대하여

"이모, 말 좀 해요! 너무 어두워서 무서워요." 이모가 대답했다. "그
럼 무슨 소용이니? 네가 날 볼 수 없는데." "괜찮아요." 아이가 대답했다.
"누군가 말을 하면 밝아지거든요." (Freud, 1905, p.224, n.1)

나는 분석가가 각 환자와 함께 정
신분석을 새롭게 재창조해야
한다는 아이디어를 정신분석 이해의 기본으로 여긴다. 정신분석 상
황이라는 측면에서 이것은 지속적인 실험에 의해 상당히 달성된다.
여기서 환자와 분석가는 각 분석 쌍마다 고유한 서로의 대화하기 방
식을 분석의 특정 순간에 창조한다.

나는 이 장에서 환자와 분석가가 생성하는 대화하기의 형태에 주
로 초점을 맞출 것이다. 이것은 환자와 분석가가 책, 시, 영화, 문법

의 규칙, 어원, 빛의 속도, 초콜릿의 맛 등과 같은 것에 대해 이야기하고 있기 때문에 처음에는 "분석적이지 않은" 것처럼 보일 수 있다. 겉보기와 달리, 나는 그런 "분석적이지 않은" 대화를 통해 함께 꿈꿀 수 없었던 환자와 분석가가 종종 꿈꿀 수 있게 되기 시작하는 경험을 해 왔다. 나는 이런 종류의 대화를 "꿈꾸기−로서− 대화하기"라고 부를 것이다. 자유연상과 마찬가지로(그리고 일반적인 대화와 달리), 꿈꾸기−로서− 대화하기는 (이차 과정 생각하기의 관점에서 보면) 상당한 일차 과정 생각하기와 논점 이탈로(non sequiturs) 보이는 것을 포함하는 경향이 있다.

분석이 "살아있는 역동적 과정(a going concern)"(Winnicott, 1964, p. 27)일 때, 환자와 분석가는 꿈꾸기 과정에 개별적으로 그리고 서로 함께 참여할 수 있다. 환자의 꿈꾸기와 분석가의 꿈꾸기가 "중첩되는" 영역이 바로 분석이 일어나는 곳이다(Winnicott, 1971, p. 38). 그러한 환경에서 환자의 꿈꾸기는 자유연상의 형태로(또는 아동 분석에서는 놀이하기의 형태로) 나타난다. 분석가의 깨어 있는 꿈꾸기는 종종 레브리 경험의 형태를 띤다. 환자가 꿈을 꿀 수 없을 때, 이 어려움은 분석의 가장 긴급한 측면이 된다. 이러한 상황들이 이 장의 초점이 된다.

나는 꿈꾸기를 마음의 가장 중요한 정신분석적 기능으로 본다: 무의식적인 "꿈−작업"이 있는 곳에 무의식적인 "이해−작업"도 있다(Sandler, 1976, p. 40). 무의식적으로 "꿈을 꾸는 꿈꾸는 사람"(Grotstein, 2000, p. 5)이 있는 곳에 무의식적으로 "꿈을 이해하는 꿈꾸는 사람"도 있다(p. 9). 그렇지 않다면, 분석 세팅이나 자기−분석에서 기억되고 해석된 꿈만이 심리적 작업을 성취할 수 있을 것이다. 오늘날 오직 기억되고 해석된 꿈만이 심리적 성장을 촉진한다는 아이디어를 지지하는 분석가는 거의 없을 것이다.

환자의 꿈꾸기-로서- 대화하기에 분석가가 참여하는 것은 환자와 함께 존재한다는 독특한 분석적 방법을 의미한다. 이것은 항상 환자가 자신의 경험을 좀 더 충분히 생생하게 느끼고, 좀 더 충분히 인간적이게 되게끔 돕는 분석적 과제에 의해 안내된다. 더욱이, 꿈꾸기-로서- 대화하기 경험은 그것과 겉으로는 유사해 보이는 다른 대화들과는 다르다(가령 진전이 없는 대화나 남편과 아내, 부모와 아이 또는 형제자매 간의 실질적인 대화조차). 꿈꾸기-로서- 대화하기가 다른 점은 이러한 형태의 대화에 참여하는 분석가가 이 정서적 경험의 두 가지 불가분하게 얽힌 수준에 대해 지속적으로 관찰하고 스스로와 대화하고 있다는 점이다: (1) 꿈꾸기-로서- 대화하기는 환자의 살아있는 정서적 경험이 꿈꾸기 하는 과정에서 존재하게 되는 환자의 경험이다. (2) 분석가와 환자가 꿈꾸기 과정에서 마주하는 정서적 상황의 중요한 의미를 이해하는(알아가는) 경험에 관해 생각하고 때로 대화하는 것이다.

다음으로, 나는 꿈꾸기-로서- 대화하기의 두 가지 치료 예시를 제시한다. 첫 번째는 환자가 이전에는 거의 전적으로 꿈꿀 수 없었던 자신의 (그리고, 어떤 의미에서는 그녀의 아버지의) 경험 측면을 꿈꾸기 형태로 나타내는 방식으로 환자와 분석가가 함께 대화하는 것이다. 두 번째 치료 예시에서, "환자가 자기 자신을 꿈꾸기"하고, "자기 자신이 존재하도록 꿈꾸기"하는 초기의 노력에 분석가가 참여하는 방식으로 환자와 분석가는 꿈꾸기-로서- 대화하기의 형태에 참여한다.

이론적 맥락

여기에서의 이론적 맥락은 비온(1962a, b, 1992)의 꿈꾸기에 대한 그리고 꿈을 꿀 수 없는 것에 대한 정신분석적 개념화의 급진적인 변형에 근거하고 있다. 위니콧이 분석 이론 및 실제의 초점을 (아이의 내적 세계의 상징적 표상으로서) 놀이로부터 놀이하기의 경험으로 옮긴 것처럼, 비온은 사고의 상징적 내용으로부터 생각하기의 과정으로, 그리고 꿈의 상징석 의미로부터 꿈꾸기 과정으로 초점을 옮겼다.

비온(1962a)의 경우, "알파 기능"(아직은 알지 못하는, 그리고 어쩌면 알 수 없는 심리적 기능의 집합)은 "정서적 경험과 관련된 원감각 인상"(p. 17)을 정동이 실린 꿈-사고를 형성하기 위해 연결될 수 있는 "알파 요소"로 변형시킨다. 꿈-사고는 개인이 씨름해야 하는 정서적 문제를 제시한다(Bion, 1962a, b; Meltzer, 1983). 그래서 (무의식적인 생각하기와 동의어인) 꿈꾸기 역량의 발달을 위한 추동력을 제공한다. "[꿈-] 사고는 그것을 다루기 위한 장치를 필요로 한다. … 생각하기[꿈꾸기]는 [꿈-] 사고를 다루기 위해 존재해야 하는 것이다"(Bion, 1962b, pp. 110-111). 알파 기능이(자신의 것이든 다른 사람이 제공한 것이든) 부재할 때, 꿈꿀 수 없으며 따라서 과거와 현재의 살아 있는 정서적 경험을 활용할 수 없다(무의식적 심리적 작업을 할 수 없다). 결국, 꿈꿀 수 없는 사람은 끝없는, 변하지 않는 세상에 갇히게 된다.

꿈꿀 수 없는 경험은 외상에―견딜 수 없이 고통스러운 정서적 경험으로, 예를 들어 부모의 이른 죽음, 아이의 죽음, 전투, 강간 또는 죽음의 수용소에 감금되는 것에―그 기원이 있을 수 있다. 그러나 꿈꿀 수 없는 경험은 심리 내적인 외상, 즉 의식적 및 무의식적인 환상에 의해 압도되는 경험으로부터 발생할 수도 있다. 이 두 번째 외상의 형태는 유아를 적절하게 안아주지 못하고 유아의 원시적 불안을 컨테인하지 못하는 실패로부터 비롯되거나 또는 개인이 유아기와 아동기에 정서적 경험을 꿈꿀 수 없게 하는 체질적인 심리적 허약함으로부터 비롯된다. 충분히 좋은 어머니의 도움이 있을 때조차도 그렇다. 꿈꿀 수 없는 경험은—그것이 주로 외적인 힘의 결과이든 심리 내적인 힘의 결과이든—개인에게 꿈꾸지 못한 꿈으로 남아 있다. 예를 들어, 그 형태는 심리신체적 질병, 분열된 정신증, "탈정동" 상태(McDougall, 1984), 자폐 주머니(Tustin, 1981), 심한 도착(de M'Uzan, 2003) 및 중독이 있다.

바로 이것이 치료 과정으로서 정신분석에 관한 나의 생각하기에 깔려 있는 꿈꾸기에 대한 그리고 꿈꿀 수 없는 것에 대한 개념화이다. 이전에 논의하였듯이(Ogden, 2004a, 2005a), 나는 정신분석을 환자와 분석가가 분석적 틀 안에서 실험에 참여하는 경험으로 본다. 이 분석적 틀은 내담자가 (분석가의 참여와 함께) 이전에는 꿈꿀 수 없었던 정서적 경험을("꿈꾸지 못한 꿈"을) 꿈꿀 수 있도록 하는 조건을 만들기 위해 고안된다. 나는 꿈꾸기—로서— 대화하기를 느슨하게 구조화된 대화 형태의 (거의 모든 주제에 관한) 즉흥적인 대화라고 생각한다. 이때 분석가는 환자가 이전에는 꿈꾸지 못한 꿈을 꿈꾸는 데 참여한다. 그렇게 함으로써, 분석가는 환자가 자기 자신이 좀 더 충분히 존재하도록 환자의 꿈꾸기를 촉진한다.

두 개의 분석 단편

　이제 나는 두 명의 환자와의 분석 작업에 대해 치료적 설명을 제시할 것이다. 이들은 자유연상의 형태로 또는 다른 유형의 꿈꾸기로 자신의 정서적 경험을 꿈꿀 수 있는 능력이 심하게 제한되어 있었다. 이 두 분석 모두에서 환자는 분석가의 참여와 함께 꿈꾸기-로서-대화하기의 형태로 진실한 꿈꾸기에 참여하기 시작할 수 있었다.

이전에는 꿈꾸지 못했던 꿈을 꿈꾸기-로서- 대화하기

　L씨는 매우 지적이고 능력 있는 여성이었다. 그녀는 일곱 살 난 아들 아론이 병에 걸려 죽을 거라는 심한 두려움 때문에 괴로워서 분석을 시작했다. 그녀 또한 견딜 수 없이 죽을 것 같은 두려움에 시달렸는데, 그로 인해 한 번씩은 몇 주 동안 제 기능을 할 수 없었다. 이러한 두려움이 더 악화된 이유는 만일 그녀에게 무슨 일이 생겼을 때, 남편이 너무 자기중심적이어서 아들을 돌볼 수 없을 정도라고 느꼈기 때문이었다. L씨는 아들과 자신의 생명에 관한 두려움에 사로잡혀서 분석을 시작한 첫 1년 동안은 사실상 다른 얘기를 할 수 없었다. 삶의 다른 측면들은 그녀에게 정서적으로 중요하지 않은 것처럼 보였다. 환자가 자기 삶에 대해 생각하기 위해 내게 온다는 아이디어는 사실상 의미가 없었다. 그녀는 매 치료시간마다 내가 그녀를 자신의 두려움으로부터 자유롭게 해 줄 거라는 희망을 가지고 왔다. L씨의 꿈-삶은 거의 전적으로 꿈이 아닌 "꿈"으로 이루어져 있었다 (Bion, 1962a; Ogden, 2003a). 즉, 그녀는 반복되는 꿈과 악몽을 변함

없이 경험하였는데, 꿈에서 그녀는 잇따른 재앙을 막을 수 없어서 무력감에 빠졌다. 나의 레브리 경험은 드물었고 심리적 작업에 활용할 수 없었다(자세한 논의를 위해서는 Ogden, 1997a, b, 레브리 경험의 분석적 활용 참조).

　분석이 시작될 때부터 환자의 말하는 방식은 독특했다. 그녀는 단어 덩어리를 불쑥 내뱉으며 경련을 일으키듯 말했는데 마치 숨 쉴 때마다 최대한 많은 단어를 쏟아 내려는 것 같았다. 내가 충분히 들었으며 더 이상은 한마디도 못 듣겠다고 말하면 L씨는 금방이라도 숨이 멎거나 말이 끊길까 봐 두려워하는 것 같았다.

　두 번째 해가 시작될 무렵, 환자는 내가 그녀에게 도움이 될 수 있을 거라는 희망을 모두 잃은 것처럼 보였다. 그녀는 내가 말을 하면 간신히 멈췄다가 내가 잠시 중단시켰던 사고의 흐름을 계속 이어나갔다. 그녀는 내가 하는 말에 대해서는 전혀 관심이 없는 것 같았다. 아마도 그녀는 내 목소리의 톤과 말의 리듬에서 내가 말해 봤자 그녀가 찾는 위안이 담겨 있지 않다는 것을 거의 즉시 들을 수 있었기 때문일 것이다. 환자는 자신이 느끼는 두려움과 절망의 조합에 대한 반응으로 잇따른 단어 덩어리로 치료시간을 넘쳐흐르게 했다. 그래서 진실한 꿈꾸기와 생각하기를 할 수 있는 기회를 (그녀 자신과 나 둘 다에게) 없애버리는 효과가 있었다. 이 분석 기간 동안 있었던 한 치료시간에, 나는 L씨에게, 그녀가 자신에게 너무 적은 부분만 있어서 생각하기와 말하기를 통해 변화를 이룰 만큼 충분한 실체가 없다고 느끼는 것 같다고 말했다. (나는 그녀가 문장과 문단을 조각내지 않고는 말할 수 있는 능력이 없다는 것을 염두에 두었다. 그녀는 내가 위안을 주길 바랐고 그 위안은 그녀가 자신의 삶이 바뀌는 것을 상상할 수 있는 유일한 수단이었다.) 내가 이러한 관찰을 한 이후, 환자는 평소보다 약간 더

길게 멈췄다가 하던 말을 계속 이어나갔다. 나는 방금 내가 한 말이 그녀에게 분명 쓸모없게 느껴졌을 거라고 언급했다.

내가 지금 제시할 치료시간 바로 전 몇 개월 동안, 환자의 말투는 다소 덜 부담스러워졌다. 그녀는 처음으로 자신의 어린 시절 경험에 대한 감정을 얘기할 수 있었다. 그전까지 환자는 마치 정신을 놓지 않기 위해 "대처하려는" 노력 외에는 다른 것에 대해 생각하기와 대화하기를 할 "시간"이(즉, 심리적 공간이) 없다고 느끼는 것 같았다. 환자의 죽을 것 같은 두려움과 아론에 대한 걱정은, 아론이 태어난 이후 처음으로 그녀가 다시 글을 읽을 수 있을 정도로 줄어들었다. 환자는 대학과 대학원 시절에 열정적으로 독서와 문학 연구를 했었다. 그녀가 박사 논문을 끝낸 직후 불과 몇 달 뒤에 아론이 태어났다.

앞으로 논의할 이 치료시간은 월요일에 있었던 치료시간으로, 환자는 J. M. 쿳시의 소설 『추락(Disgrace)』(1999)을 다시 읽었다고 말하면서 시작했다. (L씨와 나는 이전 해에 쿳시의 작품에 대해 짧게 이야기를 나눈 적이 있었다. L씨처럼 나도 쿳시를 작가로서 매우 존경하는데, 당연히 그에 대해 나눈 이 짧은 대화에서도 그런 이야기들을 했다.) L씨는 말했다. "이 책에는[남아프리카 공화국의 탈인종차별 정책을 배경으로 한다] 나를 이 책으로 다시 끌어당기는 뭔가가 있어요. 내레이터는 [대학 교수는] 자신이 한때 살아있었는지조차 알 수 없지만 그의 학생 중 한 명과 성관계를 가지는 것으로 삶의 활기를 되찾으려고 해요. 그 여학생이 그를 고발하는 건 피할 수 없어 보이는데, 그녀가 그렇게 할 때, 그는 자신을 방어하기를 거부해요. 그의 친구들과 동료들의 재촉에도 불구하고 그는 학교 위원회에 뉘우치는 말을 할 형식적인 절차조차 하지 않으려 해요. 그래서 그는 해고돼요. 마치 자신의 전체 삶을 치욕처럼 느껴왔던 것 같고 이 사건은 이 상태에 대한 가장 최근의 증거일 뿐인 것 같아요. 즉, 그가 반박할 수도 없고 반박하려고도 하지 않을 거라는 증거 말이죠."

환자가 특유의 방식으로 (단어 덩어리를 내뱉으면서) 말하고 있었음에도 불구하고, 변화가 일어나고 있다는 것은 분명했다: L씨는 아론의 안전이나 자신의 건강에 대한 두려움과 직접적으로 관련되지 않은 뭔가를 말할 때에는 목소리에 진정한 활기가 있었다. (이 변화는 기술되고 있는 이 치료시간에 **새롭게** 일어난 것이 아니라는 점을 명심해야 한다. 오히려, 그것은 몇 년에 걸쳐 발전했다. 여기서는 유머의 톤으로, 저기서는 의도하지 않았지만 감사하게도 말장난으로, 가끔씩은 생생하게 살아있는 꿈으로, 그리고 예상치 못한 생명력을 지닌 나의 레브리로 시작되었다. 아주 천천히 그런 흩어져 있는 사건들이 자기를 의식하지 않는 존재 방식의 요소들이 되어, 내가 기술하는 과정의 형태로 활기를 띠었다.)

나는 그녀가 내레이터에 대해 이야기하면서 또한 그녀 자신의 심리적 갈등을 자기 자신과 나에게 말하고 있었을 수도 있다는 생각을 환자에게 말하지 않았다. 즉, 그녀의 한 측면이(내레이터가 거짓말하는 것을 거부한 것과 동일시하는 측면이) 자기 자신의 다른 측면과(죽음에 대한 두려움이 진정한 생각하기, 느끼기, 그리고 대화하기의 가능성을 몰아내는 측면과) 상충하는 것 같다는 것을 말이다. 이런 말을 L씨에게 하는 것은 꿈에 대한 나의 이해를 말하기 위해서 분석에서 첫번째 꿈꾸기 경험의 하나가 될 수도 있는 것으로부터 환자를 깨우는 것과 같았을 것이다. 그럼에도 불구하고 나는 이 해석을 조용히 내자신에게만 하는 것이 중요했다. 왜냐하면 앞으로 보게 되듯이, 그당시 나는 L씨가 하고 있는 것과 매우 비슷하게 나 역시 생각하기와 느끼기를 회피하고 있었기 때문이다.

나는 L씨에게 말했다. "『추락』에서 쿳시의 목소리는 내가 읽어 본

것들 중에서 가장 감상적이지 않은 목소리중 하나예요. 그는 모든 문장에서 자신이 어떤 인간 경험의 모서리도 깎아 둥글게 하는 것을 개탄한다는 점을 분명히 해요. 경험은 그 자체로 존재하지, 그 이상도 그 이하도 아니에요." 이렇게 말하면서, 나는 환자와 생각하기와 대화하기의 형태로 들어가는 것처럼 느꼈는데 분석에서 이전에 일어났던 여느 변화와는 다른 형태였다.

다소 놀랍게도 L씨는 다음과 같이 말하며 대화를 계속했다. "등장인물들 간에 그리고 등장인물들에게 일어나는 일에는―끔찍하더라도―이상하게 맞는 뭔가가 있어요."

그때 나는 그 당시에도 논점 이탈처럼 느꼈던 것을 말했다. "쿳시의 초기 책들을 보면 작가로서 또는 심지어 사람으로서도 자신이 누구인지 아직 알지 못했던 작가에 대해 들을 수 있어요. 그는 어색해하면서 이것저것 시도하죠. 나는 그와 함께 때때로 당황해요." (나는 "그와 함께(with him)"라는 말이 "그를 위해(for him)"라는 말로 전달할 수 있는 것보다 내가 L씨와의 치료시간에 느끼고 있었던 것을 좀 더 잘 말해준다고 느꼈다. 나는 이러한 새로운 방식으로 대화하기/생각하기/꿈꾸기를 하는 우리의 노력에서 어색함에 대한 반응으로 내 자신의 감정, 그리고 내가 느꼈던 환자의 자기-의식적인 감정에 강조점을 두고 있었다.)

그러자 L씨가 우리의 겉보기에 또 다른 논점 이탈로 말했다. "내레이터의 딸이 강간당하고 딸이 너무도 사랑했던 개들이 총에 맞은 후에도, 내레이터는 자신에게 여전히 살아있는 자신의 인간성 조각들에 매달릴 방법을 찾았어요. 그는 수의사가 이 지구상에 아무런 주인도 없고 속한 곳도 없는 개들을 안락사 시키는 걸 도운 후에, 그 시체들이 쓰레기 취급을 당하는 모욕을 면하도록 애썼죠. 그는 매우 이른 아침부터 시체들을 화장기에 넣는 것을 자신의 일로 삼았어요.

화장기를 돌리는 작업자들에게 시체를 주지 않으려고요. 그는 사후에 강직돼서 뻣뻣하게 쭉 뻗은 개들의 다리를 작업자들이 삽으로 부수는 걸 차마 볼 수 없었어요. 쭉 뻗은 다리 때문에 시체를 기계 문 안으로 넣기가 더 어려웠지요." L씨의 목소리에는 슬픔과 따뜻함이 묻어 있었다. 환자가 말하는 동안, 나는 한 친한 친구와 나눈 대화가 떠올랐다. 그는 병원에 입원해 있던 동안 죽음이 거의 확실해 보였던 상황에서 집으로 돌아온 직후였다. 그는 그 경험에서 한 가지를 배웠다고 내게 말했다. "죽는 데는 용기가 필요 없어. 마치 컨베이어벨트 위에 누워서 그 끝까지 가는 것과 같아." 그는 덧붙였다. "죽는 건 쉬워. 아무것도 할 게 없어." 나는 그와 대화할 때, 그가 병원에서 죽음을 마주했던 존엄함과 정서적으로도 신체적으로도 지칠 대로 지쳤음에도 불구하고 그 경험에 의해 부서지지 않기 위해 아이러니와 위트 역량을 사용하는 모습에 겸허함을 느꼈던 걸 기억한다.

나는 L씨에게 다시 초점을 맞추면서, 그녀가 개의 시체를 어떻게 처리했는지 말하는 것에 대해(그리고 그녀가 그것을 측은하게 말하는 것에 대해) 다음과 같이 말했다. "내레이터는 자신이 하고 있는 일이 이 우주의 그 누구도 그 무엇도 알아보지 못할 정도로 하찮은 일임을 알면서도 [개를 화장하는 것과 관련해서] 그 작은 제스처를 계속하죠." 나는 이렇게 말하면서 L씨의 삶에서 끔찍한 죽음이 주는 영향에 대해 (이 분석에서 나에게는 새로운 방식으로) 생각하기 시작했다. 환자는 분석 초기에, 그리고 논의되고 있는 치료시간 몇 달 전에도 다시 말하기를, 아버지의 첫 번째 부인과 그들의 세 살배기 딸이 교통사고로 목숨을 잃었다고 했다(환자는 아버지를 매우 사랑했고 아버지의 사랑을 받는다고 느꼈다). L씨는 아버지의 첫 번째 부인과 그 딸의 죽음을 두 번 언급하면서 마치 내가 알아야 할 정보 한 조각을 내놓는 것 같았는데 분석가들이 (상투적인 생각하기 방식으로) 그런 일들을 큰일처럼 여기는 경향이 있기 때문이라는 것 같았다. 나는 이 지점에서 조용한 해석을 활용할 수 있었다. 그것은 일어나고 있는 정서적 경험에서 무엇이 진실인지 환자가 (그리고 내가) 생각하기/꿈꾸기/말하기/기억하기를 피해 왔던 방식과 관련하여 나 자신에게 먼저 해석해 본 것이었다. 1년 넘게 L씨와 작업하면서, 나는 환자의 아버지의 첫 번째 부인과 그들의 딸의 죽음과 관련하여 그와 환자가 겪었던 엄청난 (상상조차 할 수 없는) 고통을 생각하고/꿈꾸고/기억하고 생생하게 느낄 수도 없었고 어쩌면 하려고 하지도 않았다. 나는 그러한 죽음이 주는 정서적 영향을 생생하게 느끼지 못하는 나의 무능함에 몹시 놀랐다.

이 치료시간의 그 시점에서 나는 다음을 꿈꾸기(의식적 및 무의식적인 심리적 작업을) 시작할 수 있었다. 이제 내가 인식한 것은 그녀의 아버지의 첫 번째 부인과 딸을 "대신해서" 그리고 그들과 함께 죽었던 그녀의 아버지의 부분을 "대신해서" 살아있는 것은 "치욕"이라는 환자의 감정이었다. L씨는 내가 내레이터의 "하찮지만" 중요한 제스처에 대해 말할 때 다음과 같이 말했다. "쿳시의 책에서는 죽는 것이 인간에게 일어날 수 있는 가장 최악의 일은 아니에요. 왠지 그 생각이 위로가 돼요. 왜 그런지 모르겠지만, 쿳시의 회고록에 있는 내가 좋아하는 구절이 생각나요. 그는 마지막에 이렇게 말해요. '우리가 할 수 있는 모든 것은 반복되는 실패에서 어리석고, 끈질기게 살아남는 것이다.'" L씨는 다음과 같이 말하면서 내가 이전에는 한 번도 들어본 적 없는 방식으로 깊이 웃었다. "요즘은 어디에나 개가 있어요. 나는 개를 매우 좋아해요. 개들은 동물의 왕국에서는 아무 잘못이 없어요." 그런 후 그녀는 좀 더 수심에 잠겨 말했다. "실패가 반복해서 일어날 때에는 그게 매력적이지 않아요. 나는 어머니로서 정말 실패자 같아요. 나는 아론의 죽음에 대한 나의 강박을 아론이 느끼지 못한다고, 그리고 그 강박이 아론의 삶을 두렵게 하지 않는다고 나 자신에게 거짓말 할 수도 없고 그런 척 할 수도 없어요. 그런 의도로—그의 삶을 두렵게 하려고—말하려던 건 아니었지만, 그에게 그렇게 하고 있는 것 같아요. 나의 두려움 때문에 그를 죽일까 봐 무서워요. 그의 삶을 두렵게 할까 봐 무서워요. 그리고 멈출 수가 없어요. 이게 저의 "치욕"이에요. L씨는 이렇게 말하면서 울부짖었다. 이 지점에서 내게 명백해 보이는 것은 "생각할 수 없는" 아버지의 상실에 대한 L씨의 반응이 그녀의 삶을 두렵게 했다는 것이었다.

나는 말했다. "내 생각엔 당신은 삶 전체를 치욕이라고 느끼는 것 같아요. 아버지의 고통은 아버지에게만 견딜 수 없는 것이 아니라 당신에게도 마찬가지였어요. 아버지의 상상할 수 없는 고통에서 아버지를 도울 수 없었어요. 그의 고통은 당신에게도 그만큼 힘든 일이에요. 당신은 여전히 그와 함께 그 안에 붙잡혀 있어요. 누구도 받아들일 수 없는 고통이죠." 이것은 환자가 아버지를 도울 수 없는 무능력뿐만 아니라 아버지 고통에 대한 자신의 경험을 꿈꿀 수 없는 무능력에 대해 분석에서 처음으로 언급한 것이었다. 내가 생각했지만 말을 하지 않은 것은 그녀가 부끄럽게 생각했던 것이었는데, 그녀는 아버지가 자신이 바라던 아버지가 되어 주지 못한 것에 대해 화가 난 것이 부끄러웠다. 더구나, 그녀는 그 분노를 남편에게 표출했는데 남편이 아들에게 아버지로서 부족하다고 비하하는 형식이었다.

L씨는 내가 말한 것에 대해 직접적으로 반응하는 대신, 다음과 같이 말했다. "내가 쿳시의 책에 나온 등장인물들이 용감하다고 생각한 건 이상한 것 같아요. 그들은 스스로를 그렇게 생각하지 않거든

요. 하지만 나는 그렇게 느껴져요. 『마이클 K의 삶과 시대』[Coetzee, 1983]에서 마이클 K가[남아프리카 인종차별정책시대의 흑인이] 나무와 금속조각으로 카트를 만들어요. 그는 거기에 죽어가는 어머니를 태우고 어머니가 태어난 마을에서 죽을 수 있도록 그곳으로 향해요. 거긴 그녀가 살았던 집에서 가장 가까운 곳이에요. 나는 마이클 K가 그렇게 하면서 자신이 용감하다고 느꼈다고 생각하지 않아요. 그는 그저 그게 자신이 해야 할 일이라는 걸 알았어요. 그건 실패할 수밖에 없었어요. 나는 그가 시작할 때부터 그걸 알았다고 생각해요. 나도 그랬던 것 같아요. 하지만 그렇게 해야만 했어요. 그렇게 하는 게 옳았어요. 쿳시의 내레이터가 종종 여성이라는 사실이 좋아요. 『철의 시대』[Coetzee, 1990]에서 여성 내레이터는[남아프리카 인종차별정책 시대에 살았던 백인 여성] 흑인 남자 노숙자를 들이면서 그에게 죄책감과 연민을 느끼고 감탄도 하고 그에게 화가 나게 되고 심지어는 자신만의 이상한 방식으로 그를 사랑하기까지 했어요. 그녀는 단한 번도 자기 자신이나 그를 기만하려 하지 않았어요. 당신과 나도 때로 그렇게 될 수 있어요. 우리는 오늘 그중 일부를 해냈어요. 나는 완전히는 아니지만 충분히 지금 더 강하다고 느껴요. 더 행복하다고 말하는 건 아니에요. 하지만 더 강해지는 건 더 행복하다고 느끼는 것보다 나에게 더 필요한 거예요." 나는 L씨의 목소리에서 그녀가 느끼지만 (그녀 자신에게조차도) 아직 말할 수 없는 소리를 들을 수 있었다. 그것은 그녀가 나에게 감탄하고 화가 나고 자신만의 이상한 종류의 사랑을 느낀다는 것이며, 언젠가 내가 그녀에게 이 모든 것을 느끼기 바란다는 것이다.

이 치료시간의 실제 과정은 내가 할 수 있었던 설명보다도 훨씬 더 돌아가는 특성을 띠었다. 환자와 나는 이 주제에서 저 주제로, 이 책에서 저 책으로, 이 느낌에서 저 느낌으로 떠돌아다녔고, 다음 것과 묶거나 논리적인 방식으로 생각하거나, 상대가 말한 것에 직접적으로 반응할 필요를 느끼지 못했다. 우리는 쿳시가 오스트레일리아의 애들레이드에서 살기로 선택한 것, 존 버거의 통렬한 반자본주의적인 부커상 수상 연설, 쿳시의 가장 최근의 소설 두 권에 대한 실망감 등에 대해 이야기했다. 논의되고 있는 치료시간에 이 주제들 중 어떤 것이 이야기되었고 또 어떤 것이 이후 치료시간에 이야기되었는지 말하는 것은 불가능하다. 또 이 치료시간에서 제시된 대화의 어떤 부분이 L씨가 말한 것이고 어떤 부분이 내가 말한 것인지 확실히 말할 수도 없다.

이 치료시간의 정서적 경험이 몇 주 몇 달에 걸쳐 진전되면서, 환자는 자신이 자라는 동안 아버지가 심한 우울증으로 병치레를 했고 아버지가 회복되도록 도와야 한다는 책임감을 느꼈다고 말했다. 그녀는 아버지가 걷잡을 수 없이 숨 막히게 흐느껴 울어서 오랜 시간 동안 자주 그와 함께 앉아 있곤 했었다고 말했다. L씨가 아버지와의 이 경험을 이야기할 때, 나는 그녀가 단어 덩어리로 이야기하고, 가능한 한 많은 단어들을 한숨에 잔뜩 쏟아내는 것이 어쩌면 그녀의 아버지가 걷잡을 수 없을 정도로 흐느끼면서 눈물에 목이 메었던 경험과 관련될 수 있다는 생각이 들었다. 아마도 그녀는 아버지와의 경험을 꿈꿀 수 없어서 꿈꾸지 못한 자신의(그리고 그의) 꿈을 말하고 숨 쉬는 패턴으로 소화시켰을 것이다.

요약하면, 이 치료시간에 L씨와 내가 책에 대해 이야기한 방식은 꿈꾸기-로서- 대화하기의 형태였다. 이것은 전적으로 환자의 꿈도 나의 꿈도 아닌 꿈꾸기 경험이었다. 그때까지 L씨는 분석에서 깨어 있는 꿈꾸기의 상태에 거의 도달할 수 없었다. 그 결과 그녀는 분열된 꿈꿀 수 없는 경험의 시간없는 세계에 갇혀 있었다. 그녀는 이세계가 아버지와 자신의 삶의 많은 부분을 빼앗았을 뿐만 아니라, 자신의 아이도 죽이고 있다고 두려워했다. L씨는 아버지에 대한 분노나 그의 우울에 대한 자신의 경험을 더 이상 꿈꿀 수 없는 심리적 지점에서 심리신체 증상과(말하고 숨 쉬는 방식과) 죽음에 대한 극심한 두려움을 갖게 되었다. 논의한 치료시간이 진행됨에 따라, 환자는 이전에는 꿈꿀 수 없었던 아버지에 대한 그리고 아버지와의 경험을 꿈꿀 수 있게 되었다. 이러한 꿈꾸기—로서— 대화하기는 꿈꾸기에 관한 대화하기의 안과 밖을 눈에 띄지 않게 왔다 갔다 했다. 나는 꿈꾸기—로서— 대화하기와 꿈꾸기에 관한 대화하기 사이를 오가는 그러한 움직임을 그것이 "살아있는 역동적 과정"일 때의 정신분석의 전형적인 특징으로 본다.

자기 자신이 존재하도록 꿈꾸기—로서— 대화하기

이제 나는 한 치료 예시를 제시할 것이다. 이 예시에서 꿈꾸기—로서— 대화하기는 환자가 "자기 자신이 존재하도록 꿈꾸는" 가장 기초적인 역량을 발달시키기 시작할 수 있는 주요한 수단이 되었다.

B씨는 극도로 방치된 환경에서 성장했다. 그는 다섯 형제 중 막내이며 보스턴 외곽의 노동자 계급의 아일랜드 가톨릭 가정에서 태어났다. 환자는 어렸을 때 세 명의 형에게 시달렸는데 그들은 기회 있을 때마다 굴욕감을 주고 겁을 주었다. B씨는 할 수 있다면 "눈에 띄지 않으려" 했다. 그는 가능한 한 집에서 거의 시간을 보내지 않았고, 집에 있는 동안에는 최대한 자신에게 관심이 쏠리지 않도록 했다. 그

는 자신의 문제에 부모가 관심을 갖게 되면 사태가 더 악화되어서 형제들이 두 배로 잔인한 짓을 할 수 있다는 것을 일찍이 알고 있었다. 그럼에도 불구하고, 무슨 일이 일어나고 있는지 그가 말하지 않아도 부모, 특히 어머니가 알아주기를 끈질기게 바랐다. 7세 또는 8세 초반에 B씨는 독서에 빠져들었다. 그는 공공 도서관에서 이 책장 저 책장에 있는 책들을 말 그대로 다 읽었다. 그는 독서를 지성이나 지식의 습득으로 오해해서는 안된다고 말했다. "나의 독서는 순전히 현실도피였어요. 나는 그 이야기에 빠져들었고, 책을 읽고 일주일이 지나면, 그것에 대해 아무것도 말할 수 없었어요." [이전 논문(Ogden, 1989)에서 나는 독서를 감각 지배적인 경험으로 사용하는 것에 대해 논의했는데, 이것은 자폐적 방어로 기능할 수 있다.]

내가 B씨를 좋아했다는 사실에도 불구하고, 분석의 첫 4년 동안 다소 활기가 없다고 느꼈다. B씨는 말하기 전에 그가 했던 모든 말을 살펴보듯이 천천히 신중하게 말했다. 시간이 지나면서, 그와 나는 이것을 그의 두려움을 성찰하는 것으로 보기 시작했는데, 그가 말한 것을 내가 그를 (형제적 전이에서) 굴욕시키는 방법으로 사용할까 봐 또는 내가 (모성적 전이에서) 그가 말한 것 중에서 뭐가 제일 중요한지도 모르고 아직 말하지 못한 것이 무엇인지 인식하지 못할까 봐 두려워했다.

주 5회 분석을 한 지 5년째가 되어서야 환자는 자신의 꿈을 기억해서 말할 수 있게 되었다. 이 초기 꿈들 가운데 하나는 밀랍 박물관에 있는 성모와 아기의 초라한 밀랍 인형이 나오는 소름 끼치는 이미지였다. 그 이미지에서 가장 불안하게 하는 것은 서로를 바라보는 공허한 시선이었다.

나는 성모–아기 꿈 직후에 있었던 치료시간을 기술할 것이다. 그것은 환자와 내가 어느 정도 활력을 유지하는 방식으로 대화할 수 있기 시작한 분석 기간이었다. 하지만 이러한 대화하기 방식은 여전히 너무 새로워서 깨지기 쉽다고 느껴졌고, 때로는 약간 어색하기도 했다.

　B씨는 다음과 같이 말하면서 시작했다. 그는 직장에서 한 여성이 동료에게 코엔 형제의 영화 〈아리조나 유괴사건〉에 대해 이야기하는 것을 우연히 들었다고 말했다. 그녀는 이 영화를 차마 볼 수 없었는데 아기를 납치하는 데 유머를 사용한 것을 볼 수 없었기 때문이었다.[1] 그런 후 B씨가 물었다. "이 영화를 본 적 있으세요?" B씨가 나에게 이런 종류의 직접적인 질문을 한 건 전체 분석 기간 중 두세 번에 불과했다. 그 시점까지 분석 관계는 환자의 경험과 마음 상태에 거의 전적으로 초점 맞춰져 있었고, 내 경험에 대한―질문이나 논의는 말할 것도 없이―명시적인 암시도 거의 없었다. 그의 질문에 단순히 대답하는 것이 완전히 자연스럽게 느껴지지는 않았지만, 나는 환자에게 질문을 성찰적으로 되돌려서 대답하는 것은 상상도 할 수 없었는데, 예를 들어 그에게 왜 그런 질문을 했는지 묻거나, 그가 말하려는 내용의 의미를 내가 이해하지 못할까 봐 두려워했을 것이라고 제안하는 식으로 말이다. 나는 B씨에게 여러 번 봤다고 말했다. 나는 이 말을 하면서야 내가 이런 식으로 반응하면서 환자가 나에게 요구한 것보다 더 많은 말을 하고 있다는 것을 깨달았다. 나는

---

1) 〈아리조나 유괴사건〉에서, 아이를 가질 수 없는 부부는(Nicolas Cage and Holly Hunter) 나단 아리조나 부부에게서 최근에 태어난 다섯 쌍둥이 중 한 명을 훔친다. 케이지와 헌터는 그렇게 많은 아이를 가진 가족이 한 명이 없어져도 알기 어려울 거라며 스스로를 납득시킨다.

실수한 게 아니라, 스퀘글 게임에 선을 덧붙이고 있다고 경험했다. 그럼에도 불구하고, 나는 내가 덧붙인 것이 환자에게는 침투적으로 경험될까 봐 그리고 놀이를 방해한 것일까 봐 약간 걱정했다.

B씨는 분석 장의자의 베개 위에서 머리를 돌리면서 내가 그렇게 반응한 것에 대해서 놀라움을 드러냈다. 우리는 둘 다 미지의 물속에 있는 게 분명해 보였다. 이러한 정서적 변화가 일어나고 있을 때, 나는 전이-역전이에 대해 많은 생각을 하고 있었다. B씨는 나에게 직접적인 질문을 함으로써 자기 자신을 덜 "눈에 띄게" 할 수 있었고, 나는 의식적인 의도없이 비슷하게 반응했다. 더욱이 그는 나를 초대해서 두 형제, 함께 대단한 것을 만든 코엔 형제의 작품에 대해 이야기하고 있었다. 형과 함께 뭔가를 만드는 것은(누군가로 생성되는 것은) 환자가 자신의 형들과 놓쳤던 경험이다. 아마도 그가 코엔 형제를 분석에 가져온 것은 나와 그런 경험을 하고 싶은 소망을 반영한 것일 수 있다. 나는 이에 대해서는 환자에게 말하지 않기로 했다. 왜냐하면 이것에 대해 말함으로써 환자와 내가 만들고 있는 정서적 친밀감을 향한 시험적인 움직임을 산만하게 만들고 약화시킬 거라고 생각했기 때문이다.

B씨는 자신에게는 이례적인 감정의 강도의 목소리로 말했다. 그는 〈아리조나 유괴사건〉에 대해 이야기하는 것을 어쩌다가 듣게 되었을 때 그 여자가 마치 이 영화를 다큐멘터리처럼 여기고 있다고 생각했다. "이 일에 흥분하는 게 미친 것 같지만, 이 영화는 내가 제일 좋아하는 영화 중 하나예요. 너무 많이 봐서 대사를 다 기억해요. 그래서 이 영화를 아무 생각 없이 폄하하는 건 듣기 싫어요."[2]

나는 말했다. "이 영화의 모든 프레임에는 아이러니가 있어요. 가끔 아이러니는 무서울 수 있죠. 그게 언제 당신에게 닥칠지 몰라요."

(비록 환자가 우리 사이에 무엇이 일어나고 있는지에 대해 무의식적으로 언급하고 있었지만—그간의 우리 패턴보다 서로에게 덜 무심하고 덜 경직되어 있었다—그 수준에서 반응했다면 내가 느끼기에 꿈꾸기-로서- 대화하기가 되어가고 있는 것을 방해했을 것 같았다.)

B씨는 말했다. "이 영화는 다큐멘터리가 아니라, 꿈이에요. 니콜라스 케이지가 서툴게 사소한 범죄를 저질러서 체포된 다음 머그샷을 찍히는 것으로 시작해요. 마치 처음부터 두 가지 수준의 현실이 소개되는 것 같아요. 사람과 사진. 이전에는 이 영화의 오프닝을 그렇게 생각해 본 적이 없었어요. 그리고 오토바이를 타고 있는 그 거대한 남자는—사람이라기보다는 원형에 가깝다—이 영화의 다른 부분의 현실과 떨어져 있지만 평행 현실 속 영화에 살고 있어요. 너무 흥분해서 죄송해요." 환자의 목소리는 아이 같은 흥분으로 가득 차 있었다.

나는 질문했다. "왜 흥분하면 안 되죠?"(이것은 수사적 질문이 아니었다. 나는 아주 압축된 방식으로 말하고 있었는데, 환자가 어렸을 때 흥분된 목소리로 말하면 위험하다고 느꼈던 데에는 매우 타당한 이유가 있었지만, 그러한 이유들은 또 다른 현실인 과거의 현실에 해당됐고, 이는 종종 현재의 현실을 가렸다.)

B씨는 쉬지 않고 계속 말했다. "내가 영화에서 가장 좋아하는 부분은 마지막에 목소리만 나오는 부분이에요[그 장면은 니콜라스 케이지와 홀리 헌터가 데리고 왔던 아이를 돌려준 후, 홀리 헌터가 니콜라스 케

---

2) 나는 영화 이미지와 내러티브가 꿈 이미지와 내러티브가 환기시키는 어떤 힘을 공유하는 것 같은 방식에 거듭 감명을 받는다(Gabbard, 1997a, 1997b; Gabbard and Gabbard, 1999 참조).

이지에게 떠나겠다고 말한 다음에 나온다]. 그는 침대에서 그녀 옆에 누워 있었는데, 자면서 생각하는 것과 꿈을 꾸는 것 사이 중간쯤 되는 방식으로 말을 해요. 그의 목소리에는 바로잡을 수 있는 두 번째 기회를 갖기 위해 뭐든 할 것 같은 느낌이 있지만, 그는 또다시 망칠 확률이 높다는 것을 알 정도로 자기 자신을 잘 알고 있어요. 지금 생각해 보니까, 마지막 장면은 그가 체포된 후 머그샷을 찍히는 오프닝 장면을 훨씬 더 풍부한 형태로 반복한 거네요. 그는 절대 바로잡을 수 없어요. 하지만 당신도 알다시피 마지막에서 그가 절대 바로잡지 못할 거라는 게 마음이 아파요. 그는 마음씨가 좋거든요. 마지막에 목소리만 나오는 독백 부분에서, 아기 나단 2세의[그들이 데리고 왔다가 가족에게 돌려준 아기의] 삶을 상상한다. 케이지는 아이가 자랄 때 아이의 삶에서 그 자신을 보이지 않는 존재로 희미하게 알아볼 수 있게 해요. 아이는 누군가 자신을 사랑스럽게 보고, 그를 자랑스러워 한다는 걸 느낄 수 있지만, 그 감정을 특정한 사람과 잘 연결시킬 수 없죠."(물론, 나는 이것을 환자가 나에게 무의식적인 방식으로 말하고 있는 것으로 들었다. 그는 내가 사랑스럽게 보고 있다고 느꼈던 것이다. 또한 B씨와 내가 꿈꾸기하고/마음속에 품고 있는 사랑하는 아기는 분석 경험 자체를 "구현하고" 있는 것 같았다. 그것은 이 치료시간에 환자와 내가 함께 꿈꾸기하는 과정에서 새로이 "활기를 되찾고" 있었던 것이었다.)

나는 B씨에게 말했다. "마지막 장면에서 니콜라스 케이지는 또 어떤 커플을 상상하죠─아마도 자신과 홀리 헌터가─자식과 손주들과 함께 있는 것을요."

B씨가 흥분해서 내 말을 가로막았다. "맞아요. 마지막에 그의 꿈에서는 두 가지를 다 가져요. 나는 그가 미래를 보고 있다고 믿고 싶어요. 아니다, 그것보다 좀 더 부드러운 느낌이에요. 그럴지도 모른

다는 느낌이에요. 케이지처럼 그렇게 엉망으로 만드는 사람도, 그가 뭔가 상상할 수 있다면 그런 일이 일어날 수 있을 거예요. 아니 너무 진부하게 들리네요. 뭐라고 표현해야 할지 모르겠어요. 답답하네요. 그가 꿈꿀 수 있다면, 그건 꿈에서 일어난 일이에요. 아니야, 내가 의미하는 바를 말로 표현할 수가 없어요."

나는 환자가 적절한 단어를 찾기 어려워하는 것의 의미에 초점을 두지 않기로 했다. 그것은 아마도 그가 나에게 느끼고 있었던 사랑에 대한 불안과 그것이 응답되길 바라는 마음에서 비롯된 것일 것이다. 대신 나는 그때 일어나고 있다고 느끼는 꿈꾸기-로서- 대화하기의 관점에서 내 생각을 말했다. "이렇게 표현하는 게 당신이 염두에 둔 것과 같은지 보세요. 나는 마지막에 케이지가 꿈을 이야기할 때 그의 목소리가 영화 초반의 어떤 시점에 나오는 목소리랑 다르게 들려요. 그는 홀리 헌터가 그의 곁에 머물게 하기 위해 거짓으로 자신이 바뀐 척 하지 않아요. 그가 누구인지에 있어서 진정한 변화가 있어요. 당신은 그의 목소리에서 그걸 들을 수 있어요." 나는 이 말을 하는 순간에야 비로소 깨달았다. 내가 환자의 꿈꾸기-로서- 대화하기의 이미지에만 말하고 있는 것이 아니라, 환자의 목소리와 내 목소리의 차이 그리고 케이지 목소리에서의 차이도 인식하고 들을 수 있다는 것을 암묵적으로 말하고 있다는 것을 말이다.

B씨는 안심하는 목소리로 "그거예요."라고 말했다.

그 순간 분석에서 B씨도 나도 분석 관계에서 무엇이 일어나고 있는지에 대해 좀 더 직접적으로 말하진 않았지만, 우리 둘 사이에 새롭고 중요한 무언가가 일어나고 있다는 것은 분명했다. 몇 주 후, B씨는 〈아리조나 유괴사건〉에 대해 이야기했던 그 치료시간의 경험에 대해 이야기했다. 그는 그 치료시간의 경험을 어렸을 때 책읽기 경험과 비교했다. "내가 〈아리조나 유괴사건〉에 대해 얘기했던 방식은 내가 어렸을 때 책을 읽었던 방식과 이보다 더 다를 수 없어요. 책을 읽을 때 나는 다른 사람의 상상의 세계의 일부가 되었거든요. 우리가 한 것처럼 영화에 대해 이야기할 때는 내 자신을 잃지 않는다는 걸, 좀 더 내 자신이 되고 있다는 걸 알았어요. 나는 그저 니콜라스 케이지와 코엔 형제가 뭘 했는지에 대해 대화한 게 아니에요. 나는 내 자신에 대해 그리고 내가 그런 영화를 어떻게 생각하는지에 대해 대화한 거였어요."

B씨는 분석 후반에도 여전히 그 치료시간에 대해 말했다. "나는 우리가 영화나 책 또는 자동차나 야구, 무엇에 대해 이야기하든 괜찮다고 생각해요. 나는 우리가 이야기해야 할 것들이 있다고 생각했었어요. 예를 들면, 섹스, 꿈, 내 어린 시절 같은 것들 말이죠. 하지만 이제는 중요한 건 우리가 대화하는 **방식**이지, **무엇**에 대해 대화하는가가 아닌 것 같아요."

영화 〈아리조나 유괴사건〉이 환자의 상상을 자극했던 건 이것이 자신들의 삶을 창조할 수(꿈꿀 수) 없어서, 다른 사람의 삶의 일부를 훔치려다 허사가 된 두 사람의 이야기이기 때문일 것이다. 하지만 나는 이 치료시간의 정서적 중요성이 일차적으로 영화의 상징적 의미에 있다고 생각하지 않는다. 오히려 가장 중요한 것은 환자와 내가 함께 대화하기/꿈꾸기하는 경험이다. 이것은 B씨가 자기 목소리처럼 느껴지는 목소리를 창조하고 있었다는 점에서 "자기 자신을 꿈꾸고" 있었던 경험이었다. 치료시간을 돌이켜보면, 그는 우리가 무엇에 대해 이야기하든 괜찮다고 말했는데, 그가 옳았다고 생각한다. 중요한 것은 그가 자신의 목소리처럼 느껴지는 소리를 통해 꿈꾸고 대화하는 바로 그 행위에서 존재하게 되는 경험이었다.

치료시간에 있었던 대화의 나의 버전을 읽을 때면, 나는 꿈꾸기-로서- 대화하기라는 분석 경험을 말로 포착하는 것이 얼마나 어려운지에 놀라게 된다. 이 장의 전체 대화는 너무 자주 "음표만 재생"하면서 꿈꾸기-로서- 대화하기를 구성하는 친밀하고 다층적인 대화인 "음악을 만드는" 데는 실패한다. 그 "음악"은 목소리 톤과, 말의 리듬, 단어와 구절의 "배음(背音, oversounds)"(Frost, 1942, p.308) 등에 놓여 있다. 꿈꾸기-로서- 대화하기라는 음악의 본질은 환자마다 그리고 전이의 경험마다 크게 다르다. 한 치료시간에, 꿈꾸기-로서- 대화하기의 음악은 나머지 가족들이 떠난 후 저녁식사 테이블에서 아버지와 대화하는 청소년기 소녀의 음악일 수 있다. 그 소리는 딸이 세상에서 자신이 이야기하고 싶은 어떤 것에 대해 자신의 생각을 말할 때 아버지가 (그의 눈에는 어여쁜) 딸의 목소리에서 듣는 소리이다. 또 다른 전이-역전이 경험에서, 꿈꾸기-로서- 대화하기 소리는 어머니가 설거지를 하는 동안 세 살배기 아들이 옹알이를 하는 소리이다. 그는 형이 멍청이라는 사실과 자신이 부보안관 도그(Deputy Dawg)가 날아다니는 것을 좋아한다는 사실, 그리고 그들이 내일 또 옥수수를 먹길 바란다는 사실, 기타 등등에 대해 어느 정도 조리 있는 문장으로 노래하듯이—거의 자장가처럼—말한다. 그리고 또 다른 전이-역전이 경험에서, 꿈꾸기-로서- 대화하기는 열두 살 소녀의 가슴이 찢어지는 소리를 지니고 있는데 이 소녀는 한밤중에 눈물을 흘리며 잠에서 깬 후, 자신이 얼마나 못생기고 바보같이 느끼는지 그리고 어떤 남자애도 자신을 좋아하지 않을 것이고 절대 결혼하지 않을 거라고 어머니에게 말하고 있다. 이런 종류의 소리를 글로 포착하기는 매우 어렵다.

맺는말

나는 세 가지 관찰로 꿈꾸기−로서− 대화하기에 대해 결론을 맺을 것이다. 첫째, 꿈꾸기−로서− 대화하기 경험에서, 분석가가 환자의 꿈꾸기에 참여하고 있을 때에도 꿈은 결국 환자의 꿈이다. 이 기본 원칙을 염두에 두지 않는 한, 분석은 환자가 스스로를 꿈꾸지 않고 분석가가 "환자를 꿈꾸는" 과정이 될 수 있다.

둘째, 내가 꿈꾸기−로서− 대화하기에 참여할 때, 나는 항상 분석 틀에 대한 관심이 더 많이 필요한 것 같다고 느낀다. 내가 보기에 분석가가 내가 기술한 방식으로 환자와 대화하기에 책임감 있게 참여할 수 있기 전에 상당한 분석 경험이 필요한 것 같다. 꿈꾸기−로서− 대화하기에 참여할 때 본질적인 것은 환자와 분석가의 역할의 차이가 처음부터 끝까지 확고하게 존재하는 것으로 느껴진다는 것이다. 그렇지 않다면 환자는 자신이 필요한 분석가와 분석 관계를 박탈당하게 된다.

마지막으로, 꿈꾸기−로서− 대화하기라는 생각을 도입하면서, 나는 정신분석의 "규칙을 깨거나" 새로운 규칙을 만들려는 것이 아니다. 오히려 내가 지금까지 기술한 것은 특정 상황에서 특정 환자와 분석 작업 상황에서 만들어지는 즉흥 작업이라고 생각한다. 이렇게 말하면서, 나는 정신분석 실제에 매우 근본적이라고 믿는 것으로 되돌아가고 있다고 생각한다. 그것은 분석가로서 우리의 노력이 각 환자들과 함께 정신분석을 새롭게 창조하는 것이다.

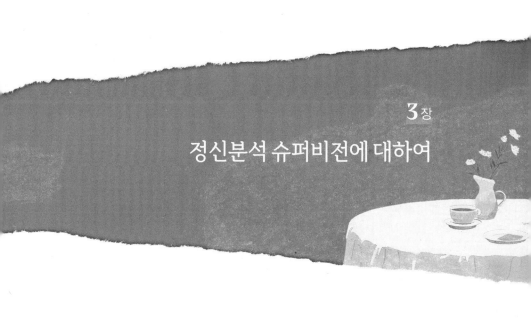

3장
정신분석 슈퍼비전에 대하여

정신분석은 이전에 존재하지 않았던 두 가지 형태의 인간관계를 만들어 낸다: 분석 관계와 분석 슈퍼비전 관계. 프로이트는 분석 관계를 상세하게 논의했지만, 이상하게도, 내가 아는 한, 그는 **전집**에서 슈퍼비전 또는 슈퍼비전 관계에 대해 한마디도 언급하지 않았다(꼬마 한스의 아버지(1909)와의 작업은 제외). 그럼에도 불구하고, 슈퍼비전 관계는 프로이트의 정신분석 "발견"의 결과이며 정신분석가가 되는 과정에서(공식적인 분석수련 과정에서 그리고 자격증을 취득한 분석가가 정신분석가가 되기 위한 지속적인 노력 과정에서도) 필수가 되었다. 그런 까닭에 정신분석 슈퍼비전 관계는 정신분석적 지식이 한 세대의 정신분석가에게서 다음 세대로 전달되는 필수적인 매개체이다.

⚘이론적 배경

나는 분석 관계와 슈퍼비전 관계를 "인도된 꿈[꾸기]" 형태로 본다 (Borges, 1970a, p. 13). 이 장에서는 슈퍼비전 세팅에서의 그러한 꿈 꾸기가 취하는 몇 가지 형태를 탐색할 것이다. 슈퍼비전 관계에서 작동하고 있는 다양한 정서적 힘을 다루거나 슈퍼비전을 어떻게 해야 하는지에 대해 규정하려고 하지 않을 것이다. 대신 몇 가지 분석 슈퍼비전 경험을 기술할 것이다(그중 한 가지는 해럴드 설즈와 함께한 나의 슈퍼비전 경험이다). 이 분석 슈퍼비전 경험들은 내가 분석 슈퍼 바이저로서 생각하고 작업하는 방식의 각기 다른 측면을 보여 준다. 네 개의 슈퍼비전 경험을 제시하기 전에 분석 슈퍼바이저로서 내 작업에 대한 이론적 틀의 핵심적인 측면을 구성하는 몇 가지 아이디어를 간략하게 논의할 것이다.

분석 경험을 꿈꾸기

비온(1962a, 1970)의 전통을 따라 나는 꿈꾸기를 개인이 자신의 생생한 정서적 경험에 대해 수행하는—잠들어 있을 때도 깨어 있을 때도—무의식적인 심리적 작업이라고 생각한다(나의 꿈꾸기 개념화에 대한 추가 논의는 1장 참조). 이러한 관점에서 슈퍼비전 경험은 슈퍼바이저가 슈퍼바이지로 하여금 환자와의 경험 요소들에 대해 꿈 꾸도록 돕는 경험이다. 이 경험 요소들은 분석가가 이전에는 단지 부분적으로만 꿈꿀 수 있었거나("중단된 꿈", [Ogden, 2004a]) 거의 완전히 꿈꿀 수 없었던("꿈꾸지 못한 꿈", [Ogden, 2004a]) 것이다.

내가 "중단된 꿈"이라고 말할 때, 이것은 무의식적 사고가 개인의 생각하기 및 꿈꾸기 역량을 중단시킬 정도로 혼란스러워지는 마음 상태를 말한다. 예를 들어, 악몽은 꿈-사고가 꿈을 꾸는 사람의 꿈꾸기 역량을 파괴시킬 정도로 무서운 꿈이어서 개인은 결국 두려운 상태에서 깨어난다. 마찬가지로 놀이의 파괴는 놀이에서 경험되는 사고와 감정이 아이들의 놀이하기 역량을 압도할 때 일어난다. 신경증적 증상(예를 들어, 강박적 반추, 공포증, 만연한 불안 상태 등) 또한 중단된 꿈꾸기 유형들이다. 이러한 유형의 종합적인 증상을 나타내는 환자는 자신의 생생한 경험에 대해 어느 정도까지는 꿈꿀 수 있다(무의식적인 심리적 작업을 할 수 있다). 신경증적 증상은 개인이 무의식적인 심리적 작업을 더 이상 할 수 없게 되는 지점을 표시하며, 그러한 작업 대신 그 자리에 정지된 심리적 구성/증상이 생겨난다.

중단된 꿈과는 대조적으로, "꿈꾸지 못한 꿈"은 자신의 생생한 경험을 꿈꿀 수 있는 능력이 사실상 완전히 없음을 반영한다. 꿈꿀 수 없는 것은 무의식적인 심리적 작업에서 배제된 것이다. 심리적으로 배제된(꿈꿀 수 없는) 경험은 다양한 형태로 나타날 수 있는데, 심리신체 장애와 심한 도착(de M'Uzan, 2003), 밤 공포(Ogden, 2004a), 정신증의 분열된 부분, 정동이 없는 상태(McDougall, 1984) 그리고 조현병적 비경험 상태(Ogden, 1980)가 있다.

슈퍼바이지가 환자와의 정서적 경험을 어느 정도까지는 꿈꿀 수 있어도 그 이상은 꿈꾸지 못하는 것은 그가 분석에서 일어나는 정서적 경험에 대해 어느 정도는 진실한 무의식적 심리적 작업을 해 왔다는 사실을 반영한다. 하지만 이 작업을 하는 그의 역량은 분석에서 생성되고 있는 사고와 감정의 혼란스러운 특성에 의해 파괴되었다. 이러한 종류의 파괴는 대부분 슈퍼바이지가 수용적인 레브리 상태를 생성하고 유지하는 능력과 레브리 경험을 분석적으로 활용하는 능력의 한계로 인해 나타난다. 예를 들면, 그는 환자의 꿈에 대해 더 이상 활용할 수 있는 연상을 하지 못하고 있다는 것뿐만 아니라, 분석 관계에서 일어나고 있는 것에 대한 자신의 연상적 연결이 둔해지고 있다는 것을 발견할 수도 있다. 이러한 심리적 상태는 (때로 실수로 치료시간을 일찍 끝내는 것과 같은 행동화와 관련하여) 보통 윤리적 행위나 전문적 책임을 중대하게 위반하지 않는다. 분석가는 일반적으로 슈퍼바이저의 도움으로 무엇이 그의 깨어 있는 꿈꾸기를 파괴하고 있는지에 대해 주목하고, 생각하고 분석적으로 활용할 수 있다 (내가 제시할 첫 번째 치료 예시는 슈퍼바이지가 내담자와의 경험을 꿈꾸는 역량이 이런 형태로 파괴된 경험을 했을 때 받은 슈퍼비전 작업과 관련이 있다).

슈퍼바이지가 환자와의 경험에 대해 거의 완전히 꿈꿀 수 없는 것은 분석에서 일어나는 것을 단지 부분적으로 꿈꿀 수 있는 것보다 훨씬 더 심각한 문제이다. 자신의 경험을 꿈꿀 수 없는 슈퍼바이지는 종종 분석에 문제가 있다는 것을 깨닫지 못해서 슈퍼비전을 활용하기 어렵다. 꿈꿀 수 없는 무능력이 증상으로 발현된 것은 중단된 꿈꾸기와 관련된 것보다 대체로 좀 더 치료-파괴적이다. 분석에서 생겨나고 있는 경험을 꿈꿀 수 없는 것은 분석가가 분석이 성공했다고 선언한 다음 (분석적 난국을 피하려는 무의식적인 시도로) 일방적으로 종결 날짜를 정하는 형태로 나타날 수 있다. 다른 경우들에서는, 분석가가 심리신체 장애 또는 역전이 정신증이 생길 수 있다. 또 다른 경우 분석가는 경계를 위반할 수도 있다. 예를 들면, 환자와 성적 관계 또는 비즈니스 관계를 맺거나 분석가의 정치적 야망을 실현하고자 환자에게 적극적인 지원을 해달라고 하는 것이다(제시할 네 개의 치료 예시 중 마지막에서, 나는 슈퍼바이지가 분석 경험을 꿈꿀 수 없는 것이 분석가의 심리신체 장애와 정신증적 역전이 경험을 일으키는 형태로 나타났던 한 슈퍼비전에 대해 논의한다).

슈퍼비전 세팅에서 내담자에 대해 꿈꾸기

분석 슈퍼바이저로서 나의 작업에 대한 이론적 맥락의 두 번째 요소는 '환자의 분석이 슈퍼비전의 대상일 때 환자는 누구인가?'라는 질문을 재-구성하기를 포함한다. 분석가는 내담자를 슈퍼비전 시간에 데려오지 않는다. 대신 (슈퍼바이저의 도움으로) 분석가는 슈퍼비전 세팅에서 환자에 대해 "꿈꾼다". 바꾸어 말하면, 슈퍼비전에서 생생해진 환자는 치료실에서 분석가와 이야기하던 그 살아있고 숨쉬던 사람이 아니다. 더 정확히 말하면, 슈퍼비전 시간에 제시되는 환자는 픽션이다. 말, 목소리, 신체 움직임(예를 들면, 슈퍼바이지의 손짓), 아이러니, 위트, 투사적 동일시와 같은 무의식적 의사소통, 기타 등등의 매개체로 창조된 픽션이다.

분석가가 내담자와의 경험을 슈퍼비전에 의식적으로 그리고 무의식적으로 가져오는 모든 방식은 환자의 실제 존재로 합쳐지지 않는다. 오히려 그것들은 픽션을 창조해 낸다. "픽션"이라는 용어는 거짓을 말하는 게 아니다. 정반대이다. 슈퍼비전에 사례를 제시할 때, 슈퍼바이지는 "사실을 픽션으로 바꾼다. 사실이 픽션이 될 때에만… [그것들은] 현실이 된다"(Weinstein, 1998). 이러한 의미에서, 슈퍼비전 세팅에서 픽션으로서 환자를 창조하기는—"환자를 꿈꾸기"는—분석 관계에서 의식적, 전의식적 및 무의식적인 수준에서 일어나고 있는 것에 대해 분석가의 경험에 진실한 것(Ogden, 2003b, 2005)을 분

석가와 슈퍼바이저가 슈퍼비전에서 생생하게 하려는 연합된 노력을
나타낸다.

분석 경험과 슈퍼비전 경험의 상호작용

분석 슈퍼바이저로서 나의 작업에 대한 이론적 맥락의 세 번째 요
소는 슈퍼비전 관계와 분석 관계의 무의식적 상호작용을 인식하는
것이다. 설즈(1955)는 "슈퍼바이저의 정서적 경험의 정보적 가치"에
서 슈퍼비전 관계의 이러한 측면에 대해 처음으로 언급했다. 이 혁
신적인 논문에서 설즈는 다음과 같이 말한다:

> 슈퍼바이저가 경험한 정서는—심지어 그의 사적인 "주관적" 환상 경
> 험과 슈퍼바이지에 대한 개인적인 감정을 포함하여—현재 슈퍼바이지
> 와 환자 사이의 관계를 특징짓는 [무의식적인 대인관계] 과정에 대해 종
> 종 가치 있는 명료화를 제공한다. 또한 이러한 과정은 종종 치료관계를
> 어렵게 만들어 온 바로 그 과정이다. … 환자와 치료자 사이의 관계에서
> 현재 작동하는 [의식적 및 무의식적인] 과정은 치료자와 슈퍼바이저 사
> 이의 [의식적 및 무의식적인] 관계에 종종 반영된다(p. 157). … 나는 이
> 러한 현상을 반영 과정[1])이라 부르고자 한다. (1955, p. 159, 원서 강조)

---

1) 설즈가 "반영 과정"이라 부른 이 현상은 이후 "병행 과정"이라고 불렀다. 나는 병
행 과정이 잘못된 용어라고 생각한다. 분석 과정과 슈퍼비전 과정 간의 관계는 결
코 병행하지 않기 때문이다. 두 과정은 서로 팽팽한 긴장 속에 있고 항상 서로를
재-맥락화하고 변화시킨다. 분석 관계와 슈퍼비전 관계는 슈퍼바이저, 슈퍼바이
지 및 환자 간의 의식적 그리고 무의식적인 내적 및 외적 대상관계 단일 세트의 두
가지 측면을 구성한다.

따라서 치료관계의 무의식적 수준은 단순히 내담자와의 작업에 대해 슈퍼바이지가 말로 설명하는 형태로 슈퍼비전 관계에 가져오는 것이 아니다. 오히려 이것은 슈퍼비전 관계 자체의 무의식적 및 전의식적 차원에서 생성해지는 것이다. 슈퍼바이저와 슈퍼바이지의 과제 중 필수적인 부분은 슈퍼비전 관계와 분석 관계의 상호작용을 꿈꾸는 것이다(의식적 및 무의식적인 심리적 작업을 하는 것이다). 이 심리적 작업의 일부 측면들은 슈퍼바이저와 분석가의 말로 표현되지만, 이 작업의 다른 측면들은 말로 표현되지 않은 채 남겨지거나, 어쩌면 전치되어(예를 들면, 슈퍼바이저가 슈퍼바이지나 분석가였을 때 자신이 겪었던 유사한 경험에 대해 말하는 것으로) 논의될 것이다. 각각의 슈퍼비전 쌍은 그들 자신의 고유한 방식[2]으로 슈퍼비전 관계와 분석 관계 간의 관계에 대해 논의한다.

슈퍼비전 틀

치료 논의의 기초가 되는 이론적 맥락의 마지막 요소는 슈퍼비전 관계 "틀"이다. 분석 슈퍼비전은 분석 관계와 동일한 자유와 보호를 필요로 한다(슈퍼비전 틀의 경계와 경계 위반에 대해서는, Gabbard and

---

2) 슈퍼비전 관계와 분석 관계의 상호작용에 대한 문헌을 검토하는 것은 이 장의 범위를 벗어난다. 버만(2000)의 논문은 분석 슈퍼비전 관계를 구성하는 "[의식적 및 무의식적] 대상관계의 매트릭스"(p. 276)에 대한 주제를 개관하면서 통찰력 있는 관찰을 제공한다. 이 주제에 대한 다른 중요한 논문은 다음과 같다: Anderson and McLaughlin(1963), Baudry(1993), Doehrman(1976), Epstein(1986), Gediman and Wolkenfeld(1980), Langs(1979), Lesser(1984), McKinney(2000), Slavin(1998), Springmann(1986), Stimmel(1995), Wolkenfeld(1990), Yerushalmi(1992)

Lester, 1995 참조). 슈퍼바이저는 슈퍼바이지가 분석 과정과 슈퍼비전 과정에서 일어나는 것에 대해 생각하고 꿈꾸고 살아있을 자유를 보장하는 틀을 만들 책임이 있다. 슈퍼비전 틀은 슈퍼바이지가 슈퍼바이저 앞에서 정직하려는 노력을 인간적으로, 정중하게 대해 주고, 비밀을 지켜줄 거라는 안정감을 주는 존재로 느껴진다.[3] 슈퍼바이지는 슈퍼바이저에게 무언가 매우 개인적인 것을 맡긴다. —분석 관계의 친밀함과 외로움, 성적인 생생함과 무감각, 다정함과 두려움에 대한 의식적, 전의식적 및 무의식적 경험을 맡긴다. 그러면 슈퍼바이저는 슈퍼바이지에게 다음의 것들을 통해 분석가로 존재한다는 것이(그리고 계속해서 생성되는 것이) 무엇인지를 보여 준다: 그가 생각하고 꿈꾸는 방식, 아이디어와 감정을 공식화하고 표현하는 방식, 슈퍼바이지의 의식적 및 무의식적 의사소통에 반응하는 방식, 그가 슈퍼바이지를 한 명의 고유한 개인으로 인식하고, 슈퍼비전 관계가 새롭게 창조되는 방식.

네 개의 치료 예시

1. 환자가 존재하도록 꿈꾸기

첫 번째 슈퍼비전 시간에 M박사는 여성 환자인 A씨와의 작업에

---

3) 나는 슈퍼비전 과정이 훈련 프로그램 일환으로 실시될 때 매우 손상된다고 생각한다. 훈련 프로그램에서 슈퍼바이저는 슈퍼바이지의 작업에 대한 인상을 평가하여 보고해야 한다는 점 때문이다. 이 장에서 기술하는 네 개의 슈퍼비전 경험들 중 어떤 것도 훈련 프로그램 맥락에서 진행되지 않았다.

대해 논의했다. 그는 분석에서 일어나고 있었던 것을 한동안 걱정했었다고 말했다. A씨가 분석을 시작했던 건 그녀가 만성적으로 우울했고 죽어가고 있다는 끔찍한 두려움 때문이었다. 그녀는 심한 피부염을 포함해 많은 신체증상이 있었다.

M박사가 말하길, 환자는 그녀의 남편과 아이들로부터 단절되었다고 느꼈고 직장에서는 오랫동안 어떻게든 "잘 지내는 척" 속여 왔지만 곧 들킬 것 같다 걱정했다. A씨는 자신의 어린 시절을 기술하면서—교사이자 평신도 사역자인—아버지를 탁월한 지성과 깊이를 지닌 남자라고 말했다. 그리고 자신뿐만 아니라 "아버지를 알고 있는 모든 사람들이 아버지를 매우 감탄했다."고 말했다. 또한 어쩌면 그는 매우 가혹하고, 도덕주의적이고, 모욕을 주는 것 같았고, 환자에게 주기적으로 "바보 멍청이"라고 했다—조용하고 철수된 여성인—환자의 어머니는 "삶의 많은 부분이 안중에 없는 것"처럼 보였다. (내가 환자의 말을 인용할 때, 물론 나는 환자의 말을 인용한 것이 아니라, M박사의 "픽션"을 인용한 것이다. 이는 환자에 대한 그의 의식적 및 무의식적 경험에서 나온 것이다. M박사는 치료시간 동안에는 기록을 하지 않았다.) A씨는 자신이 참을 수 없이 지루한 환자임에도 왜 M박사가 자신과 계속 작업을 하려 하는지 모든 치료시간 내내 이해할 수 없다고 느꼈다고 말했다.

M박사는 주 5회 분석이 진행되는 첫 해 동안 자신의 다음 느낌에 대해 환자와 이야기를 해 왔다고 말했다. 그는 그녀가 한편으로는 자신이 "바보 멍청이"가 아니라는 것을 아버지에게(그리고 지금은 M박사에게) 증명하고 싶은 소망과, 다른 한편으로는 그녀가 자신의 삶에 아무것도 하지 않을 쓸모없는 실패자라는 아버지의 판단이 옳다는 것을 증명함으로써 아버지에게(그리고 그들의 독이 있는 유대에) 충성

하려는 소망에 의해 분열되었다고 느끼는 것 같았다. 이러한 해석적 작업에도 불구하고, 환자는 여전히 우울해했고 자신이 죽어가고 있는 것을 매우 두려워했다.

M박사는 첫 슈퍼비전이 반쯤 지났을 때, 다음과 같이 말했다. "왜 그런지는 모르겠지만—아마도 너무 원시적이어서 그런 것 같아요—이런 말을 하는 게 민망하지만, A씨가 제 사무실에 있을 때 시큼한 냄새가 나요. 그녀가 간 후에도 계속 나요. 속으로 그녀 대신 변명을 했었어요. 아마 그녀가 그날 오기 전에 운동을 다녀와서 샤워할 시간이 없었을 거라고요." 나는 M박사가 내게 환자의 나이를 말한 적이 있었는지 기억이 나지 않는다고 말했다. 그 당시에는 이 질문이 M박사가 말하고 있던 것에서 어떻게 이어져 나왔는지 알지 못했다. 그는 그녀가 몇 살인지 정확히 모르며 그녀에게 직접 물어본 적도 전혀 없었다고 말했다. 분석이 오래될수록, 그는 그녀에게 묻는 게 더욱 어렵게 느껴졌다. 그는 말했다. "대기실에서 A씨를 볼 때나 치료가 끝나고 그녀가 나갈 때, 그녀가 몇 살인지 알고 싶어서 나도 모르게 자주 그녀의 얼굴을 빤히 처다보고 있었어요. 지금 말하면서 생각해 보니까, 내가 그런 식으로 그녀를 처다보는 건 그녀가 아이였을 때, 청소년이었을 때, 그리고 젊은 여자였을 때 어땠을지 보려고 한 것 같아요. 때로 그녀의 얼굴에서 매우 예쁘고, 호기심 강하고, 지적인 어린 여자아이 혹은 대학생이 보여요."

나는 M박사에게 환자가 어렸을 때 그녀는 뭐가 되길 꿈꿨냐고 물었다. 그는 그녀가 무용수로서 상당히 재능이 있었고 대학을 마친 후에는 발레단 단원으로 수년간 있었다고 말했다. 그녀는 무대공포증이 생겼고 그것을 극복하지 못해서 무용을 포기했다. A씨는 "당연하게" 로스쿨에 가기로 결정했다. 그녀는 회사 법무팀에서 어느 정도 성공을 거두었지만, 그 일에 별로 흥미가 없었다.

나는 M박사에게 환자는 자기 자신이 존재하도록 꿈꿀 수 없었던 것 같다고 말했다. 나는 그녀의 죽어가고 있다는 두려움은 (그녀의 신체 증상의 콘크리트한 형태를 고려해 볼 때) 어쩌면 그녀가 어떤 진정한 정서적 의미에서는 결코 태어난 적이 없다는 그녀의 감각의 발현일 수도 있고 그녀가 태어나기도 전에 죽을 것이라는 두려움의 발현일 수 있다고 생각했다. 나는 덧붙였다. "과장일 수는 있지만, 내 생각에 당신이 맡은 냄새는 어쩌면 환자가 자신이 부패하고 있는 냄새를 치료에 가져오는 방식일 수도 있어요. 그녀가 느끼기에 자신에게 남아 있는 얼마 안 되는 부분이 바로 당신의 사무실에서 죽어가고 있는 것입니다."

논의되고 있는 첫 슈퍼비전 시간에서, M박사는 말이라는 매체를 통해 하나의 "픽션"을 만들어 냈다. 이 픽션은 꿈꿀 수 없었고, 꿈꾸지 못한 경험을 신체화했던 환자 A씨에 대한 그의 정서적 경험에 진실된 것을 생생하게 했다. M박사는 내담자가 꿈꿀 수 없었던 꿈들 중 일부를 꿈꿀 수 있었다. 예를 들면, M박사는 A씨를 자기 자신만의 권리를 가진 한 사람이 되어가는 과정에 있는 어린 여자아이와 젊은 여자로 꿈꾸기 했다. 슈퍼비전 시간에 A씨에 대한 M박사의 꿈꾸기는 그녀에 대한 나의 꿈꾸기에 의해 촉진되었는데, 나는 그녀의 나이에 대한 "뜬금없는" 질문의 형태로 꿈꾸기 했다. A씨의 젊은 시절에 대한 나의 꿈/질문과 M박사의 꿈은 그녀의 아버지가 그녀에 대해 "꿈꾸기 한 것"과 뚜렷하게 대조된다. 그녀의 아버지의 "꿈"들은 꿈이 아니라, 독이 든 투사적 동일시였다. 여기서 환자는 아버지가 부인하고, 폄하한 "더러운" 자기를 넣어두었던 장소나 물건의 역할을 했다(그러면서 아버지는 자신의 분열된 자기감 중 도덕적으로 순수한 측면은 자신의 것이라고 붙들고 있었다). 그는 이런 기능을 위해 그녀가 필요했다. 그리고 그녀는 그 역할을 거부하면 아버지에게서 자신의 가치를 잃을까 봐 두려워했다. 적어도 그녀는 그녀의 아버지에게는 "무언가"였다. 그녀는 어머니에게 있어서 자신이 아무것도 아니라고 느꼈다.

계속되는 수개월의 분석 과정에서, 환자는 M박사에게 한 가지 꿈을 이야기했다: "내 피부와 근육의 큰 조각들이 내 손에 떨어져 나왔어요. 그 조직 덩어리들을 다시 몸의 제자리에 붙이려고 하면, 더 많이 떨어져 나왔어요. 너무 끔찍했어요. 내 피부염이 미친 것 같았어요." M박사는 환자에게, 이상하게 들리겠지만, 자신이 생각할 땐, A씨가 분석에서 자신의 피부염을 "미치게" 하기 위해 작업해 온 것 같다고 말했다. 즉, 신체적 사건을 심리적 사건으로, 미쳐가고 무너지는 느낌으로 변화시킴으로써 그녀는 그와 생각하고 대화할 수 있었을 것이다.

M박사는 환자에게 그가 맡았던 냄새에 대해 전혀 말하지 않았다. 그는 나에게 "냄새가 그냥 사라졌어요."라고 말했다. 아마도 그건 그와 A씨가 (먼지가 되어가는 과정이었던) 부패해 가는 시체로서 그녀 자신에 대해 이전에는 꿈꿀 수 없었던 경험을 꿈꿀 수 있게 되었을 때 사라졌을 것이다.

2. 시간 낭비하기의 중요성에 대하여

내가 휴가에서 돌아왔을 때, 수년간 내게 슈퍼비전을 받아 온 분석가 W박사는 슈퍼비전 시간을 시작하면서 내게 휴가를 어떻게 보냈는지 물었다. 나는 이것을 기계적인 반응을 바라는 형식적인 질문으로 받아들이지 않았다. 나는 돈 데릴로(Don DeLillo, 1997)의 소설 『지하 세계(Underworld)』를 읽으면서 휴가를 보낸 게 가장 좋았다고 말했다. 마침 W박사도 최근에 이 책을 읽었다. 우리는 이 소설이 실제 1951년에 있었던 자이언츠와 다저스의 야구 경기를 은유적으로 사용함으로써 우리를 단번에 사로잡은 방식에 대해 이야기했다. 그 경기는 바비 톰슨의 9회 말 홈런으로 끝이 났다. 타블로이드 신문은 이것을 "세계에 울려 퍼진 총성"이라고 불렀다. 야구를 좋아하는 사람들에게는 전설적일지라도, 그 경기는 20세기 중반 미국의 역사적 관점에서뿐만 아니라 같은 날 일어난 다른 사건들과 관련해서는 중요하지 않은 사건이었다. 그날 러시아는 두 번째 핵폭탄을 터뜨렸다. 그것은 진정으로 "세계에 울려 퍼진 총성"이었다. 800페이지에 달하는 데릴로의 서사시에 나오는 모든 인물과 사건은 바비 톰슨의 홈런볼과 어떤 식으로든 (종종 매우 간접적으로) 연결되어 있다.

W박사와 나는—우리의 출생이라는 사건으로 시작하는—우리 삶에서 중요하면서도 동시에 사소한 모든 사건들이 어떻게 함께 무한히 복합적이고, 끝없이 확장하는 망을 구성하는지에 대해 이야기했다. 이 망에서 우리는 우리가 누구인지 경험하게 된다. 우리들 각자는 무엇이 진실한가에 대한 감각을 창조한다. 이것은 감정의 "계통"에—시간의 흐름에 따른 우리 이야기의 유동적인 역사에—의해 대부분 결정된다. 우리는 또한 책 전체의 구조에 대해 이야기했다. 이 책은 등장인물과 아이디어의 엄청난 집합뿐 아니라 어조와 목소리의 끊임없이 이어지는 듯한 일련의 변화를 담으려고 애쓰면서 그 이음새가 터질 것만 같았다. 나는 책에서 이와 관련된 한 문장이 떠올랐지만 단지 다른 말로밖에 표현할 수 없었다. 그날 늦게 나는 책에서 그 문장을 찾았다. 데릴로는 경기가 끝난 후 경기장을 떠나는

관중들을 다음과 같이 기술한다: "고함, 방망이 부딪치는 소리, 꽉 찬 방광과 이따금 나오는 하품, 셀 수 없이 많은 모래알들"(DeLillo, 1997, p. 60)

W박사와 나는 각자 이 책에서 가장 좋아하는 문장들이 있었다. 그 문장들에서 화자/내레이터는 그나 다른 등장인물이 자신들이 왜 그런 행동을 했는지 알고 있는 듯한 구절을 제시한 다음, 우리가 왜 그렇게 느끼고 행동하는지 확실히 알 수 있다는 환상을 깨버린다. W박사는 "그녀는 깊은 죄책감 때문에 노예처럼 자신의 남편을 돌봤다—적어도 그녀 자신에게는 그렇게 말했다."라는 문장을 떠올렸다. 언어가 허락하는 한 정직해야 한다는 필요성이 내레이터를 끈질기게 따라다니는 것 같다. 그는 과장, 향수, 완곡한 표현 또는 눈에 띄지 않게 진실을 희석시키는 어떤 다른 형태도 허용하지 않으려고 애쓰는 것 같다. 물론, 그는 실패하고, 그것을 알고 있다.

우리는 어떻게 글이 때로는 단어로, 때로는 관점이나 감정적 어조의 변화로 놀랄 만큼 정확하면서도 자기를 의식하지 않은 방식으로 우리 자신과 조용히 대화하는 경험을 포착해 내는지에 대해 이야기했다. 이것은 우리가 자기 자신에게 충분히 솔직해지려는, 실패할 수밖에 없는 노력이다. W박사와 나는 우리가 내담자였을 때의 경험에 대해 이야기했다. 그때의 우리 각자는, 꽤 다르지만 겹치는 방식으로, 적어도 두 개의 대화가 동시에 진행되고 있다고 매우 자주 느꼈었다: 그건 분석가와 말한 대화와 말하지 않은 자기 자신과의 대화이다. W박사와 나는 내담자로서 각자에게 새롭게 느껴지는 방식으로 여러 대화 층에 참여했다는 것을 깨달았다. 각각 고유한 종류의 진실과 자기기만의 브랜드를 가진 서로에 대한 논평이었다.

W박사는 말했다. "내가 분석가에게 말할 때면, 거의 항상 말하지

않은 반대 생각과 반대 감정이 있었어요. '내가 정말 그렇게 믿는다고요?' 또는 '내가 징징대는 청소년 같다는 거네요.' 또는 '그의 침묵이 갑자기 얼음처럼 차가워졌어요. 그는 화가 나거나⋯ 겁날 때 그래요.'" 그녀는 자신이 말한 대화가 거짓이거나 은폐를 의미하는 것이 아니라, 말한 대화가 말하지 않은 대화에 비해 지나친 권위를 부여받으면, 그녀는 자기 자신과 분석가가 일어나고 있는 모든 복합적인 것을 파악하려는 노력을 흐트러뜨리려는 감각이 있었다고 설명했다. W박사의 분석에서도, 그리고 나의 분석에서도, 말하지 않은 대화가 자주 언급되지는 않았다. 어쩌면 말하지 않은 "반대 생각"들의 지하 세계 삶과 꿈-삶을 허용하는 것이 최선이었을 것이다. 그것들 모두에 발언권을 주려고 시도한다면 아마도 생각하기에 강박적인 마비가 올 것이다. 그럼에도 불구하고 나의 분석가가 나의 지하 세계 대화들의 불협화음과 접촉을 끊었다고 느끼면 나는 불안해졌다. W박사와의 대화의 이 부분에서, 나의 지하 세계가—거의 들리지 않는 나의 꿈-삶이—내가 생각하고 느끼는 모든 것에 결을 제공하는 끊임없이 존재하는 방식을 나는 좀 더 충분히 깨닫게 되었다. 나는 나의 분석가가 나의 지하 세계를 감지하지 못하는 것이 아니라 오히려 그것을 받아들이는 형태로 그것에 주의를 기울이지 않는다는 것을 경험하게 되었다.

나는 이 슈퍼비전 시간이 소설에 대한 대화로 "낭비"되고 있다고 느끼지 않았다. 어쩌다보니 W박사와 내가 책을 읽으면서 발견했던 기쁨은 우리 자신의 분석적 지하 세계에 대한 논의로 이어졌다. 이는 오직 우리가 분석가의 레브리 상태(Ogden, 1997a, b)와 유사한 마음의 틀을 지녔기 때문에 슈퍼비전 시간을 전혀 예상하지 못한 방식으로 활용할 수 있었을 것이다. 이 세상의 모든 시간을 가지고 있다는 감각, 낭비할 시간을 가지고 있다는 이러한 감각은, 내 생각엔 분석 슈퍼비전 세팅에서 중요한 연상적 생각하기를 위한 정서적 배경의 필수 요소이다. 물론, 치료적으로 긴급한 문제들은 슈퍼비전에서 항상 우선적으로 다룬다. 하지만 내 경험상, 분석가가 치료 자료를 의무적으로 제시하는 것은 보다 자유로운 형태의 연상적 생각하기를 방어하는 역할을 할 수 있다. 이러한 형태의 생각하기와 상상하기는 슈퍼비전 세팅에서 배울 수 있는 범위와 깊이를 향상시킨다.

슈퍼비전 세팅에서 시간을 낭비하는 것의 중요성에 대해 글을 쓰다 보니, 약 40년 전 경험이 떠오른다. 당시 나에게 깊은 인상을 준 경험으로, 이것은 내가 분석과 분석적 슈퍼비전을 보는 방식에 영향을 주었다. 대학교 1학년 가을에, 부모 집단과 대화를 나누고 있던 한 영어 교수가 아버지들 중 한 명으로부터 어떤 일들을 하냐는 질문을 받았다. 교수는 두 개의 강의를 하고 있는데 일주일에 두 번, 한 시간 반 동안 진행한다고 말했다. 그 아버지는 그 외에 또 무슨 일을 하냐고 물었고, 교수는 다음과 같이 대답했다. "아무것도 안 합니다. 내가 돈 받고 하는 게 그거예요. 아무것도 하지 않는 거죠. 내가 할 일이 없어야만 서점에 가서 '훌륭한 책들'을—셰익스피어, 세르반테스, 단테, 괴테, 프로스트, 조이스, 예이츠, 엘리엇의 작품을— 무시할 자유가 있죠. 그들뿐 아니라 다른 많은 훌륭한 소설가, 극작가, 시인들은 내가 쓸 수 있는 시간이 얼마 없다고 느낀다면 읽고 또 읽었을 작가들이에요. 하지만 나는 낭비할 시간이 있기 때문에 단지 제목이 맘에 들거나 150페이지 책의 첫 문장이나 한 단락에 마음이 끌려서라도 책을 살 수 있어요. 또는 하다나 콘라드와 업다이크의 '덜 중요한' 작품들을 읽을 수도 있죠. 아주 소수의 사람들만이 시간을 들일 가치가 있다고 생각하는 책이죠. 나는 내가 좋아하는 거는 뭐든 읽을 시간이 있어요. 그렇지 않으면 어떻게 내가 한 번도 들어본 적도 없고, 단 한 번도—심지어 고등학생이었을 때조차—상을 탄 적도 없고, 책 표지에 황홀한 추천글을 써준 유명한 동료가 단 한 명도 없는 좋은 작가들을 우연히 만날 수 있겠습니까?"

나에게 슈퍼바이저와 슈퍼바이지가 "낭비할" 시간이 전혀 없다는 건 수치스러운 일이다. 생각하기와 느끼기 그리고 배우기의 중요한 양식을 잃게 된다.

3. 설즈 박사

25년도 더 전에, 나는 워싱턴 D.C.에 있을 때 해럴드 설즈를 만나고자 편지를 썼다. 그는 내 자동응답기에 메시지를 남겼는데 2시간 정도 만날 수 있으며 그의 논문을 읽어오라고 했다. 그는 그 논문에서 "더글라스 부인"이라고 부른 조현병 환자와의 작업에 대해 논했다.

내가 설즈 박사의 사무실에 도착했을 때, 그의 상담실 문이 열려 있었고 그는 내게 들어오라고 손짓했다. 그는 "당신이 오그던 박사군요."라고 말하며 내가 앉을 곳을 가리켰다. 우리 사이에 있는 테이블 위에 큰 릴 테이프가 꽂힌 녹음기가 있었다. 어떤 환영의 말도, 워싱턴에서 내가 무슨 일을 하고 있는지에 대한 예의상의 질문도, 사소한 대화도 전혀 없을 게 분명했다. 그는 내게 20년 넘게 더글라스 부인과 주 5회 분석을 했고 모든 회기를 녹음해 왔다고 사실적인 방식으로 말했다.

우리는 함께 약 5분 동안 들었다(5분이 매우 긴 시간처럼 느껴졌다). 설즈 박사는 더글라스 부인이 그를 격분시키려고 온갖 노력을 다했지만 점점 더 그녀를 사랑하게 됐다고 말했다. 그는 그녀가 그를 도발하는 매우 예리한 방식을 예를 들어 말했다. 최근 그녀는 입원해 있던 체스트넛 롯지(Chestnut Lodge) 요양원에서 마련한 일일 외출을 나가지 않기로 결정했다. 그는 자신이 거의 완성해 가던 논문을 작업하는 데 그녀가 오지 않은 이 50분의 치료시간을 활용하기 위해 간절히 원한다는 걸 그녀가 왠지 감지했던 것 같다고 생각했다. 그는 테이프를 다시 시작하기 위해 버튼을 누르고는 의자에 기대어 귀를 기울였다. 녹음된 치료시간이 약 10분쯤 지났을 때, (더글라스 부인의 치료시간에) 설즈 박사는 (마치 그와 더글라스 부인과 함께 방에 있는 제3의 인물인 것처럼) 녹음기에 대고 말했다. "첫 번째 설즈 박사가 방금 방을 나갔고 두 번째 설즈 박사가 들어왔습니다." 녹음기에 대고 이런 말을 할 때, 그의 목소리는 연극에서 배우가 다른 등장인물과 대화하는 도중 청중에게 말하는 연극의 방백처럼 들렸다. 하지만 그의 말이 유머러스하게 하려 했던 것 같지는 않았다. 그는 누군가와, 아무라도, 심지어 가상의 제3의 인물하고라도 대화하고 싶은 것 같았다. 그의 목소리에는 슬픔과 체념이 넘쳤는데, 이것은 자신을 전체 인간으로 보지 않고 인간 부분들의 퍼레이드로 보는 것에 대한 반응이었다. 이 인간 부분들의 퍼레이드는 그가 누구인지 그리고 그가 환자를 어떻게 느끼는지에 대한 환자의 지각보다는 환자의 투사에 의해 구성된 것이다.

얼마 후(시간은 시계상의 시간이 아닌 분석적인 시간이 되었다), 나는 설즈 박사의 얼굴에서 눈물이 흐르는 것을 보았다. 사회적 기교가 얼마나 빠르고 철저하게 사라졌는지를 감안하면, 나는 이것이 놀랍지 않았다. 나는 침묵했고 어떤 말이나 반응을 할 필요가 없다고 느꼈다. 우리는 한동안 계속 들었다. 그리고 설즈 박사는 그가 눈물을 흘리는 것을 분명 내가 봤을 거라고 말했다. 그는 나와 함께 시간을 보내면서 핑-니 파오(Ping-Ni Pao)의 최근의 죽음이 떠올랐다고 말했다. 핑-니 파오는 그의 오랜 친구이자 체스트넛 롯지의 분석가였다. 설즈는 조현병 환자를 분석한 21년간의 치료시간을 녹음한 테이프를 듣는 데 시간을 보내고 싶어 하는 사람은 자신의 인생에서 아주 소수만 남았다고 말했다—그리고 그는 세상에 거의 남아 있지 않다고 생각했다. 설즈 박사의 말은, 우리가 함께 보낸 시간 동안 그가 했던 거의 모든 말과 행동과 마찬가지로, 무방비한 친밀함의 특성을 가지고 있었다. 무엇이 일어나고 있는지에 대한 자유로우면서도 두려운 뭔가가 있었다. 나는 무의식적 수준에서 경험하고 말하도록 그리고 꿈꾸기가 어디로 향하고 있는지 알지 못한 채 꿈의 정경 안으로 들어가서 관찰하도록 말없이 초대받고 있었다. 우리는 꿈꾸기가 어디로 가고 있는지 결코 알지 못한다.

나는 설즈 박사에게 그와 녹음된 치료회기를 들으니 복잡 미묘한 감정을 느꼈다고 말했다. 나는 이제야 그것이 내가 시각장애인 조현병 남성과 작업할 때 종종 경험했던 감정임을 깨달았다. 나는 당시 장기 분석이 가능한 입원 병동의 전임 치료자였다고 설명했다. 나는 이 시각장애인 환자와 작업하면서 일어날 수 있는 모든 끔찍한 일들이 이미 일어났기 때문에 두려워할 게 아무것도 없다는 느낌이 들었다고 말했다. 마치 세상이 이미 파괴되어 미래가 없는 것처럼 보였고, 그래서 우리 둘 다 서로에게 숨길 생각조차 하지 않았다. 그렇게 느낄 수 있는 용기가 없었다—이것은 두려움을 정복했다는 느낌에서가 아니라 순전히 패배감에서 비롯된 것이었다. 설즈 박사는 대부분의 시간을 그런 감정으로 살았다고 말했다. 그리고 "사람들은 때로 그것이 오만이라고 오해하지만, 그렇지 않아요. 오만의 정반대죠."라고 덧붙였다.

우리는 녹음된 치료시간에서 한 명의 설즈 박사가 들어오고 또 다른 설즈 박사가 방을 나가는 것을 좀 더 들었다. 나는 설즈 박사에게 내가 말했던 환자가 종종 "개인적인 감정은 없어요."라는 "안심시키는" 말로 문장을 끝냈다고 말했다. 설즈 박사는 짙게 웃었다. 이 같은 웃음은 평생의 감정을 풀어내는 웃음으로, 다른 사람과의(그 순간에는 나, 핑-니 파오, 그리고 또 다른 누군가와의) 반가운 연결감을 포함해 더글라스 부인뿐 아니라 (우리가 만나는 동안 그가 몇 번 언급했던) 그의 조현병 어머니와 신뢰로운 연결을 맺는 것이 불가능하다는 말할 수 없는 슬픈 인식이 담긴 감정이었다.

슈퍼비전 시간 동안 우리는 나의 두 명의 조현병 환자의 분석과 설즈 박사의 더글라스 부인의 분석에 대한 논의를 물 흐르듯 오갔다. 설즈 박사의 사무실을 나왔을 때 나는 멍했다. 나는 지금까지 그 만남에 대한 기억과 인상을 적어두지 않았다.

나에게 있어서 설즈 박사와의 이러한 슈퍼비전은, 지금 돌이켜보면, 분석 관계뿐만 아니라 슈퍼바이저와 슈퍼바이지의 상호작용과도 관계가 있는 자기 자신의 전체를, 자신의 정서적 반응성의 충분한 깊이와 폭을 가져오는 형태를 나타낸다. 설즈 박사와의 경험에서, 우리가 우리의 분석 작업에 대해, 그리고 우리 사이에 무엇이 일어나는지에 대해 이야기할 때, 그 순간을 이끄는 의식적, 전의식적, 무의식적 반응성이 그의 것인지 나의 것인지는 중요하지 않은 것 같았다. 독창성이나 통찰의 소유권이나 정당한 공로에 대한 주장은 구매할 수 없다. 중요한 것은 인간적인 연결을 맺는 것 그리고 분석 작업과 슈퍼비전 작업에서 현재 이 순간에 무엇이 진실인지에 대한 감각을 얻는 것이다. 앞에서 언급했듯이 슈퍼비전에는 꿈과 같은 특성이 있다. 부분적으로, 이것은 일차 과정 연결이 존중받았기 때문이었다. 하지만 그 못지않게 중요한 것은 자기 자신에게 솔직해지려는 노력이 매 순간 경험을 형성한다는 사실이다. 셜즈와의 인도된 꿈꾸기 경험은 꿈은 거짓말을 할 수 없다는 방식을 반영했다. 꿈은 위장할 수는 있지만 정직하지 않을 수는 없다.

4. 분석가가 깨어날 수 없었던 악몽

L박사는 내게 3년 정도 매주 슈퍼비전을 받아 온 분석가이다. 그녀는 소아과 간호사와의 분석 작업이 매우 혼란스러워서 이 환자와 작업을 계속할 수 없을 것 같다고 말했다. 이러한 마음 상태는 L박사에게는 매우 흔한 일이 아니었다. 그녀의 작업은 극심한 전이–역전이 딜레마에 시달리는 동안에도 일관되게 사려 깊고 안정적이었다. 여성 환자인 B씨는 지속적으로 "미쳐버릴 것 같다."고 느껴서 L박사에게 치료를 받아왔다. 그녀가 병리적인 비만이었다는 사실에도 불구하고(분석을 시작했을 때 그녀의 몸무게는 180kg가 넘었다), 그녀는 자신의 "먹을 자유"를 방해하지 말라고 고집했다.

B씨는 어린 시절 여러 해에 걸쳐 부모가 관장을 자주 해줬다고 L박사에게 말했다. 그녀는 처음에 이 관장이 극도로 무섭다고 말했지만, 분석 과정에서 관장 또한 성적 흥분의 원천이 되었다고 자기 자신과 L박사에게 인정했다. 관장을 하는 동안에 시작된 항문 자위는 환자의 유일한 성적 활동의 형태로 현재까지 이어져 왔다. 관장과 항문 자위를 하는 동안에, 환자는 마치 자신이 "녹아내리는" 것처럼 느꼈다.

분석을 받은 지 2년이 끝나갈 무렵, B씨는 자발적으로 다이어트를 시작하여 14개월 동안 약 100kg를 감량했다. 다이어트 요법에 따라 정상 체중에 도달하자, 그녀는 이전에는 결코 느껴본 적이 없는 격렬한 불안을 경험하기 시작했다. 환자는 이미 매우 제한적이었던 자기성찰적 사고 역량과 자신의 꿈을 기억할 수 있는 역량마저 거의 사라졌다. B씨는 간호사로서 업무를 자세히 설명하는 것으로 치료 시간을 채웠다. 그녀는 희미하게 위장된 즐거움으로 가득찬 어조로 어린아이의 방광에 카테터를 삽입하는 것을 자세하게 이야기했다. 그녀는 그 과정이 "불행하지만 불가피하다."고 말했다. 몇 달 후, B씨는 소아과 신생아실로 옮기고 난 이후, 어느 날 한 어머니가 작은 기형의 미숙아를 손바닥에 안고 있는 모습에서 본 "아름다움"에 대해 이야기했다. L박사는 B씨가 이 어머니와 아기에 대해 말하는 것이 유난히 화가 났다. L박사는 환자가 이 어머니가 느끼고 있는 끔찍한 고통에서 도착적인 기쁨을 얻고 있다고 느꼈다.

우리가 함께 작업해 오던 몇 년간, L박사는 그녀가 소아과에서 레지던트를 마치고 정신과 의사가 되었고, 그 다음에 정신분석가가 되었다고 말한 적이 있었다. 또한 그녀는 그녀의 큰아이가 오랜 항암 치료 끝에 림프종 때문에 열 살 때 죽었다고 말했었다. 물론 L박사는 아들의 병과 죽음에 연결된 자신의 감정이 B씨가 간호사로서의 경험을 이야기할 때 느끼는 화, 슬픔, 그리고 반감의 원천임을 알고 있었다. 이러한 자각에도 불구하고, L박사는 분석에서 B씨가 자신에게 미친 영향 때문에 생각할 수 없다는 것을 발견했다.

L박사가 환자와의 최근 경험에 대해 이야기하는 동안, 내 마음은 내가 정신과 레지던트 1년차 때 받았던 한 슈퍼비전에 대한 생각으로 흘렀다. 나는 끔찍한 두통으로 병원을 찾아왔던 한 환자에 대해 말하고 있었다. 몇 회기 정도 진행되었을 때, 환자의 아내가 그에게 침실에서 나가라고 명령했다는 것을 알게 됐다. 환자는 여덟 살 난

아들의 침대에서 잠을 잤고, 아들은 환자의 침대에서 그의 아내와 잠을 잤다. 나는 슈퍼바이저에게 가족치료가 불가능하다고 말했었다. 왜냐하면 환자의 아내가 광장공포증이 있어서 집을 나올 수 없었기 때문이었다. 까다로운 슈퍼바이저는 만약 내가 거리를 걷다가 불이 난 집을 본다면 어떻게 할 거냐고 물었다. 나는 아마도 소방서에 전화를 할 것이라고 말했다. 그는 "아니요, 안으로 들어가서 누군가를 구할 수 있는지 봐야 해요."라고 말했다. 그는 그 환자와 그의 아내 그리고 아이를 그들의 집에서 만날 약속을 잡으라고 말했다. 나는 1년이 넘는 기간 동안 매주 그들의 집에서 그들과 작업했다. 단 2회기 만에, 아들과 환자는 각자의 침실로 돌아갔다. 훨씬 더 서서히, 아내의 광장공포증은 강도가 줄어들었고 아들은 생애 처음으로 친구를 사귀었다.

L박사와의 대화에 다시 초점을 맞추면서, 나는 비만으로(천천히 그녀 자신을 죽이면서 그녀 자신을 기괴하게 만들고 있는 것으로) 구현된 환자의 자기혐오와 그녀의 "먹을 자유"를 유지하려는 고집이 환자에게 그녀의 어머니에 대한 맹렬하고 원시적인 증오를 어느 정도 통제할 수 있다는 느낌을 준 것 같다고 말했다. 더욱이, 환자는 무의식적으로 그녀의 어머니와 융합("용해")되었다고 느꼈다. 환자의 마음에서 L박사가 환자 자신과 그녀의 어머니의 미분화된 합성물이 되는 정신증적 전이가 발달했다. 나는 L박사에게 환자가 치료자 내부에 거주하고 점령하는 형태로 역전이 정신증을 경험하고 있는 것 같다고 말했다. L박사는 이러한 공식화가 이해된다고 말했다. 하지만 그후 몇 주 동안, 그녀는 B씨와 같은 방에 있는 것이 견딜 수 없다는 생각이 계속해서 들었다.

나는—부분적으로는 슈퍼비전에서 나의 경험과 관련된 레브리의 결과로서—B씨에 대한 슈퍼비전과 분석에서 무엇이 일어나는지에 대해 내가 전적으로 관여하는 것을 두려워하는 것은 아닐까 하는 생각이 들었다. 나는 불에 타고 있는 집 안으로 들어가는 대신 재빨리 소방서에 전화하느라 바빴다. 나는 그때 슈퍼비전 상황과 분석상황이 결단력 있는 개입을 요구한다는 것을 알 수 있었다. 나는 L박사에게 말했다. "내 생각에, B씨가 무의식적으로 그리고 어쩌면 의식적으로도, 당신이 죽어가는 아이를 돌봤다는 사실을 알고 있는 것 같아요. 또는 아마도 좀 더 정확히는 원시적인 방식으로 냄새를 맡은 것 같아요. 환자는 당신 안으로 들어가서 당신을 가능한 한 가장 잔인한 방식으로 괴롭히기 위한 위치에 있다고 느낍니다. 마치 그녀의 부모가 그녀의 안으로 들어와 악의적으로 그녀를 점령했었다고 느꼈던 것처럼요." 나는 계속해서 B씨의 야만적인 공격이 그녀 자신과 L박사에게 그리고 분석에 대해 매우 파괴적이기 때문에 공격을 못 하도록 해야 한다고 말했다. 그때 L박사는 한동안 환자가 그녀에게 미치는 영향이 너무도 파괴적이어서 말 그대로 죽을 것 같다고 느꼈다고 말했다. 그녀는 자신의 혈압이 치료시간 동안 위험할 정도로 높은 수준으로 올라가는 것을 느낄 수 있었고 B씨를 만나기 전에 고혈압 약을 추가로 복용한 적이 여러 번 있었다고 말했다(L박사는 실제로 B씨의 치료시간 직후 혈압이 평균치보다 상당히 상승했다는 것을 알았다).

이제 좀 더 자유롭게 말할 수 있게 된 L박사는 환자에 대해 완전히 무력감을 느꼈다고 말했다. 그녀는 B씨에게 그녀의 업무에 대해서 이야기하지 말라고 말할 수 없었기 때문이다(업무는 사실상 환자의 삶의 전부였다). 나는 L박사에게 그것이 바로 당신이 해야 하는 것이라고 말했다. 즉, 아픈 아이들과 그들의 부모를 대상으로 한 업무에 대해 이야기하면서 환자는 자신의 삶에 고통스러운 측면에 대해 소통하는 것이 아니라 L박사를 공격하는 것이라고 환자에게 말해야 하는 것이다(B씨가 아이였을 때 당한 공격을 반복하는 것이다). 나는 L박사가 그녀 자신의 말로 환자에게 지금부터는 직장에서의 업무나 대화내용을 말하지 말고, 대신 그녀의 삶의 경험들이 불러일으킨 감정들을 이야기하라고 말하는 것이 필수적이라고 생각한다고 덧붙였다. 나는 다음과 같이 예상한다고 말했다. 만약 L박사가 자신에 대한 B씨의 "공격"을 언급하면 B씨는 L박사가 무슨 말을 하고 있는지 모른다는 듯이 행동할 것이고, B씨는 자신의 감정이 유발된 그런 사건들을 이야기하지 않는다면 자신의 감정에 대해 이야기하는 것이 불가능하다고 주장할 것이다. 나는 그러한 반박에 다음과 같이 반응할 수 있다고 제안했다. "당신이 할 수 있는 건 최선을 다하는 거예요. 당신이 선을 넘으면 얘기할게요."

L박사는 못미더워 하면서 말했다. "그러니까 내가 그녀에게 업무에 대해—그녀가 그 아이들에게 뭘 하는지 그리고 그 아이들의 부모가 무엇을 느끼는지에 대한 그녀의 도착적 왜곡에 대해—말하지 말라고 할 수 있다는 거죠? 몇 주째 꿈을 꿨어요. 꿈에서 B씨와 함께 사무실에 있는데 내가 그녀에게 "나가! 나가라고!" 소리를 질렀어요. 남편이 악몽에서 저를 깨워야만 했죠. 남편이 말하길 제가 '나가! 나가라고!' 소리 지르면서 몸부림치고 있었대요."

나는 L박사에게 말했다. "당신은 환자와 끝없는 악몽에 갇힌 것 같아요. 도망칠 구멍도 없고, 그저 끝없는 두려움과 고통만 있을 뿐이죠. 악몽은 보통 우리를 깨워요. 그렇게 해서 너무 고통스러워서 견딜 수 없고 너무 고통스러워서 무의식적으로 작업할 수 없는 꿈-사고로부터 벗어나게 해 주죠." L박사는 B씨와의 치료시간에도 밤에 잠을 잘 때도 꿈을 꿈꾸는 사람이(분석적 관계에 대해 꿈꾸는 사람이) 되기보다는 꿈속의 인물이 되어갔다. 그녀는 B씨와의 작업에서 치료시간에 펼쳐지고 있는 끝없는 악몽으로부터 그녀가 자기 자신과 환자를 깨우는 사람이 되어야 한다는 것을 이해했다.

L박사가 그녀에 대한 환자의 위장된 가학적 공격을 멈추게 한 후 분석은 눈에 띄게 바뀌었다. L박사는 환자와 그녀의 어머니가 융합되어 L박사에게 투사된 정신증적 전이를 해석하기 시작했다. 이 전이에서 융합된 어머니-환자는 몹시 괴롭힘을 당했다. 또한 이 공격이 멈춘 후, L박사는 B씨의 치료 중에 또는 치료를 마친 후에노 더 이상 혈압이 올라가지 않는다고 말했다. 이 슈퍼비전 기간 동안, 슈퍼비전 관계, 분석 관계, 나의 레브리 경험, 슈퍼바이지의 내적 및 외적 세계의 무의식적인 수준에서 복합적인 상호작용이 있었다. L박사는 B씨와 그녀가 살고 있던 끝없는 악몽으로부터 깨어나기 위해 나의 도움이 필요했다. 그제야 그녀는 분석 관계에서의 경험을 진정으로 꿈꾸기 시작할 수 있었다.

몇 달 후, L박사는 B씨가 그녀를 괴롭히지도 않고 수동적으로 순응하지도 않는다고 말했다. 오히려, 10년간의 분석에서 처음으로, B씨는 왜 그녀가 그렇게 오랫동안 L박사를 지독히도 괴롭혔는지 그 이유를 포함해 자신의 내적 삶에 관심을 보였다.

맺는말

정리하면, 정신분석 슈퍼바이저의 역할은 슈퍼바이지가 이전에는 꿈꿀 수 없었던 분석 관계의 측면을 꿈꾸기 할 수 있도록 촉진시키는 것이다. 본래의 분석상황을 슈퍼비전에 가져올 수 없기 때문에 슈퍼비전 쌍의 작업은 환자를 "꿈꾸기"하는 것을 포함한다. 이것은 분석가의 내담자와의 정서적 경험에 충실한 "픽션"을 창조하는 것이다. 그러한 꿈꾸기는 분석 및 슈퍼비전 관계에서뿐 아니라 이 둘 사이의 역동적 상호작용에서 일어나는 모든 것에 대해 분석가가 생각하고 살아있을 자유를 보호하는 슈퍼비전 틀의 맥락에서 이루어진다. 중요한 것은 적어도 가끔은 슈퍼바이저와 슈퍼바이지가 그들이 "낭비할 시간"이 있다고 느끼는 것이다. 그러한 마음의 상태를 통해 보다 덜 구조적이고, 좀 더 자유로운 연상적 유형의 생각하기가 가능해진다. 이는 분석적 레브리 상태와 유사하다. 이러한 종류의 생각하기는 슈퍼바이저와 분석가가 그들이 "이미 알고 있다."고 느꼈던 것에 대해 종종 신선한 관점을 만들어 낸다.

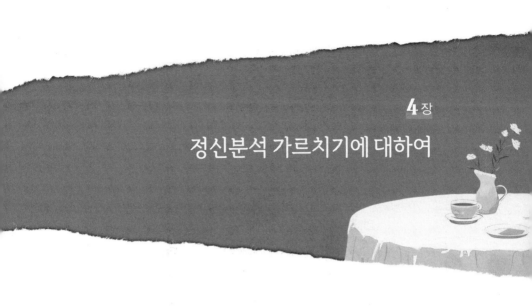

4장
정신분석 가르치기에 대하여

최상의 정신분석 가르치기는 (이해할 수 있는) 충동이 생각하기와 꿈꾸기를 위한 공간을 닫는 상황에서 그 공간을 여는 것이다. 선생으로서 그 공간을 채우는 것은 도그마를 설교하고, 전도하고, 영속시키는 것이다. 공간을 채우지 않는 것은 이전에는 생각할 수 없었던 가능성들이 열릴 수 있는 조건을 창조하는 것이다. 치료적 정신분석 가르치기와 관련하여, 분석적 가르치기의 중심 목표는 분석가가 이전에는 꿈꿀 수 없었던 치료 상황에서의 경험 측면에 대해 꿈꿀 수 있는 역량을 향상시키는 것이다.

이 장에서 내가 제시하는 분석적 가르치기에 대한 관찰은 현재 각각 27년째인, 두 개의 주간 세미나를 가르친 경험에서 주로 도출되었다. 먼저 내가 가르쳐 온 세팅을 기술한 다음 정신분석 가르치기의 네 가지 측면에 대해 논의할 것이다. 이 네 가지 측면은 내가 생각하는 정신분석의 본질적인 특성을 전달하는 데 있어서 특히 중요하다고 생각해 온 것이다: (1) 분석적 글쓰기를 읽는 방법, (2) 집단적 꿈꾸기 형태로서 치료적 가르치기, (3) "귀 훈련" 경험으로서 시와 소설 읽기, (4) 배운 것을 잊는 배우기의 예술.

세팅

1982년 나는 집에서 매주 90분간 진행하는 두 개의 세미나를 시작했다. 그중 하나는 나의 동료이자 친구인 브라이스 보이어가 2001년 사망할 때까지 그와 공동으로 진행했다. 두 세미나 모두 기한이 없고 연중 내내 진행된다. 세미나의 구성방식은 수십 년 동안 최소한으로 바뀌었다. 논문에 대해 토론하는 세미나가 3~4회 연속으로 진행되고, 세미나 구성원이 현재 분석 중인 자신의 환자 사례를 제시하는 세미나가 3~4회 번갈아 진행된다. 사례 모임에서, 발표자는 가장 최근의 회기 과정 기록을 읽고, 자신이 편하게 제시할 수 있는 만큼 레브리와 다른 역전이 경험을 제시한다.

세미나의 구성원들은 상당히 지속적이었다. 각 세미나마다 10~12명의 구성원들의 참여기간은 평균적으로 5년 이상이다. 세미나의 기한이 없고 구성원들의 종신적 참여로 인해 세미나에는 무시간성(timelessness)의 성질이 부여된다. 사례를 따라가거나 논문을 읽거나 샛길을 따라갈 수 있는 시간이 세상에 얼마든지 있다는 느낌이 든다(그것이 흥미롭고 생산적으로 남아있는 한). 우리가 그 주에 하지 못한 것은 다음 주나 아마도 그다음 주에 하게 될 것이다.

세미나에 관한 모든 것은 자발적으로 이루어진다. 이 집단은 어떤 훈련 프로그램과도 관련이 없으며, 참가 인증서도 수여되지 않고, 누구도 사례를 발표하거나 논의에 참여할 의무가 없다. 세미나 구성원들은 아무런 설명 없이 언제든지 세미나를 떠날 자유가 있고, 내가 판단할 수 있는 한, 그것을 집단에 불성실한 것으로도 실패한 것으로도 보지 않는다. 많은 사람들이 수년간 세미나에 참여했다가 떠나기도 하고 10년 정도 후에 돌아오기도 했다. 다른 사람들은 세미나에 단지 몇 번 또는 몇 달만 참석하고 나서, 토론 수준, 집단 과정 또는 세미나의 다른 특성들이 자신들과 맞지 않다고 결정했다.

세미나의 구성은 시간이 지남에 따라 다양해졌는데, 거의 항상 구성원의 치료 경험과 정신분석 이론 숙달의 수준은 다양하다. 세미나 구성원의 대다수가 최소한 15년 이상 치료 실제 경험이 있었지만, 이 분야에 처음인 참가자들도 항상 있다. 최근에는, 세미나 중 하나는 거의 모든 구성원이 공식적인 분석 훈련을 마친 반면, 다른 세미나의 구성원 중에는 그런 사람이 거의 없다. 이런 차이에도 불구하고, 나는 두 집단에서 일어나는 토론의 생동감과 정교함의 수준이 비슷하다는 것을 발견한다.

⌵분석적 글쓰기를 읽는 방법

세미나에서 수십 년간 분석적 글 읽기를 해오면서, 나는 작가의 아이디어와 그러한 아이디어를 제시하기 위해 그들이 언어를 사용하는 방법을 분리할 수 없다는 것을 점점 더 알게 되었다. 사고를 갖는다는 것은 자신의 아이디어를 말하는 것과는 상당히 다른 현상이고, 자신의 아이디어를 말한다는 것은 그러한 아이디어를 글로 쓴다는 것과는 상당히 다른 것이다. 분석적 논문은 독창적인 생각하기를 포함해야 할 뿐 아니라, 한 편의 글쓰기로서 그리고 읽기 경험으로서 "작동되어야" 한다. 분석적 논문에서 발전된 일부 아이디어를 이해하기 쉽게 다른 말로 바꾸어 단순히 논의하는 것은 논문이 한 편의 글쓰기라는 사실과 접촉하지 못하게 된다. 단어, 구문, 목소리, 문장 및 문단 구조 등이 언어 매체로 창조되는 효과와 전달된 아이디어에 함께 기여한다. 결과적으로, 지난 9~10년 동안, 나는 세미나에서 분석적 논문이나 책을 공부할 때, 한 문장 한 문장, 한 단락 한 단락씩 소리내어 읽는 것이 보다 나을 뿐 아니라 필수적이라고 보았다. 그렇지 않으면 오로지 줄거리를 열거함으로써 단편소설을 공부하는 것과 같은 느낌이 든다.

프로이트(1917)의 「애도와 멜랑꼴리아」, 위니콧(1945)의 「원시적 정서 발달」 또는 버거와 모어(1967)의 『행운아』와 같은 글을 읽는 데는 각각 2~3개월의 주간 세미나가 필요했다. 비온(1962a)의 『경험에서 배우기』를 읽는 데는 거의 1년이 걸렸다. 이러한 방식으로 논문과 책을 읽으면서 곧 분명해진 것은 좋은 글쓰기는 소리내어 읽는 시험을 견딜 수 있지만, 보통의 글쓰기는 그렇지 않다는 것이다.

나는 글을 정독하면서 세미나를 이끈 경험을 지난 10년 동안 쓴 일련의 논문에 반영했다(Ogden, 1997c, d, 1998, 1999, 2000, 2001a, b, 2002, 2003a, 2004b, 7, 8장 참조). 세미나에서 이 논문들을 정독해 왔고 이를 통해 이 논문들을 써왔다. (나에게 있어서 가르치기와 글쓰기는 불가분의 관계이다. 나는 내가 가르치는 것을 쓰고 내가 쓴 것을 가르친다.)

나는 글을 한 문장 한 문장씩 소리내어 읽는 것이 세미나에서 일어나는 논의의 본질과 성질을 근본적으로 변화시킨다는 것을 지속적으로 발견했다. 우리는 작가의 아이디어를 단순히 논의하는 것이 아니라 작가가 생각하는/쓰는 방식으로, 그가 어떻게 말하는지, 그가 무엇을 가치 있게 여기는지, 그가 누구인지, 그가 어떤 사람으로 생성되어 가고 있는지, 그리고 어쩌면 가장 중요하게는 그 작품을 함께 읽는 경험으로 인해 우리가 어떤 사람으로 생성되어 가고 있는지에 대해 지적으로 그리고 정서적으로 빠져들고 있다고 느낀다.

글쓰기가 좋은 경우, 작가는 자신이 논의하고 있는 현상과 비슷한 무언가를 읽기 경험에서 창조한다. 여기서뿐 아니라 이 장의 다음 절에서 나는 단순히 독자들에게 내가 어떻게 정신분석을 가르치는지에 관해 말하려는 것이 아니라 내가 어떻게 가르치는지를 독자들에게 보여 주고자 한다. 예를 들면, 로왈드(1979)의 「오이디푸스 콤플렉스의 쇠락」을 소리내어 읽으면, 진정한 고전적 프로이트학파로서의 로왈드와 혁명가로서의 로왈드 사이의 긴장감을 들을 수 있다. 로왈드는 오이디푸스 콤플렉스를 거세의 위협에 직면하여 부모의 금지를 내재화하는 과정으로 보지 않는다. 오히려 그는 오이디푸스 콤플렉스를 아이가 부모의 권위로부터 자신을 해방시키는 과정에서 실행된 오이디푸스적 부모에 대한 환상 속의 그리고, 앞으로 논의하겠지만, 실제 살인으로 본다.

로왈드에게 있어서 부모의 권위에 반항하고 도용하는 것은 아이가 자기 자신을 책임지고 자신에게 책임이 있다는 자기감을 형성하는데 기초가 된다. 건강할 때 오이디푸스적 부모 살인은 살인에 대해 속죄로 이어지고, 점점 더 자율적인 아이의 부모로서 그들의 (이제는 변형된) 권위를 복구하는 것으로 이어진다. 따라서 로왈드에게 있어서 오이디푸스 콤플렉스는 가장 근본적으로 세대 간의 연속을 가능하게 하는 부모와 자녀간의 싸움이다(Loewald, 1979 논문을 자세히 읽으려면 7장 참조).

로왈드의 단어와 문장의 소리에서 그가 살았던 시대의 관습적인 정신분석적 지혜에 대한 그만의 "해방에 대한 욕구"(p. 389)를 들을 수 있다:

> 우리가 직설적인 언어에 위축되지 않는다면, 우리 부모의 아이들로서 역할에 있어서, 진정한 해방을 통해 우리는 그들에게서 중대한 것을 죽일 것이다—한 방에 그리고 모든 면을 죽이는 건 아니지만 그들의 죽음에 기여할 것이다. 아이들의 부모로서 우리는, 우리가 그늘을 약화시키지 않는 한, 같은 운명을 겪을 것이다. (Loewald, 1979, p. 395)

이 구절에는 강렬한 단음절 단어들이 모여 있다(로왈드에게는 흔한 일이 아니다): 위축되다(shrink), 직설적인(blunt), 역할(role), 죽이다(kill), 운명(fate). 우리는 이 단어들에서—소박한 앵글로 색슨 단어에서—신체 맥박의 지속성, 일상생활에서 한 사건이 다음 사건으로 이어지는 있는 그대로를 듣고 느낄 수 있다. 이 언어에서 창조되는 경험은 세대가 계승되는 뭔가 평범하면서도 특별한 과정, 즉 한 세대에서 다음 세대로의 삶과 책임의 이동을 포착한다. 그런 책임의 이동이 바로 이 읽기 경험에서 일어나는데, 한 세대의 분석가에서 다음 세대로, 프로이트에서 로왈드로, 로왈드에서 독자로 아이디어가 전달되는 형태로 말이다.

세미나에서 로왈드의 「오이디푸스 콤플렉스의 쇠락」의 마지막 절을 소리내어 읽으면서, 확실히 로왈드의 문장들이 혼란스러워졌다는 것을 분명히 알 수 있었다. 제시되고 있는 아이디어가 훨씬 더 복잡해졌기 때문이 아니라, 사용되고 있는 언어들이 덜 명확했기 때문이었다. 예를 들면, 경계선 환자들과의 분석 작업을 논의하면서 로왈드는 말한다. "그것은 마치, 비교해 보자면, 흔히 마주치는 신경증적 갈등은, 이 흔치 않은 근거로 볼 때, 그런 환자들이 순수한 문화에서 필사적으로 추구하는 기본적인 탐구의 흐릿한 성찰, 혼란스러운 메아리 같다"(pp. 399-400). 여기서 문장 구조는 고통스러울 정도로 뒤틀려 있다. 나는 로왈드가 말하고자 하는 것이 무엇인지 감을 잡기 위해 여러 번 읽어야 했고, 그렇게 해도 많은 단어들이 잘못 선택된 것 같았다. 예를 들어, "흔치 않은 근거"는 신경증 환자와 경계선 환자가 공통적으로 가지고 있지 않은 근거라는 건가? 왜 로왈드는 "혼란스러운 메아리"라는 구를 사용하는가? 이 구는 경계선 환자가 경험하는 갈등이 신경증적 갈등을 반향함을(갈등에서 유래한다는 것을) 시사하고 있다. 신경증적 갈등의 기원이 경계선 정신병리의 기원보다 앞서는 것처럼 보이는 발달 순서의 논리는 무엇인가? (분명 문맥상 로왈드는 이러한 생각들에 동의하지 않는다.)

나는 로왈드 논문의 이 부분에 나타난 언어의 붕괴가 그의 생각하기의 붕괴를 반영한다고 생각한다. 결국 글쓰기는 생각하기의 한 형태이다. 논문에서 이 부분까지, 로왈드는 대담하게도 고전적 프로이트학파의 생각하기와 미국 자아심리학의 생각하기로부터 벗어나려는 의지를 보이고 있다. 앞의 논문에서 로왈드는 개인의 건강한 (보편적인) "정신증적 핵"(p. 400)은 정상적인 "심리적 삶의 능동적인 구성요소"(p. 403)라고 제안했다. 오이디푸스 콤플렉스의 원초적이고, 미분화된 차원의 중요성에 대한 이러한 개념은 오이디푸스 콤플렉스와 그것의 "계승자"인 초자아가 신경증적이고 건강한 (잘 분화된) 심리 구조에 결정적이라는 널리 받아들여진 개념으로부터 급진적으로 벗어난다.

이와 관련하여 앞에서 그의 생각하기가 명확했음에도 불구하고, 로왈드는 논의 중인 어두컴컴한 문장에서부터는 그의 독창적이고, 관습에 얽매이지 않는 생각하기에서 후퇴하여 당시의 주류의 생각하기를 받아들인다. "고전적 신경증에서 그것은 [정신증적 핵은] 특정 분석 작업이 필요하지 않을 수 있다"(p. 400). 이것은 앞에서 그가 언급한 개념과는 모순되는데, 그는 정신증적 핵이 오이디푸스 콤플렉스의 내재된 부분이며, 항상 오이디푸스 콤플렉스에 대한 철저한 분석의 일부인 것으로 보인다고 말했었다. 로왈드는 "고전적 신경증" 환자들이 모든 의도와 목적에 있어서 "분석에서 원시적 전이, 전이—역전이 현상의 복합성, 서로 다른 사람들 간의 직접적인 소통의 문제"(p. 399)와 같은 형태로 나타나는 정신병리에 의해 방해받지 않는다고 정말로 믿을 수 있었을까? 로왈드의 "후퇴"에 대해 한 세미나에서는 신음소리가 들렸다. 집단은 로왈드가 오이디푸스 콤플렉스에 새로운 생명을 불어넣었던 자신의 독창적이고 창조적인 생각하기를 손상시켰다고 느꼈다. 그것은 마치 로왈드가 독자에게 한 말을—그렇지 않다는 내적, 외적 압력에도 불구하고 진실이라고 믿는 것을 말하겠다는 약속을—어긴 것 같았다. 내 생각에 세미나 구성원들의 이러한 강한 정서적 반응은 적어도 부분적으로는 집단 세팅에서 논문을 소리내어 읽는 것이 집단과 작가 사이에 개인적으로 연결되어 있다는 즉각적인 감각을 만들어 내는 방식에서 생겨나는 것 같다.

소리내어 읽는 논문의 언어에 대해 세미나가 강한 반응을 보인 또 다른 예는 로왈드(1979)의 다음의 아이디어가 기점이 된 논의에서 일어났다. 우리 부모로부터 우리 자신을 해방시키는 데 있어서 "우리는 그들에게서 중대한 것을 죽일 것이다—한 방에 그리고 모든 면을 죽이는 건 아니지만 그들의 죽음에 기여할 것이다. 우리 아이들의 부모로서 우리는 같은 운명을 겪을 것이다, 그들을 약화시키지 않는 한"(p. 395)이라고 한 대목이다. 논문의 이 부분을 논의하는 과정에서, 세미나의 한 구성원은 죽음에 대한 극심한 고통과 즉각적인 두려움에 대해 이야기했는데, 그녀는 어머니가 돌아가신 나이를 넘긴 후 몇 년 동안 이러한 감정들을 느꼈었다. 그녀는 손주를 갖는 경험이 그 감정을 완전히 제거하는 것이 아니라, 오히려 변형시킨 방식을 이야기했다. 그녀는 이제 자신의 삶이 무언가를 만드는 경험일 뿐만 아니라, 더 중요하게는 다른 누군가를 위한 그리고 다른 무언가를 위한 공간을 만드는 경험이라고 느꼈다. "내가 나이가 든다는 것과 죽어가는 과정이 이제는 목적과 용도가 있는 것 같아요. 그래서 죽는 게 덜 두려워요. 내가 로왈드의 논문을 10년 전에 읽었더라면… 내가 하려던 말은 사실이 아니에요. 나는 이 논문을 지난 15년에서 20년 동안 여러 번 읽었어요. 하지만 이번처럼 와닿지 않았어요. 여기서 이것을 읽고 듣고 이것에 대해 이야기하는 것처럼 말이에요. 로왈드의 글에서 내 현재 삶의 단계에서 어떻게 부모가 되는지 나에게 가르쳐 주는 부모의 목소리를 들을 수 있었어요."

그러자 또 다른 세미나 구성원이 말했다. "그 문장에서 기여하다라는 단어는 우리 아이들이 우리로부터 권위를 장악해서 우리를 밀어낸다는—절벽 끝으로 우리를 죽음으로 내몰아낸다는—것보다 더 많은 걸 의미한다고 생각해요. 기여하다라는 단어는 저에게 있어서 우리 아이들이 우리에게 가치 있는 무언가를 준다는 걸 시사해요. 어떻게 늙고 죽는지, 나이가 들어가고 죽어가는 과정에서 어떻게 우리 자신에게 생생하게 살아있게 하는지를 배울 수 있도록 돕는다는 점에서 말이에요."

세미나의 세 번째 구성원이 권위가 다음 세대로 이동한다는 것이 단순히 상실이 아니라고 말했다. 그녀는 더 이상 아이들의 삶에 동일한 방식으로 책임지지 않아도 되는 경험에서 느낀 자유에 대해 이야기했다. "마치 빚을 갚은 것 같아요. 나이가 든다는 건 부모가 아이들이 책임질 수 있는 어른이 되도록 공간을 만들어 주는 것만의 문제가 아니에요. 이건 아이들의 문제이기도 해요. 아이들 스스로 책임을 지는 것이고, 부모가 새로운 방식으로 살아있고 자유로워지도록 공간을 만들어 주는 것이기도 해요."

어린아이들을 둔 다른 몇몇 세미나 구성원들은 아이들이 집을 떠나게 될 때가 되는 게 두렵다고 말했다. 그들은 아이들이 집을 떠난 후, 아이들의 부모로서 아이들과 "진짜" 삶을 살지 못하고 그저 아이들의 자투리만 가지게 되었을까 봐 두려워했다. 그렇게 되면 끔찍한 공허감만 남을 것이다. 이 집단에서 나이가 많은 한 구성원이 안타깝게도 이러한 두려움에는 근거가 있다고 말했다. 그는 아이들이 집을 떠나면 부모에게 더 큰 자유가 주어지지만, 경험해 보니, 그 자유가 자신이 인생에서 경험했던 활력과 즐거움의 상실을 보상해 주지 않는다는 것을 알게 되었다: "내게는, 우리가 아이들의 눈과 귀와 말과 목소리를 통해 사물을 볼 때 우리가 들어가는 세상으로 이동하는 것만큼 즐거운 것도 없어요." 나는 농담으로 반응했다. "하느님, 당신의 무한한 지혜로 청소년을 창조하셨나이다. 우리 아이들이 여섯 살이 되면(특히 그들이 자는 걸 볼 때) 소중한 영혼과 헤어진다는 생각을 그 누구도 견딜 수 없습니다. 하지만 다행히도 그들은 열두 살이나 열세 살이 되면 미쳐가고, 그들이 열여섯이 되면 우리는 그들이 집을 떠날 날을 세기 시작합니다. 청소년기가 없었다면, 우리는 결코 그들을 내보내지 않았을 겁니다. 이런 의미에서, 우리는 우리의 청소년기 아이들을 죽이고, 아이로서의 삶을 끝내는 데 기여하고, 그렇게 함으로써 그들이 성장하도록 돕습니다."

　로왈드의 논문에 대한 이러한 반응들이 반드시 그의 작업을 소리 내어 읽고 한 줄 한 줄 논의한 결과인 것은 아니라고 주장할 수도 있다. 추상적으로는 그러한 주장을 반박할 순 없다. 하지만 내 경험상 로왈드의 1979년 논문을 소리내어 읽지 않고 가르쳤을 때 방금 기술한 경험보다 정서적으로 훨씬 덜 강렬하고 지적으로 풍부하지 않은 논의가 일어났다는 사실이 여전히 남아 있다.

집단적 꿈꾸기로서 치료적 가르치기

　나는 정신분석적 치료 가르치기를 집단적 꿈꾸기의 형태로 본다. 이것은 세미나 집단이 "살아있는 역동적 과정(a going concern)" (Winnicott, 1964, p. 27)일 때 일어난다. 세미나의 구성원들은 개인적으로도 집단적으로도 깨어 있는 꿈꾸기의 형태에 들어가는데 여기서 집단은 발표자가 혼자서는 꿈꿀 수 없었던 치료적 경험의 측면들을 꿈꾸도록 돕는다. 집단 무의식은 각 참여자의 무의식적 마음의 합보다 더 크게 ("분석적 제3자"의 형태로[Ogden, 1994]) 구성된다. 동시에 각 참여자들은 자신의 독립된 주관성과 개인의 무의식적 삶을 보유한다. 다음으로, 나는 집단적 꿈꾸기를 통해 배우고 가르치는 과정에 참여하는 정신분석 세미나 집단을 기술한다.

　R박사는 3년째 진행하고 있는 분석 치료의 발표를 시작하면서 여성 내담자인 D씨가 "매혹적이고" "흥미를 자아내며" "치료적으로 도전적"이라고 말했다. 이 환자는 성인이 된 후 대부분의 시간 동안 분석을 받아왔으며 각각의 분석이 "도움이 되었다."고 말했다(인용된

단어들은 R박사가 자신과 환자의 말을 옮긴 것이다).

환자는 중상류층 가정에서 자랐는데 바깥 세상에서 보면 "완벽"해 보이지만 사실상 그녀의 부모 둘 다 "드러나지 않은 알코올 중독자"였다. 그들은 매일 밤, 술에 취해서 서로에게 폭언을 퍼부었고, 특히 상대방이 성적으로 무능하다고 강조했다. 그들은 종종 예기치 않게, 그리고 뚜렷한 이유 없이, 그들의 독을 환자에게 돌리곤 했다. 환자가 대여섯 살이 되었을 무렵, 그녀는 은신하는 법을 배웠는데 방에 들어가 텔레비전의 볼륨을 최대로 높이거나 이어폰을 끼고 "시끄러운 음악이 자신의 머리에서 쾅쾅 울리게 했다."

나는 몇 분 동안 R박사의 발표의 앞부분을 들으면서 불편한 느낌이 들었다. 주로 내장이 꼬이는 것 같은 느낌이었다. 이에 대해 생각할수록, 나는 R박사가 "매혹적" "흥미를 자아내는" "치료적으로 도전적"이라는 단어를 사용한 것이 점점 더 불편해졌다. 나는 이 다소 진부한 단어들과 그녀가 말하고 있는 것 사이에 괴리가 있는 것 같았다. 환자가 자신의 이전 분석을 "도움이 되었다."라는 단어로 기술한 것이 너무 무미건조해서 나는 그녀의 과거와 현재의 분석을 조롱하는 것처럼 느껴졌다. R박사와 환자가 사용한 이 공허한 단어들은 충분히 의미를 전달하지 못하고 회피적으로 느껴져서 화가 날 정도였다. 나는 무대에서 공연하고 있는 야만적인 무언가를 바라보는, 무력하고 수동적인 관객의 일원인 것 같다는 생각/이미지가 순간적으로 지나갔다.

나는 R박사에게 그녀가 기술하고 있는 분석 장면에 대해 불편한 느낌이 든다고 말했다. 나는 그녀가 환자를 "매혹적"이라고 생각했지만, 이전의 모든 분석이 "도움"이 된 것의 반대편, 즉 어두운 측면처럼 느껴지는 무언가 다른 저류가 있는 것 같다고 말했다. 세미나의 한 구성원이 자신 역시 "무언가 다른 것"이 일어나고 있는 느낌을 받았다고 말했다. 그녀는 R박사가 이 사례를 발표할 때 그녀의 목소리가 다르게 들렸다고 말했다. "그 차이를 묘사할 수는 없지만, 어쩌면 내가 그냥 상상하는 것일 수도 있어요. 모르겠어요. 하지만 당신처럼 들리지 않네요." 세미나에는 거의 1분 동안 침묵이 이어졌다 (매우 이례적인 일이다).

R박사는 방금 한 말을 무시하는 듯 보였고 다음과 같이 말했다: "환자는 매우 총명하고, 대단히 박식한 여성으로, 소설, 시, 영화, 미술 전시 등에 대해 훌륭한 식견을 가지고 대화할 수 있어요. 그녀의 꿈 역시 우아하고 매우 미묘한 마음 상태를 전달하는 것처럼 보여요. 그래서 어느 정도는 모든 게 잘 되어가고 있어요. 그녀가 이렇게 잘하니까 내가 덧붙일 게 하나도 없어요. 그녀의 치료시간에, 나는 내가 레지던트일 때 한 분석가가 자신의 분석 사례를 발표하면서 했던 말이 여러 번 내 머릿속을 스쳐 지나갔어요. 그의 환자는 자기혼자서 분석을 하고 있는 것 같았어요. 레지던트들 중 한 명이 그것에 대해 분석가가 어떻게 느꼈는지 물었어요. 그 분석가는 '괜찮아요. 그녀가 그걸 잘만 한다면'이라고 말했어요. 나는 그의 대답이 경솔해서 신경 쓰였죠. 그는 자신이 분석에서 그렇게 철저히 제외되고 있다는 게 뭘 의미하는지 생각하고 싶어 하지 않는 것 같았어요. 1년 정도 후에, 나는 그 환자가 자살했다는 얘기를 들었어요."

그런 후 R박사는 다소 기계적인 방식으로 더 많은 "배경 자료"를 제시하면서 환자의 많은 신체적 질병들에 대해 설명했다. D씨는 10년간 1년에 한두 번 신장 결석을 앓았는데, 부분적으로는 만성 속쓰림 때문에 "마치 줄담배를 피우는 사람"처럼 제산제를 복용했다. 환자는 의사가 오른쪽 신장에 있는 큰 결석을 제거하기 위해서는 아마도 수

술이 필요하다고 느끼는 것 같다고 말했다. 그것이 신장에서 소변의 흐름을 간헐적으로 막고 있었기 때문이다. R박사는 말을 멈추더니 환자의 이러한 병력을 말하면서 자신이 점점 더 불안해지고 거의 공황상태에 빠졌다고 말했다. 그녀는 마치 자신의 마음이 작동을 멈춘 것 같다고 말했다. "환자에 대해 뭐가 진짜인지 모르겠어요. 내가 그녀에 대해 방금 말한 모든 게 어쩌면 그녀가 지어낸 일련의 이야기일 수도 있어요. 그녀와 분석에 대해서 뭐가 진짜이고 뭐가 진짜가 아닌지 모르겠어요." R박사의 고통에 대한 반응으로 불안과 우려의 물결이 집단을 휩쓸었다.

세미나의 한 구성원이 R박사에게 자신은 그녀가 환자의 신체적 질병에 대해 말할 때부터 점점 더 불안해졌다고 말했다. 그는 영화 〈신체 강탈자의 침입(The Invasion of the Body Snatchers)〉이 떠올랐다고 말했다. 그는 마치 R박사의 말이 감정과 생각의 소통이 아니라 포자 같다고 느꼈다. 이것은 그를 감염시키고 환자의 신장결석처럼 그에게서 자라날 것 같고, 마치 그 자체의 생명을 가진 듯한 악마적인 특성이 있었다. 그는 그녀의 말을 들으면서 방에 갇힌 기분이 들었고 자리를 뜨고 싶은 충동을 억눌러야만 했다고 말했다.

나는 R박사에게 그녀가 느끼고 있는 것이 그녀가 기술했던 레브리와 관련이 있는 것 같다고 말했다. 레브리에서 분석가는 환자에 의해 자신이 제거되고 있다는 것을 인식할 수 없었다. R박사는 그 분석을 환자가 말없이 말하려는 것이 무엇인지 분석가가 듣지 못했을 때 일어나는 재앙적인 결과를 나타낸다고 보았다.

R박사는 D씨와의 작업에 대해 매우 걱정했다고 말했다. 그녀는 지난 몇 개월 동안 깊이 잠들 수 없었고 그날의 치료시간에 D씨에게 했던 말과 했어야 할 말을 되뇌며 잠을 이루지 못했다.

나는 R박사에게 그녀가 그녀처럼 들리지 않는다는 말을 들었을 때, 두려움을 느꼈을 것 같다고 말했다. "자기 자신이 아니라는(자신의 목소리로 말하지 않는다는) 생각은 받아들이기에 매우 혼란스러운 생각인 것 같아요. 마치 다른 누군가에게 점령당한 것 같은 느낌이 드는 상태죠. 내 추측엔 이 점령당할 것 같은 공포는 술 취한 부모가 서로를 갈기갈기 찢고 D씨 자신까지 갈기갈기 찢었을 때 느꼈던 감정이 아닐까 싶어요. 이 환자는 어렸을 때 부모뿐 아니라 자기 자신 그리고 자신의 감정을 차단하기 위해 할 수 있는 모든 것을 했어요(예를 들면, 귀청이 터질 듯한 음악을 귀에 틀었어요)." R박사는 내 말을 들으니 불안이 사라지는 느낌이라고 대답했다.

다음 세미나 모임이 시작될 때, R박사는 전날 밤 꿈을 꿨다고 말했다. "꿈에서 나는 사람들이 붐비는 곳에 있었어요. 거기가 어딘지 모르겠어요. 나는 딸의 손을 잡고 있었어요. 그 애는 꿈에서 세 살 정도였어요. 나는 갑자기 애가 사라졌다는 걸 깨달았어요. 아이의 손을 놓은 줄 몰랐는데, 아이가 거기에 없었어요. 나는 겁이 나서 가능한 한 큰 소리로 딸의 이름을 불렀어요. 어느 순간 한 커플이 아이를 데리고 왔어요. 나는 그들이 아이를 잘 돌봤다는 걸 알지만, 그래도 아이는 매우 두려워하는 듯 보였어요. 나는 딸을 끌어안고 또 끌어안았어요. 하지만 우리 둘 다 떨림을 멈출 수 없었어요." R박사는 자신이 한동안 얼마나 두려웠는지 깨닫지 못했다며 D씨와 작업하면서 자신의 마음과 자기를 잃어가고 있었다고 말했다. 그녀에게는 꿈속의 커플이 세미나 집단인 것 같았다. 자기 자신을 되찾아서 크게 안도했지만(이전 세미나 모임에서 집단의 도움으로), 그 전체 경험으로 인해 매우 감정이 떨렸다고 덧붙였다.

내가 기술한 첫 번째 모임에서 심리적 움직임은 "시계 시간"으로

약 한 시간 동안 일어났지만, "꿈 시간"에서는 무시간적이었다. 집단 구성원들은 개인적으로도, 집단적으로도 D씨의 분석에서 일어나고 있었던 경험을 R박사가 꿈꾸도록 돕는 데 (의식적으로 그리고 무의식적으로) 참여했다. 무엇이 진짜인지 생각할 수도 알 수도 없다는 R박사의 경험에 대해, 내가 그녀에게 한 말은 세미나의 집단적 깨어 있는 꿈꾸기에 크게 의지했다. 이러한 "꿈들"에는 야만적인 무언가가 펼쳐지는 것을 무력하고 수동적으로 지켜보고 있다는 나의 순간적인 깨어 있는 꿈이 포함되었다. 그리고 한 세미나 구성원이 R박사의 목소리가 R박사의 것이 아닌 것 같다고 경험한 것과, 인간이었던 것을 인간이 아닌 무언가로 대체하는 신체 강탈자와 관련된 레브리도 포함되었다.

(내가 조직하여 말로 나타내려고 시도한) 세미나에서 일어난 집단적 꿈꾸기는 R박사가 이전에는 꿈꿀 수 없었던 분석 작업의 한 측면을 스스로 꿈꿀 수 있도록 도왔다. 그 꿈꾸기 과정의 일부는, 단지 일부이긴 하지만, R박사의 꿈의 형태로 나타났는데, 그 꿈에서 그녀는 자기 자신을 잃고 한 커플의 도움으로 자기 자신을 재구성했다. 그 꿈에는 환자나 분석가의 살아있는 경험으로부터 조증적으로 도피하는 것은 없었다. 그 꿈은 정서적 상황의 모든 복합성을 망라하고 있었는데, 여기에는 자기 자신을 잃는 공포는 결코 제거될 수 없다는 사실이 포함된다. 오히려 그 공포는 자기의 한 부분으로 계속 살아있다(R박사가 딸과 다시 만난 후에도 계속된 떨림으로 표현된 것과 같다).

내가 기술한 과정은 한 집단이 분석 동료가 스스로 꿈꾸기할 수 없었던 치료 경험의 한 측면을 꿈꾸기하는 데 참여한 것이다. 나는 이 과정이 정신분석적 치료 가르치기의 핵심이라고 생각한다.

"귀 훈련하기" 형태로서 시와 소설 읽기

　수년 동안, 시를 비롯해 다른 형태의 상상적 글쓰기는 내가 진행해 온 분석 세미나의 꿈-삶에 필수적이었다. 세미나 모임을 시나 소설 작품을 읽고 논의하는 데 쏟음으로써 다양한 목적을 이루었다. 좋은 글쓰기를 읽으면서 그 작품이 글쓰기로서 어떻게 작동하는지 논의하는 즐거움은 그 자체로 목적이다. 동시에 분석 세미나에서 시와 소설 읽기는 "귀 훈련하기" 경험이다(Pritchard, 1994). 즉, 언어 사용 방식이 창조하는 효과를 인식하고 생생해질 수 있는 역량을 정교화하는 것이다. 이것은 단어의 소리와 "배음(oversounds)"(Frost, 1942, p. 308)의 의식되지 않는 표현성에 대해 귀를 발달시키는 형태를 띨 수 있다. 이뿐만 아니라 모호성과 은유에서 전혀 다른 의미들이 압축된 것에 대해, 그리고 운율, 모음 압운, 자음 압운, 두운법 등을 매개로 하여 이룬 "연상의 솜씨"에(Frost, Pritchard, 1994, p.9에서 인용) 대해서도 귀를 발달시키는 형태를 띨 것이다.

　언어가 작동하는 이러한 방식 또한 환자와 분석가가 자신의 생각과 감정을 서로에게 전달하는 주요 매개체이기도 하다. 예를 들어, 이전 논문(Ogden, 2003b)에서, 나는 한 환자에 대해 논의했는데, 그 환자는 첫 회기 때 대기실 문으로 이어지는 통로에서 몇 분간 서성거렸다. 내가 그에게 자세히 알려줬음에도 불구하고, 그는 두 개의 문 중 어느 것이 대기실 문인지 결정할 수 없었다. 첫 회기의 대부분을 이 경험에 대해 이야기하는 데 보냈다. 치료시간이 끝날 무렵, 환자는 "밖에서 나는 정말 길을 잃은 느낌이었어요."라고 말했다(p. 604). 만약 환자가 "나는 밖에서 아주 길을 잃은 느낌이었어요."

라고 말했다면 환자의 말이 만들어 낸 효과는 얼마나 달랐을까. 환자가 자신의 경험을 말하는 방식은 자기 자신의 "밖의" 측면을(그리고 문장의 그 부분을) 문장의 나머지 부분으로부터 격리시키는 효과가 있었다. 그런 다음 "나는 정말 길을 잃은 느낌이었어요."라는 말이 그러한 감정을—길을 잃은 경험을—내가 있는 방으로, 분석으로 가져왔다. 나는 환자가 그런 효과를 만들어 내기 위해 이러한 방식으로 문장을 의도적으로 구성했다고 생각하지 않는다. 오히려, 그의 의식적 및 무의식적인 정서적 경험의 구조와 움직임을 통해 그가 자기를 의식하지 않으면서 문장을 구성하는 방식을 형성했다고 생각한다.

세미나에서 시와 소설 읽기에서 했던 많은 귀 훈련하기 경험들 중 윌리엄 카를로스 윌리엄스(William Carlos Williams, 1984a)의 『의사 이야기』에 수록된 두 개의 단편이 기억에 남는다. 윌리엄스는 20세기 미국의 주요 시인 중 한 명일 뿐 아니라, 1920년대, 30년대, 그리고 40년대에 뉴저지의 가난한 시골지역에서 진료했던 전업 의사이기도 했다(『의사 이야기』는 모두 픽션이지만, 의사로서의 윌리엄스의 경험을 토대로 쓰였다). 내가 가장 좋아하는 단편들 중 하나인 "여드름이 난 소녀"는 다음과 같이 시작한다:

> 지역 약사 중 한 명이 전화를 했다: 썸머가 50번지, 2층, 왼쪽 문. 병원에서 방금 데리고 온 아기입니다. 상태가 꽤 안 좋을 거 같습니다. … 올라가 보니 벨이 없어서 왼쪽 물결무늬 유리문 판넬을 세게 두드렸다. …
>
> 들어오세요, 어린아이 같은 목소리가 크게 들렸다.
>
> 문을 열자 열다섯 살 정도의 가늘고 축 늘어진 머리를 한 소녀가 보였다. 소녀는 껌을 씹으며 부엌 테이블 옆에 서서 나를 호기심 어린 눈으로

쳐다보고 있었다. 머리는 짙은 검은색이었고, 말을 할 때마다 한쪽 눈꺼풀이 약간 쳐졌다. 그래, 원하는 게 뭐예요? 그녀가 말했다. 이야, 그녀는 터프했고 장난이 아니었다. 나는 금세 그녀에게 빠졌다. 그녀에게는 단단하고 곧은 면이 있어서 그 자체로 뛰어난 인상을 준다.

난 의사예요, 라고 말했다.

오, 의사시군요. 아기는 안에 있어요. 그녀가 나를 쳐다봤다. 아기 보고 싶어요?

물론이죠, 그래서 왔는 걸요.

(Williams, 1984b, pp. 42-43)[1]

세미나에서 내가 이 구절을 소리 내어 읽었을 때, 세미나 구성원들 몇몇은 미소를 지었고, 한 명은 폭소를 터뜨렸다. 이 문장의 단어 하나하나가 강렬하면서도, 동시에 이야기 속 의사와 소녀처럼 마음을 끌었기 때문이다. (내레이터의 목소리가 바로 이야기이다. 이 문장 정도의 줄거리에서는 흥미로운 일이 조금도 일어나지 않는다.)

윌리엄스는 "사례 제시" 첫 줄에서부터 분석적 작가이자 분석 사례 발표자로서의 기준을 우리에게 제시한다. 세미나의 구성원들은 이 만남의 매 순간 누가 환자이고 누가 의사인지 매우 정확하게 전달하기 위해 언어를 사용하는 데 수반되는 기술, 경험 및 노동을 예리하게 인식하며 경청했다. 윌리엄스의 환자는 "껌을 씹으며 서있는 열다섯 살 정도의 가늘고 축 늘어진 머리를 한 소녀"이다. **가늘고 축 늘어진 머리**라는 단어의 소리는 청소년의 구부정한 감각을 전달한

---

1) 『윌리엄 카를로스 윌리엄스 이야기 모음집』에서 발췌, William Carlos Williams ©
1938, William Carlos Williams. 뉴디렉션 출판사의 허가를 받아 재인쇄됨.

다—일부러 늘어뜨린 것으로, (껌을 찬찬히 씹고 눈꺼풀이 쳐지는 것을 제외하면) 말을 하거나 근육을 움직이지 않고도 엄청나게 무시하는 것이다. 동시에, 그 소녀는 자신도 모르게 의사에게 호기심을 느끼는데, 이 호기심은 그녀의 삶에서 의사가 자리를 차지하는 것을 정당화하는 그녀의 요구에 숨겨져 있다: "그래, 원하는 게 뭐예요? 그녀가 말했다. 윌리엄스는 인용 부호를 사용하지 않는다. 이것은 말한 것과 단지 생각한 것 사이의 구분을 흐리게 하고, 자기 자신과 소녀 사이의 구분을 흐리게 하는 효과가 있다. 그는 소녀 안에서 자기 자신을 분명히 본다. 그는 금세 그녀에게 끌리고 그녀도 그에게 끌린다: "이야, 그녀는 터프했고 장난이 아니었다. 나는 금세 그녀에게 빠졌다." 우리는 독자로서 그 둘에게 금세 빠진다.

윌리엄스의 글쓰기를 통해 그리고 독자들의 읽기 경험을 통해 등장인물들이 꿈꿔지고 있을 뿐만 아니라, 그 소녀가 살고 있는 세상도 생생해지고 있다. 이 세상은 정서적으로 빈곤하고 고립된 세상이다. 어른이 아닌 소녀는 매우 아픈, 어쩌면 죽어가는 아기를 치료하기 위해 찾아온 의사를 만난다. 하지만 이 두 사람 사이에는 불꽃이 튀고 있다. 가늘고 축 늘어진 머리를 한 소녀와 의사는 소녀의 세계의 빈곤과 고립으로 인해 그들이 죽어가는 것을 조금도 허용하지 않는다. 이 모든 것이 몇 개의 단단하게 감긴 단어와 문장에 컨테인된다.

이 이야기 속의 단어들은 분석적 글쓰기에서와 마찬가지로 장식품이 아니며, 작가에게서 독자에게 정보를 전달하는 패키지도 아니다. 이야기 속의 단어들은—그것이 픽션이든 분석적 내러티브이든 (3장에서 논의했듯이, 필연적으로 픽션이기도 하다)—독자가 살아갈 경험을 **창조한다**(Ogden, 2005b 참조). 글쓰기는 무슨 일이 일어났는지를 다시 보여 주는 것이 아니다. 그것은 글쓰기와 읽기 경험에서 처음으로 일어나는 무언가를 창조한다. 윌리엄스만큼 우리에게 이것이 어떻게 이루어지는지에 대해 무언가를 더 잘 가르쳐 줄 수 있는 작가는 거의 없을 것이다. 만약 우리가 분석적 작가이자 사례 발표자로서, 그가 무엇을 하는지, 그리고 그것을 어떻게 하는지에 주의 깊게 주목함으로써(열심히 경청함으로써) 그에게 가르쳐 달라고 한다면 말이다.

『의사 이야기』의 또 다른 단편인 "힘의 사용"(Williams, 1984c)은 정서적 복합성을 글쓰기로 창조한다. 이 정서적 복합성은 의사가(그리고 분석가가) 치료 작업 과정에서 만드는 강력한 개입과 관련된다. 다시 말하면 이 이야기에서 힘은 의사/내레이터의 목소리에 있으며, 글쓰기의 이러한 측면에 귀 훈련하기를 할 기회가 가장 풍부하다. 『의사 이야기』 전체와 특히 이 이야기는 윌리엄스가 의사로서 자신의 삶에서 혼란스러운 측면에 대해 자기 자신에게 이야기하기 위한 노력으로 고안해 낸 형태인 것 같다. 이 이야기에서 내레이터의 목소리는 디프테리아에(주로 어린이가 걸리는 급성 전염병에) 걸렸을 수도 있는 겁에 질린 한 소녀에게서 후두 배양 조직을 채취하면서 정서적으로 분열된 한 의사의 목소리이다:

> … 어서, 마틸다, 입을 벌리고 목구멍을 좀 살펴보자.
>
> 어림없어요. …
>
> 나는 혼자 미소를 지어야 했다. 결국 나는 이미 이 야만스러운 꼬마 녀석과 사랑에 빠졌고, 그 부모는 나를 경멸했다. 계속되는 투쟁으로 그들은 점점 더 비참해지고, 짓눌리고, 진이 다 빠진 반면, 그녀는 확실히 나에 대한 공포로 인해 미친 듯이 분노가 치밀어 올랐다. (Williams, 1984c, pp. 57-58)[2]

어떤 의사가 이렇게 말할까? 내레이터의 목소리에서 무엇이 일어나고 있는 걸까? 이 의사는 필립 말로우(레이먼드 챈들러의 추리 소설 (1939)에 등장하는 탐정)—스타일의 내레이션을 사용하여 자신의 삶을 자기 자신에게서 숨기는 것인가? 그게 아니라면, 어떻게 이 목소리는 말로우의 목소리보다 더 복합적이고, 더 흥미롭고, 더 매력적이고, 더 고문당하는 것 같을까?

이 구절에서 독자 역시 부모, 배우자, 친구, 분석가 등 자신의 역할에서 인식하는 자신의 야만성을 살펴보라는 요청을 받고 있다. 이 야만성은 의사로서 책임을 다하려면 피할 수 없다고 느끼는 것이지만, 공포, 수치심, 회한의 원천이기도 하다. 솔직히 말하면, 내가 나의 모든 장기 환자들에게 행동화한 것은 야만적이었다. 예를 들면, 어렸을 때 심하게 방치됐었던 환자를 분석할 때 치료시간에 너무 자주 늦었었다.

내레이터의 목소리는 설교의 목소리도 아니고 고해성사의 목소리도 아니다. 그것은 자기 자신에게 솔직해지려는 한 남성의 목소리이다. 내레이터의 솔직함은 그 자체로 야만적이다: "그녀는 이를 악물고 필사적으로 싸웠다! 하지만 나도 이제 화가 났다—아이에게. 나는 내 자신을 억누르려 노력했지만, 할 수 없었다"(Williams, 1984c, p. 59). 내레이터는 자신의 가득 찬 분노의 힘을 인식하자 목소리가 변한다: "난 검사할 때 목구멍을 어떻게 드러내는지 알고 있어"(p. 59). 여기에는 자기를 정당화하는 어조가 있는데, 자기 자신에 대한 자신의 정서적 공격에서 한숨 돌리게 해달라고 간청하는 듯하다. 하

---

2) 『윌리엄 카를로스 윌리엄스 이야기 모음집』에서 발췌, William Carlos Williams ©
1938, William Carlos Williams. 뉴디렉션 출판사의 허가를 받아 재인쇄됨.

지만 그의 목소리에 담긴 무언의 간청은 설득력이 없다. 그것은 정서적 상황에서 동떨어진 "의사스러운" 목소리이다: "난 검사할 때 목구멍을 어떻게 드러내는지 알고 있어. 그리고 난 최선을 다했어"(p. 59). 이 "야만적인 꼬마 녀석"은 "목구멍"이 되었다.

독자/청취자는 의사의 목소리에서 어떤 대가를 치르더라도 (더 이상 병이 아니라) 이 아이를 물리치려는 (이제는 걷잡을 수 없게 돼버린) 욕구를 들을 수 있다: "우리는 이걸 할 거야"(p. 59). 이 목소리의 소리에는 앞에서 나온 "난 최선을 다했어."라는 의사스러운 합리화보다 일어나고 있는 것에 대한 진실이 훨씬 더 많이 있다.

그러나 의사의 야만적인 목소리에서 잠재적인 변화가 일어나고 있다. 이 변화는 우리로 하여금 "어떤 의사가 이렇게 말할까?"라는 질문에 대한 보다 충분한 반응에 도달하려는 우리의 호기심을 새롭게 한다. 윌리엄스는 계속한다: "이 아이의 입에서는 이미 피가 나고 있었다. 그녀는 거칠고 히스테릭하게 비명을 지르다가 혀가 잘렸다"(p. 59). 피를 흘리고 있는 것은 더 이상 "혀"가 아니라 "그녀의 혀"이다. "아마도 나는 그만두고 한 시간 정도 후에 돌아왔어야 했다."(p. 59) 그런 후, 그는 회피하는 단어인 **아마도**라는 말을 빼고 계속 한다. "틀림없이 그러는 게 더 나았을 텐데."(p.59) 이 마지막 문장을 말하는 목소리는 이야기를 쓰는 과정에서 혼잣말하기 경험에 의해 바뀌었다. 이 문장은 노골적인 자기 비난이 아니다. 여기서 단어의 리듬이 느려지는데, 마치 말하는 사람이 숨을 쉬기 위해 멈추는 것과 같다: "틀림없이 그러는 게 더 나았을 텐데(No doubt it would have been better)." 단어는 간단하고(한 개를 제외하고 모두 단음절이다) 단어의 소리는 부드럽고, 딱딱한 자음이 전혀 없다.

하지만 이것이 내적 투쟁의 끝은 아니다. 삶은 결코 그리 간단하

지 않다: "하지만 나는 그런 경우 방치되어 침대에 죽은 채 누워 있는 아이들을 적어도 두 명은 보았고, 지금 당장 진단을 받지 않으면 다시는 진단을 받지 않을 거라고 느꼈다"(p. 59). "방치되어 죽은" 아이들이라는 자기를 정당화하는 이 탄원은 독자와 내레이터/의사에게 다소 공허하게 들린다: "하지만 가장 최악은 나도 이성을 잃었다는 것이다. 나는 분노해서 그 아이를 물어뜯고 즐길 수도 있었다. 그 여자 아이를 공격하는 것이 즐거웠다. 얼굴이 화끈거린다"(p. 59).

이제 그는 모든 것을 다 말했다—그리고 이것은 전부 다 말해야 했다. 그 즐거움은 언어에 이미 너무도 분명하고, 혼란스럽게 존재하고 있었기 때문에 만약 솔직하고, 직설적으로 말하지 않으면 진정한 해결은(비록 그 "해결"이 단지 "순간적인 머무름"이 될 수 있다 하더라도[Frost, 1939, p. 777]) 있을 수 없을 것이다. 의사가 마침내 소녀의 턱을 벌려, 편도선에 있는 디프테리아 막을 보고 인후 배양 조직을 얻는 데 "성공"한 것은 생명을 구하려는 의도일 뿐 아니라 광분한 살인적인 분노에서 나온 것이다. 이야기는 다음과 같이 끝난다: "이제 그녀는 정말 극도로 화가 났다. 이전에는 방어자세를 취했었는데 이제는 공격했다. 아버지의 무릎에서 내려와 나에게 달려들려 했고 패배의 눈물이 눈앞을 가렸다"(Williams, 1987c, p. 60). "어떤 의사가 이렇게 말할까?"라는 질문은 더욱더 풍부하게 층을 이루고 복합적이게 됐다. 우리가 분석 환자들의 삶의 대부분 동안 무의식적이었던 무언가를 너무 일찍 말로 표현했을 때 그들이 우리에게 달려드는 것은 당연하다. 무의식적이었던 것은 지금까지 그럴 만한 이유가 있다. 우리가 너무 빨리 너무 많은 것을 알게 되어 그것을 마음속에 간직할 수 없을 때, 문자 그대로의 또는 은유적인 "패배의 눈물"이 내담자의 눈에 고인다(Winnicott, 1968). 비온(1962a)은 분석가는 자기 자신이 듣는 것을 들어야 한다는 것을 관찰했다. 나는 분석가는 또한 자신이 말하는 것을 들어야 하고, 그렇게 하면서 자기 자신에게 "어떤 의사가 이렇게 말할까?" "내가 이 환자에게 이렇게 말할 때 나는 누구인가?"라고 지속적으로 질문해야 한다고 덧붙이고 싶다.

자신을 잘 듣기 위해서는 철저하게 분석하고 단지 역전이를 지속적으로 검토하는 것만 필요한 게 아니라 "귀 훈련하기"가 필요하다. 이러한 이유로 나는 분석 세미나에서 시와 픽션 읽기를 "진짜" 분석적 읽기로부터 벗어나는 것이거나 시간 낭비로 보는 것이 아니라 정신분석 가르치기에서 없어서는 안 될 부분으로 본다.

배운 것을 잊는 배우기의 예술

정신분석 가르치기는 정신분석 실제 못지않은 하나의 예술이다. 우리는 정신분석 가르치기의 예술을 우리의 스승들로부터 상당히 많이 배운다. 30여 년 전에 나의 정신분석 스승 중 한 분과 있었던 경험은 매우 생생하게 남아 있다.

영국의 한 대학병원에서 일하는 동안 나는 약 1년 정도 발린트 집단에 참여했다. 이 집단은 7명의 (영국) 국민건강보험 일반의들과 집단 리더인 J박사로 구성되었다. J박사는 정신분석가이자 국민건강보험 정신과 진료의였다. 이 집단은 매주 2시간씩 2년간 진행되었다. 집단의 목적은 의사들이 환자와의 작업에서 심리적 차원에 대해 좀 더 잘 생각할 수 있도록 돕는 것이었다. 당시 영국의 일반의들은 오전에는 자신들의 진료실에서 환자를 봤고 (일반적으로 사전 예약 없이) 오후에는 바깥출입을 못하거나 병상에 누워 있는 환자들의 집으로 왕진을 갔다.

　일반의에게 진료받는 많은 (아마도 대부분의) 환자들이 신체 질환을 치료하는 것이 주된 목적이 아니라는 건 알려져 있다. 그들은 자신도 모르게 정서적 문제에 대해 대화하길 바라며 의사를 찾아가고 있었다. 이러한 이유로 발린트 집단에 참여하는 영국의 일반의들은 자신의 환자와 심리적 문제에 대해 어떻게 이야기를 나눠야 하는지에 대해 좀 더 배울 필요를 느꼈다. 특히 환자가 표면적으로는 신체적 문제에 대해 진료를 받으러 올 때 그랬다. 이 집단에 참여한 7명의 일반의는—5명의 남성과 2명의 여성—모두 30대 중반에서 50대 중반이었다. 내 역할은 "참여 관찰자"로, 집단 리더와 함께 일반의들이 제시한 임상 경험의 정서적 차원에 대해 (일상적이고 전문적이지 않은 언어로) 의견을 말하는 것이었다. 나는 20대 후반이었고, 정신과 레지던트 과정을 마친 지 겨우 몇 달 밖에 되지 않았었다. 확실히 의사가 되기 위해 배워야 할 게 가장 많은 집단원이었다.

　매주 J박사는 "누가 사례가 있나요?"라고 말하며 모임을 시작하곤 했다. 그러면 매주 집단원들은 남을 의식하며 침묵하면서 J박사와 눈을 마주치지 않으려고 모두 자신의 신발을 바라보곤 했다. 1분 정도 지나면, 의사들 중 한 명이 환자와의 최근 경험을 이야기하곤 했다. 어느 날 모임에서, 40대 초반의 남자 일반의인 L박사는 자신의 환자가 메시지를 남겼는데 그녀의 고령의 어머니가(그녀 또한 그의 환자이다) 침대에서 사망했다고 말했다. L박사는 한 시간쯤 지나서 "확인하러" 갔다. 그는 노인을 간단히 검사하고 나서 죽었다고 확인해 주었다. L박사는 그런 다음 구급차를 불러 그 어머니를 영안실로 옮겼고 말했다. J박사는 "왜 그렇게 하셨어요?"라고 물었다. L박사는 그 질문에 놀라며 대답했다. "죽었으니까요." 집단원들도 J박사의 질문에 당황했다. L박사는 J박사를 잠시 불만스럽게 쳐다보았다. J박사는 "딸과 차 한 잔 하는 게 어때요?"라고 물었다. 다른 일반의들과 나는 L박사와 동일시하면서 상식적으로 의사가 그 상황에서 어머니의 시신을 영안실로 옮기는 데 필요한 조치를 취할 것이라고 생각했다. 아파트에서 어머니의 시신이 옆방에 있는 채로 딸과 함께 있다는 느낌은 집단에 혼란스러운 방식으로 현실이 되었다. 시체란 그 경험에 무감각해지지 않는 한 두려운 것이다. 집단으로서 우리는 침묵에 빠졌고 어머니의 생명 없는 시신의 존재를 느끼고 상상하며 한동안 가만히 있었다.

L박사는(그리고 그와 동일시한 나머지 우리들은) 가능한 한 빨리 어머니의 시신을 그곳에서 꺼내기 위해 작업 모드로 전환했던 것이었다. 우리 중 누구도 스스로에게 다음과 같이 질문하지 않았다. 의사가 도착했을 때 딸은 왜 어머니의 시신과 함께 혼자 있었을까? 그녀는 전화할 남편도, 아이들도, 가족도 없는 걸까? 아니면 그저 잠시 어머니와 혼자 있고 싶었던 것뿐이었을까? 어쩌면 그녀는 의사가 그녀와 어머니의 시신과 함께 시간을 보내줄 거라는 바람을 가지고 의사를 기다리고 있었을 것이다.

"차 한 잔 마시는 것"은 가능성을 열어두는 것이며, 어떤 일이든 일어날 수 있도록 하는 것이다. 차 한 잔을 마시는 것은 이 일을 잠시 무시간성으로 만들고 딸이 그 경험을 (의사의 도움으로) 꿈꾸도록—무의식적인 심리적 작업을 하도록—하는 것이다. "딸과 차 한 잔 하는 게 어때요?" 그런 평범한 질문, 딸을 존중하는 행동, 이 여성과 그녀의 어머니에게 의사가 되는 그런 간단하고 인간적인 방식이다.

내가 방금 기술한 발린트 집단에서의 경험은 L박사와 다른 집단원들이 우리가 의사가 되는 것에 대해 알고 있다고 느꼈던 것을 잊는 것을(좀 더 정확하게는 넘어서는 것을) 배우는 것이었다. 이 경우, 넘어서야 했던 것은 "고인"을 처리하는 절차를 무감각하게 자동적으로 행하는 것이었다.

더 넓게 보면, 이 경험은 내가 분석적 배우기를 두 단계로 보는 데 기여했다. 첫째, 우리는 분석 "절차"를 배운다. 예를 들면, 어떻게 분석적 틀을 생각하고, 만들고 유지할지, 그리고 우리가 전이에서 환자의 격렬한 불안과 연결되어 있다고 느껴지는 것에 대해 어떻게 환자와 이야기할지, 또 우리의 레브리 경험과 역전이의 다른 징후를 어떻게 분석적으로 활용할지를 배운다. 그런 다음 우리는 각 환자와 새로운 정신분석을 자유롭게 창조하기 위해 우리가 배운 것을 어떻게 넘어서는지에 대해 배우려고 노력한다. 이러한 "단계들"은 어떤 의미에서는 순차적이다. 우리가 그것을 잊을 수/넘어설 수 있기 전에 무언가를 알아야 한다는 점에서다. 그러나 또 다른 의미에서, 특히 공식적인 분석 훈련을 마친 후 우리는 배워온 것을 계속해서 배우고 넘어서는 과정에 있다.

내가 기술한 발린트 집단에서의 경험은 나에게 있어서 분석적 가르치기의 모델이 되었다. "딸과 차 한 잔 하는 게 어때요?"라는 J박사의 질문이 내 마음에 불러일으킨 감정은 (분명한 감각은), 돌이켜보면, 시간이—꿈 시간이—있는 곳에 창조된 여유의 감정이었다. 그 안에서 사람들은 함께 살아가고 함께 경험을 꿈꿀 수 있을 것이다. 그 여유에서 일어날 수 있는 것은 그 상황에 그리고 그 상황을 살아가는 사람들에게 고유하다.

그날 집단에서 일어났던 경험은 내가 죽음과 슬픔에 반응하는 방식에 훨씬 더 많은 영향을 미쳤다. "어때요?"라는 아이디어는 내가 환자와 생각하고 말하는 방식의 중심이 되었다는 것을 알게 됐다.

그래서 나는 자주 환자에게 묻는다. "어때요?" "두려워하거나 슬퍼하거나 질투하면 어때요?" "그렇게 곤란한 꿈을 혼자 간직하면 어때요?" "치료시간을 일찍 끝내면 어때요?" 이것들은 수사적 질문이 아니다. "어때요?"는 환자의 생각하기와 느끼기 방식의 역사를 탐구하는 것이다. 이 방식들은 환자가 그 환경에서 가능한 한 온전한 정신으로 살아남고 유지할 수 있도록 도움이 된 것들이다.

요약하면, 정신분석 가르치기는 역설적인 일이다: 알고 있다고 여겨지는 누군가가 모른다는 것이 무엇을 의미하는지 알고 싶어 하는 누군가에게 가르친다.

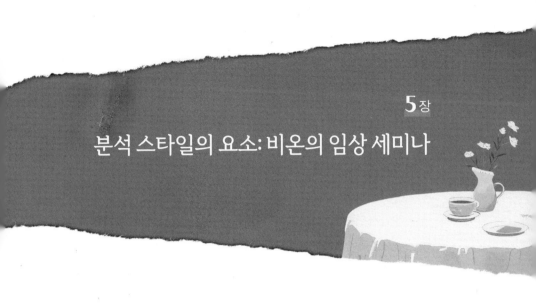

분석 스타일의 요소: 비온의 임상 세미나

몇년 전부터, 나는 정신분석을 실제로 하는 방식의 중요한 측면들을 분석 기법보다는 분석 스타일로 기술하는 것이 더 나을 것 같았다. 스타일과 기법은 분리할 수 없지만, 본 논의의 목적상, 나는 분석 기법이라는 용어를 대부분 분석적 계보의 한 분파 또는 분파 집단에 의해 발전해 온 분석 실제의 방식을 가리킬 때 사용하고 있다. 독자적으로 창조한 것을 가리키지 않는다. 대조적으로 분석 스타일은 일련의 분석 실제 원칙이 아니라 분석가의 성격과 경험에 기원을 둔 살아있는 과정이다.

내가 사용하고 있는 분석 스타일이라는 용어는 스타일이라는 단어에 강조점을 두는 것만큼이나 분석이라는 단어에도 강조점을 둔다. 분석가가 취할 수 있는 모든 스타일이 분석적인 것은 아니며, 정신분석을 하는 모든 방식이 분석가의 고유한 표지를("스타일"을) 보여주는 것도 아니다. 분석 스타일이라는 아이디어는 분석 기법이라는 개념보다 다음 역할에 대해 더 많은 강조점을 둔다: (1) 분석가가 자신의 성격의 고유한 성질을 활용하고, 그것으로 말할 수 있는 역량, (2) 분석가가 분석가, 내담자, 부모, 아이, 배우자, 선생, 학생, 친구 등으로서 자신의 경험을 활용하는 것, (3) 분석가가 자신의 분석가, 슈퍼바이저, 분석 동료 및 분석 선조의 분석 이론 및 치료 기법에 의지하면서도, 이와는 독립적인 방식으로 생각하는 능력. 분석가는 분석 이론과 기법을 철저하게 배워서 언젠가 그것들을 잊을 수 있어야 한다. (4) 분석가가 각 환자와 함께 정신분석을 새롭게 창조해야 할 (정신분석을 재발견해야 할) 책임.

분석가의 스타일은 자기 자신과 환자가 함께하는 살아있는, 항상 변화하는 존재 방식이다. 분석가의 스타일 전체는 모든 치료시간에, 모든 환자와 함께 존재한다. 그러나 그의 스타일의 특정 요소들은 어떤 특정 회기, 특정 환자에 대해 다른 요소들보다 더 큰 역할을 한다. 분석 스타일은 분석가가 분석에서 행동하는 특정 방식에 영향을 미친다. 스타일은 방법을 형성하고 채색하며, 방법은 스타일이 살아나게 하는 매개체이다.

분석 스타일에 대한 나의 생각은 비온의 연구에서 강한 영향을 받았다. 비온의 출판된 모든 저작들 중 "임상 세미나"(1987)는 내가 치료자 비온에게 가장 풍부하고 광범위하게 접근할 수 있게 해 준다. 이 장에서 나는 세 가지 임상 세미나를 자세히 읽어볼 것이다. 나는 내가 비온의 고유한 분석 스타일이라고 보는 것을 기술할 것이며, 그렇게 함으로써 분석 스타일이라는 아이디어가 무엇을 의미하는지 보여 줄 것이다.

비온은 자신의 마지막 주요 정신분석 연구인 『주의와 해석』(1970)을 출간하고 1979년 사망하기까지 10년 동안 두 개의 연속적인 임상 세미나를 진행했다. 1975년 브라질리아에서 24회, 1978년 상파울루에서 28회였다. 이 세미나에서 비온에게 사례를 제시한 분석가 외에도 6~7명의 다른 세미나 구성원들과 한 명의 통역사가 있었다. 이 세미나는 녹음되었지만 1987년이 되어서야 수집, 녹취 및 편집된 판본이 출판되었다. 이 세미나에서 비온이 슈퍼바이저이자 집단 리더였다는 사실에도 불구하고, "임상 세미나"는 독자들이 치료자 비온이 작업하는 것을 볼 수 있는 보기 드문 기회라고 생각한다. 이제 보게 되겠지만, 비온은 제시되는 환자의 분석가는 아니지만, 임상 세미나에서 환자에 대해 "꿈꾸는" 분석가이다(3장, 4장에서 논의한 바와 같이, 나는 분석 슈퍼비전이나 임상 세미나에서 제시된 환자를 "픽션"으로 본다. 즉, 분석가와 슈퍼바이저가 [또는 발표자나 세미나 집단이] 꿈꿔낸 상상의 환자이다. 이는 분석가가 자신의 상담실에서 대화하는 실제 인물과 대조된다). 또한 임상 세미나에서 비온은 발표자 및 세미나 집단 모두와 함께 분석 작업을 한다.

세 가지 임상 세미나

1. 환자는 분석가가 무엇을 할지 두려워한다(브라질리아, 1975, 세미나 1)

세미나는 다음과 같은 대화로 시작한다:

발표자: 나는 오늘 30대 여성의 치료시간에 대해 논의하고 싶습니다. 그녀는 상담실에 들어와 앉아 있었습니다. 그녀는 절대 장의자에 눕지 않습니다. 그녀는 미소를 지으며 말했습니다. "오늘은 여기 앉아 있을 수 없을 것 같아요." 그게 무슨 의미인지 묻자 그녀는 심하게 동요됐다고 말했습니다. 나는 그녀가 심하게 동요됐다고 여기는 것이 무엇이냐고 물었습니다. 그녀는 미소 지으며 "머리가 어지러워요."라고 말했습니다. 그녀는 자신의 생각이 서로 부딪치며 달아난다고 했습니다. 나는 그녀가 그렇게 느꼈을 때 또한 자신의 몸을 통제하지 못한다고 느끼는 것 같다고 말했습니다. 그녀는 미소를 지으며 "아마도요. 마치 그게 사실인 것 같아 보이네요."라고 말했습니다. 나는 계속 이어서, 그녀의 마음이 그렇게 달아날 때 그녀의 몸도 마음의 움직임을 따라가야 하는 것 같다고 말하자, 그녀는 제 말을 끊고 "이제, 나를 가만히 있으라고 하지 마세요."라고 했습니다.

비온: 왜 이 환자는 분석가가 무언가를 할 거라고 생각하는 걸까요? 당신은 그녀에게 오지 말라고 하거나 내보낼 수 없는데 말이에요. 그녀는 성인이니까 원하면 자유롭게 당신을 보러 올 수 있고, 원하지 않는다면 자유롭게 떠날 수도 있습니다. 왜 그녀는 당신이 그녀가 무언가 하는 걸 막으려 한다고 말할까요? 그 질문에 실제로 답을 하라는 건 아닙니다—물론 당신의 어떤 대답도 좋지만—그저 이 이야기에 대한 내 반응을 예로 든 것입니다(pp. 3-4).[1]

---

1) 달리 표시하지 않는 한, 모든 페이지 번호는 "임상 세미나"(Bion, 1987)를 참조.

비온은 "왜 이 환자는 분석가가 무언가를 할 거라고 생각하는 걸까요?"라고 묻는다. 발표자에게 한 이 질문은 나에게 꽤 놀랍고도 이상했다. 제시된 치료 자료의 무수한 측면들 중에서, 비온이 왜 환자가 분석가가 무언가 할 거라고 생각하는지 묻는 이유가 무엇일까? 나는 꽤 많이 성찰한 후에야 비온은 발표자가 자기 자신에게 다음과 같이 질문하도록 제안하고 있었던 것이라는 생각이 떠올랐다: "환자는 어떤 종류의 생각하기에 관여하고 있는가?" "그녀는 왜 이런 특정 방식의 생각하기를 하는가?" 비온은 환자가 매우 제한된 종류의 생각하기를 하고 있다는 사실에 주목하도록 하고 있다. (다른 상황에서는) 사고와 감정으로 변형될 수 있는 경험의 요소들이, 이 경우에는 행위라는 매개로 경험되고 표현된다. 분석가의 사고는 행위로(분석가에게서 나오는 활동적인 힘으로) 여겨진다. 이것은 환자가 무언가를 (생각하지 않고) 하게 하는 힘을 보류시킨다.

따라서 "왜 이 환자는 분석가가 무언가를 할 거라고 생각하는 걸까요?"라는 질문의 핵심은 환자가 그 순간의 정서적 문제를, 그리고 아마도 그 치료시간 전체의 정서적 문제를 다루는 방식에 대한 질문인 것이다: 자신이 마음을 잃고 있다는 두려움.

환자는 자신이 생각할 수 없는 사고를(자신이 미쳐가고 있다는 두려움을) 배출함으로써 외부 현실과의 균열을 촉진시켰다. 이것은 분석가가 그녀에게 무언가를—즉, "나를 가만히 있으라고"—한다는 망상적 믿음의 형태로 나타났다. 분석가가 환자 자신에게 뭔가 하려 한다는 것을 매우 콘크리트한 방식으로 믿는다는 환자의 말을 분석가가 너무 두려워해서 진지하게 받아들이지 않는다면, 그는 환자의 망상적 경험을 생각하지 못함으로써/꿈꾸지 못함으로써(의식적 및 무의식적인 심리적 작업을 하지 못함으로써) 환자의 문제를 악화시킬 것이다(Bion, 1962a).

비온은 "그저 이 이야기에 대한 내 반응을 예로 든 것입니다."라고 말하면서, 발표자에게 조용히 해석을 하고 있다. 발표자는 환자에게 언어적으로 상징화된 사고를 제시함으로써 그녀가 자신의 경험에 대해 생각하도록 돕길 바랐다: "나는 그녀가 그렇게 느꼈을 때[즉, 자신의 생각이 서로 부딪친다고 느꼈을 때] 또한 자신의 몸을 통제하지 못한다고 느끼는 것 같다고 말했습니다." 환자는 미소를 지으면서 대답했다. "아마도요. 마치 그게 사실인 것 같아 보이네요." 그녀의 미소에 (나에겐 오싹하게 들리는 말이다) 조건부 동의를 ("아마도") 나타내는 것 같은 말이 뒤따른다. 하지만 "마치 그게 사실인 것 같아 보이네요."라는 말과 그녀의 미소가 합쳐져서 분석가가 단지 진실처럼 보이는 것만 보고, 환자가 경험하고 있는 것에 실제 진실인 것은 보지 못한다는 아이디어를 전달하는 것 같다.

분석가는 환자의 반응을 무시하고 자신의 해석을 반복했다. 환자는 "이제, 나를 가만히 있으라고 하지 마세요."라고 말하면서 분석가가 해석을 반복하는 것을 중단시켰다. 그녀는 아마도 이렇게 말했을 것이다. "나한테 그만 좀 하세요. 당신 생각을 내 머릿속에 집어넣고 그런 식으로 내 행동을 통제해서(나를 가만히 있으라고 해서) 나를 당신으로 만들려 하지 마세요. 그렇게 되면 나는 내 마음을 전혀 움직일 수 없을 거예요." 내 생각에, 비온은 이 환자가 왜 분석가가 무언가를 할 거라고 생각하는지 질문함으로써 발표자가 환자의 정신증적 생각하기의 이러한 측면을 이해하도록 돕고 있다.

발표자는 비온의 질문에("왜 이 환자는 분석가가 무언가를 할 거라고 생각하는 걸까요?") 피상적인 수준으로 다음과 같이 대답한다.

나는 그녀가 왜 "나를 가만히 있으라고 하지 마세요."라고 말했는지 알고 싶었습니다. 그녀는 그 질문에 대한 답을 모른다고 말했습니다. 그래서 나는 그녀가 내가 말없이 가만히 있는 것이 신경 쓰이는 것이 아니냐고 말했습니다. 그녀는 내가 가만히 있다고 본 게 아니라, 내가 내 움직임을 지배하고, 내 마음이 내 몸을 통제하고 있다고 봤다고 말했습니다. (p. 4)

내 생각에, 비온의 질문/해석을 성찰하지 못하는 발표자의 무능력은 환자의 정신증이 어느 정도인지 완전히 인식하는(생각하는) 것에 대한 그의 두려움을 반영한다. 환자는 마음과 몸을(그리고 그녀 자신과 분석가를) 구분할 수 없기 때문에, 그녀가 그의 마음이 그의 몸을 지배하는 것으로 경험했다고 말하는 것은, 내 생각에, 그의 마음이 그녀의 몸과 마음을 지배하는 것으로 경험했다고 말하는 것과 같다. 다시 말해서, 그는 그녀의 마음속으로 들어가 무자비하게 그녀가 무언가를 하도록(심리적으로도 신체적으로도 "나를 가만히 있게") 하려고 했다.

비온은 세미나에서 말한다:

나는 이 환자에게 어떤 말을 할지 여기서 추측해 보고 싶습니다—첫 번째 치료시간은 아니지만 나중에요. "여기에 의자와 장의자가 있어요. 당신이 이것들 중 어느 것이든 사용하고 싶을 수도 있으니까요. 당신이 그 의자에 앉고 싶을 수도 있고, 거기에 앉아 있는 것을 견딜 수 없다고 느낄 경우 장의자에 누워 있고 싶을 수도 있죠. 당신이 오늘 말한 것처럼 말이죠. 그래서 당신이 처음 왔을 때 이 장의자가 여기 있었던 것입니다. 당신이 오늘 이걸 발견한 이유가 궁금합니다. 왜 당신은 오늘에야 그 의자에 앉아 있을 수 없다는 걸, 그리고 당신이 눕거나 나가야 할 수도 있다는 걸 알았을까요?" 만약 그녀가 첫 번째 치료시간에 그걸 발견했다면 훨씬 더 적절했을 것입니다. 하지만 그녀는 그것을 발견하는 게 너무 두려웠습니다. (pp. 4-5)

처음에는 이렇게 말하는 것이 매우 이상해 보인다. 하지만 나는 이것이 비온의 분석 스타일을 반영한 것이라고 본다. 비온만이 이런 말을 할 수 있었을 것이다. 만약 다른 사람이 이렇게 말한다면, 그는 비온을 모방하는 셈이 될 것이다. 그렇다면 비온은 여기서 무엇을 하고 있는 것일까? 또는 달리 말하면, 비온은 어떻게 여기서 분석가 비온이 되고 있는 것일까? 그는 그 만남을 마치 자신과 환자의 첫 만남인 것처럼 다루고 있다. 그는 환자가 정신증이 우세하다는 것을 알고는 그러한 관점에서 그녀에게 말을 한다(그럼으로써 그 순간 그녀가 누구인지 인식한다). 비온(1957)에게 있어서, 성격의 정신증적 측면은 생각을 할 수 없거나, 경험으로부터 배울 수 없거나, 심리적 작업을 할 수 없는 자기의 일부이다.

비온은 환자와의 상상적 대화에서 "환자 성격의 비정신증적인 부분"에(Bion, 1957) 말을 건다. 이것은 생각하기와 심리적 작업을 할 수 있는 부분이다. 비온은 상담실에 있는 대상들을 단순하고 대부분 문자 그대로의 용어로 명명하는 것으로 시작한다(환자가 겁을 먹고 생각할 수 없기 때문에, 그것들은 환자에게 통제할 수 없는 의미로 소용돌이 치고 있다): "여기에 의자와 장의자가 있어요. 당신이 이것들 중 어느 것이든 사용하고 싶을 수도 있으니까요." 비온은 이런 방식으로 환자에게 그 대상들이—외부 대상으로서—무엇인지 말할 뿐 아니라 그녀가 그것들을 분석적 대상으로 활용하기 위해 거기에 있다는 것을 암묵적으로 말하고 있다. 즉, 그것들은 그녀가 (그의 도움으로) 그렇게 하길 바란다면, 분석을 꿈꾸기하는 데 활용할 수 있는 대상들이다. 그는 계속해서 말한다. "당신이 그 의자에 앉고 싶을 수도 있고, 거기에 앉아 있는 것을 견딜 수 없다고 느낄 경우 장의자에 누워 있고 싶을 수도 있죠. 당신이 오늘 말한 것처럼 말이죠." 여기서 비온은 자신이 생각하기엔 그녀가 오늘은 의자를 사용하는 것이 두려울 수도 있을 것 같다고 환자에게 말한다. 나는 비온이 다음과 같이 암묵적으로 상상적인 추측을 하고 있다고 생각한다. 즉, 환자에게 있어서 그 의자는 한때 마술적 힘을 가졌던 심리적 장소로, 만약 그녀가 "정말로" 분석에 들어가게 되면 일어날 거라고 두려워하는 것으로부터 그녀를 보호하기 위한 것이다. 이 의자가 무슨 까닭으로 오늘은 그 힘을 잃었다. 그녀는 장의자를 이용하고 싶었을 수도 있다(즉, 그녀는 처음 분석가를 만나러 왔을 때 되고 싶었던 분석 환자가 되기 위해 노력하고 싶을 수도 있다). 비온은 그녀에게 무언가를 하려고 하거나, 그녀에게 무언가 하도록 시키려고 하지 않는다. 예를 들면, 의자나 장의자를 사용하게 하는 것. 그는 그녀가 내담자로서 "자신이 존재하도록 꿈꿀 수 있게"(Ogden, 2004a) 돕고 있으며 그녀가 생각하도록 도울 수 있는 분석가로서 자신을 꿈꾸고 있다: "그래서 당신이 처음 왔을 때 이 장의자가 여기 있었던 것입니다"(자기 자신을 존재하도록 꿈꾸기의 아이디어에 대한 논의는 1장 참조).

비온은 "임상 세미나"에서 그의 특징적인 방식으로, 다음과 같은 질문의 형태로 탐구한다. "당신이 오늘 이걸 발견한 이유가 궁금합니다." 즉, "당신은 이것이 오늘 치료시간에 해결해야 할 가장 중요한 정서적인 문제라는 것을 어떻게 발견했나요?" 그는 그 문제에 대한 해결책을 자신이 가지고 있는 것이 아니라, 그녀가 가지고 있을 수 있으며, 그녀를 괴롭히지만 아직 그녀가 생각할 수 없는 어떤 문제를 이해할 수 있도록 그가 도울 수 있다고 암묵적으로 덧붙인다. 더 나아가, 비온이 암묵적으로 말하고 있는 것은 다음과 같이 표현될 수 있다: "'오늘은 여기 앉아 있을 수 없을 것 같아요'라고 말하면서 당신은 나에게 당신이 더 이상 여기서 도움받을 수 없을 것 같아 두렵다고 말하고 있어요. 당신이 두려워하는 것은 당신이 미쳐서("어지러워서") 나를 분석가로서 활용할 수 있을 환자가 될 수 있다는 희망을 잃은 것입니다."

비온은 계속해서 궁금한 것을 큰 소리로 묻는다: "[그래서] 왜 당신은 오늘에야 그 의자에 앉아있을 수 없다는 것을, 그리고 당신이 눕거나 나가야 할 수도 있다는 것을 알았을까요?" 비온의(표면적으로는 환자에 대한) 해석은 아마도 좀 더 발표자에 대한 해석일 것이다: 발표자는 환자가 분석에서 환자가 될 수 없다는 환자의 두려움에 대해 인식하지 못했거나 환자에게 말하지 못했다. 환자는 의자나 장의자를 활용할 수 없는 자신의 무능력에 대해 말함으로써, 그리고 분석가가 단지 "진실처럼 보이는" 것만을 인식할 수 있는 것 같다고 말함으로써 그 두려움을 표현했다. 이제 나에게는 환자의 미소가 왜 그토록 오싹한지 더욱 분명해진 것 같다: 그것은 환자가 자신의 정서적 고통의 정도와 그것을 생각하는/꿈꾸는 매우 제한된 능력 사이에서 경험하고 있었던, 그리고 그녀 자신과 분석가 사이에서 경험하고 있었던 엄청난 정도의 정서적 단절을 말해 준다.

"꿈꾸기했던" 환자에 대한(그리고 발표자에 대한) 이러한 해석을 한 지 얼마 지나지 않아, 비온은 다음과 같이 말한다. "분석가로서 지속적으로 향상되길 바랍니다—환자뿐만 아니라… 만약 내가 모든 답을 알고 있다면 나는 아무것도 배울 게 없고, 어떤 것도 배울 기회가 없을 것입니다… 원하는 것은 실수를 하는 인간으로 살 수 있는 여지를 갖는 것입니다"(p. 6). 이것 역시 "임상 세미나"에 나타나 있는 비온 스타일의 근본적인 요소이다. 비록, 비온은 치료시간에 일어나고 있는 것 중 겉보기에는 사소해 보이는 요소들의 중요성을 감지하고, 그것을 분석적으로 활용하는 그의 낯선 방식으로 발표자와 독자들을 거듭 놀라게 하지만, 그는 그에 못지않게 인위적으로 자신을 낮추는 것이 아니라 분석가는 반드시 "실수를 하는 인간으로 살 수 있는 여지가 있어야" 한다고 자주 말한다. 오직 이러한 마음의 상태에서만 경험에서 배울 수 있다: "만약 여러분이 나처럼 오랫동안 분석을 해 왔다면, 해석이 부적절하다고 그렇게 신경쓰지 않았을 것입니다. 나는 부적절하지 않은 해석을 한 적이 없습니다. 그것이 현실입니다—정신-분석적 픽션이 아닙니다"(p. 49).

다음 세미나로 넘어가기 전에, 나는 이 세미나를 비롯한 다른 많은 세미나에서 비온의 치료적 접근의 암묵적 요소에 독자들의 주의를 환기시키고자 한다. 이것은 비온의 "방법"의 중요한 측면을 구성한다. 비온이 발표자에게 다른 어떤 질문보다 훨씬 더 자주 묻는 질문은 "환자는 왜 분석을 받으러 올까요?"이다(예시를 위해 pp. 20, 41, 47, 76, 102, 143, 168, 183, 187, 200, 225, 234 참조). 나는 비온이 이 질문을 던질 때마다 발표자에게 환자에 대해 다음과 같이 생각하도록 암묵적으로 요청하고 있다는 생각이 든다. 환자가 "해결책"(p. 100)을 찾지 못한 정서적 문제를—즉, 심리적 작업을 할 수 없었던 문제를—각 치료시간에 무의식적으로 가져오는 것이라고. 환자는 자신이 스스로 생각하고 느낄 수 없는 혼란스러운 사고나 감정을 자신이 생각할 수 있도록 도와달라고 무의식적으로 분석가에게 요청하고 있다. 비온은 방금 논의한 세미나에서, 발표자에게 환자가 왜 분석을 받으러 오는지에 대해 명시적으로 묻지 않지만, 내가 보기엔 비온은 암묵적으로 그 질문을 여러 번 하는 것 같다. 첫 번째 경우는 세미나에서 거의 바로 나온다. 그가 다음과 같이 말할 때이다. "그녀는 성인이니까 원하면 자유롭게 당신을 보러 올 수 있고, 원하지 않는다면 자유롭게 떠날 수도 있어요."

2. 자기 자신이 아닌 의사(브라질리아, 1975, 세미나 3)

이 세미나는 꽤 주목할 만한데, 비온이 분석가가 되는 것이 무엇을 의미하는지에 대한 자신의 많은 개념화를 밀로 표현하고 보여 줄 수 있는 기회를 제공하는 대화를 만들어 내기 때문이다. 게다가 비온은 전문용어를 단 한마디도 사용하지 않고 그렇게 한다. 이것은 우리가 환자들에게 "가능한 한 간단하고 분명한 단어"로(p. 234), 일상어로, "평범한 명료한 말투"로(p. 144) 말하고, 우리도 분석가로서 같은 방식으로 서로 이야기해야 한다는 그의 주장과 일치한다.

내담자는 스물네 살의 병원 내과의로, 4개월 동안 일을 할 수 없었다. 그는 분석가에게 다음과 같이 말했다. "나는 상담실에 왔다가 멈춰 섰어요. 여기에 있을 수가 없었어요. 엘리베이터를 탔는데 몸이 좋지 않아서 치료를 받으러 오기에는 너무 힘들 것 같았어요. 여기 계속 있으면 죽을 것 같았어요"(p. 13). 발표자는 환자가 그런 다음 주제를 바꾸어 전날 극심하게 불안했음에도 불구하고 직장에 복귀하려고 했던 것에 대해 말하기 시작했다고 말했다.

비온은 묻는다. "그가 몸이 아팠나요?"(p. 13) 다시 한번, 비온의 질문은 이상해 보이는데, 왜냐하면 이번에는 너무 문자 그대로의 질문 같기 때문이다("임상 세미나" 전체에는 비온이 환자와의 작업에 대한 발표자들의 설명을 듣는 방식에 있어서 놀랍도록 실용적인 무언가가 있다). 아마도 비온은 환자의 신체적 질병의 여부를 물음으로써, 환자가 죽는 것이 두렵다고 하면서도 내과 의사가 아닌 분석가를 만나러 왔다는 점에 주목하고 있는 것 같다. 지금까지 분석 경험을 통해 그는 분석가가 자신을 도왔고 분석가와 분석이 자신에게 더 많은 도움이 될 수 있다고 느꼈을 것이다.

발표자는 다음과 같이 말함으로써 비온의 질문에 가장 피상적인 수준에서만 대답한다. "그는 그렇게 생각하긴 했지만[즉, 환자는 오직 신체적으로 아프다는 느낌만 인식하고 있다] 실제로 심각한 불안을 겪고 있었습니다"(p. 13). 비온은 발표자가 자신의 질문이 함의하고 있는 관찰을 이해하지 못하는 듯 보였지만 당황하지 않는다. 이 일은 그 자체로 큰 의미는 없지만, 슈퍼바이저이자 (내가 추측하기로) 분석가로서 비온 스타일의 결정적인 성질을 반영한다. 그는 "발표자를 지나쳐서 말한다." 즉, 그는 발표자의 생각할 수 있는 측면에—성격의 생각하기 측면에—말을 건다. 이것은 비온이 그의 이론서에서 때로 "비정신증적 성격 부분"(Bion, 1957)이라고 부르기도 하고, 때로는 "무의식"이라고 부르기도 한 것이다. 심리적 작업과 성장을 목적으로, 살아있는 경험을 활용할 수 있는 것이 바로 성격의 이러한 측면이다. 나는 "환자를 지나쳐서 말하기" "무의식에 말 걸기" 및 "비정신증적 성격 부분에 말 걸기"라는 용어를 상호교환적으로 사용함으로써, 분석가가 생각하기를 할 수 있는 환자의 측면에 말을 거는 행위를 나타낸다. 논의되고 있는 사례에서, 발표자의 마음의 의식적인 측면은 생각하기를 충분히 할 수 없기 때문에, 비온은 발표자의 무의식 또는 비정신증적 성격 측면에 "직접적으로" 말을 걸어야 한다(환자의 무의식과 대화하기에 대한 논의는 Grotstein, 2007 참조).

그때 세미나의 한 구성원이 다음과 같이 묻는다. "이 시점에서 환자를 잠시 멈추게 하는 것이 좋지 않을까요? 내가 느끼기엔 자료가 너무 많은 것 같아요"(p. 14). 비온은 "그[환자]가 무슨 생각을 하고 있는지 더 명료한 아이디어를 얻을 때까지"(p. 14) 무언가 말하기를 미룰 것이라고 대답한다. 그는 덧붙인다.

> 이건 그저 나의 의심인데요, 나는 이 환자가 어떤 재앙이나 재난을 너무 두려워해서 약을 복용하고 있는 사람 중 한 명이 아닐까 싶습니다. 그러면 그는 다른 의사들과 대화할 수 있고 그렇게 해서 그곳에 있는 모든 질병들에 대해 들을 수 있습니다. 그러면 그는 죽지 않을 것이고, 재난도 일어나지 않을 테지요. 왜냐하면 그는 의사이지, 환자가 아니기 때문입니다. (p. 14)

이 환자는 의사로서 자격을 갖췄음에도 불구하고 의사가 아니다. 왜냐하면 그는 어떻게 진정으로 의사가 되는지에 대해 전혀 모르기 때문이다. 즉, (자신을 포함한) 아픈 사람들을 돕기 위해 자신의 마음을 활용할 수 있는 사람으로 태어나는 감각을 어떻게 발달시킬 수 있는지 모른다.

앞에서 질문했던 참가자가 약간 다른 형태로 질문을 반복한다. "당신이 말한 이 의심은 분석가가 혼자서만 간직하고 있어야 하나요, 아니면 환자에게 말할 수도 있나요?"(p. 14) 비온은 그 참가자를 위해 해석을 하지만 환자에 대한 언급으로 표현한다. 그는 세미나 참가자에게 사람들은 자신의 살아있는 경험의 일부만 가지고 심리적 작업을 할 수 있고, 특히 경력 초기의 분석가들은 종종 환자와의 무서운 경험으로 인해 압도된다고 말한다:

이런 종류의 일은 의대생들이 해부학을 배우기 위해 해부실에 들어갈 때 흔히 일어납니다. 그들은 붕괴됩니다. 그들은 더 이상 해부를 계속할 수 없는데, 인체를 해부하면 자신의 견해와 태도에 큰 격변이 일어나기 때문입니다. (p. 14)

내 생각에 비온은 이 세미나 참가자가 분석적 "해부실"에서(임상 세미나에서) 붕괴될까 봐 두려워서 세미나에서의 생각하기의(해부하기의) 흐름을 잠시 멈추게 해야 한다고 느끼는 것이 아닌가 의심하며 말하고 있는 것 같다. 비온의 해석 스타일은 세미나 참가자의 방어뿐 아니라 존엄성을 매우 존중한다. 비온이 하는 생각하기는 세미나 참가자가 그것을 활용할 준비가 되면 활용될 수 있다. 세미나 참가자는 이 해석에 의해 수치심을 느끼지 않으면서도 그것을 활용할 수 있었던 것 같다—세미나에서 무언가를 발견하게 될 수도 있을 것이라는 그의 무의식적인 두려움은 세미나에서 일어나고 있는 분석 작업을 더 이상 중단시키지 않을 수 있을 정도로 줄어들었다.

방금 이야기한 세미나 참가자에게 비온이 대답을 한 직후, 발표자는 다음과 같이 말한다. "나는 환자가 주제를 바꾸지 않았다고 느꼈어요. 그저 겉으로만 바꾸었을 뿐이에요"(p. 14). 여기서 발표자는 불과 몇 분 전에 자신이 한 말과 모순되는 말을 하고 있다. 나는 그가 그 사이에 비온이 세미나 참가자에게 한 해석을 심리적으로 활용했다고 생각한다—즉, 분석가의 불안으로 인해 환자가 무의식적으로 자신의 두려움에 대해 소통하려 하는 것을 분석가가 듣지 못할 수도 있다는 해석이다.

비온은 발표자에게 대답한다:

당신의 이러한 감정으로부터 해석이 나옵니다. … 이 모든 다양한 자유연상들은 같은 패턴을 가지고 있기 때문에, 그것들이 실제로는 다른 것이 아니라고 느끼기 시작하면, 그 패턴이 무엇인지 알 때까지 기다리는 것이 중요해집니다. (p. 14)

발표자가 대답한다:

어떤 세미나에서 한 훈련 분석가가 말하길, 모든 좋은 해석에는 세 가지 요소, 즉 환자의 행동에 대한 기술, 행동의 기능, 행동의 배경이 되는 이론이 포함되어야 한다고 했습니다. (p. 15)

독자는 비온의 피가 끓어오르는 것을 아마 느낄 수 있을 것이다—그것은 발표자의 불안에 대한 반응이 아니라 분석가의 오만에 대한 것이다. 그는 자신이 정신분석을 할 줄 안다고 믿고 있으며, 자신의 슈퍼바이지들이 자신처럼 하게 되면, 그들도 정신분석을 할 줄 알게 될 거라고 믿고 있다. 그럼에도 불구하고, 비온의 반응은 신중하지만, 기술된 종류의 슈퍼비전 스타일이 분석가가 되려는 슈퍼바이지의 노력에 있어서 파괴적이라는 그의 감정을 완전히 배제하지는 않는다. 동시에 비온은 자신이 그 훈련 분석가의(Bion이 전혀 알지 못하는 사람의) 아이디어를 듣고 있는 것이 아니라, 발표자의 아이디어와 감정을 듣고 있다는 것을 충분히 인식하고 있다. 발표자는, 자신의 환자와 마찬가지로, 생각하기를 하는 의사가(분석가) 되는 것으로부터 스스로 생각할 수 없는 수동적인 환자로 순간적으로 후퇴해 있다.

비온: 어떤 의미에서는 당신이 언급한 것과 같은 그러한 이론은 그것을 언급한 특정한 사람에게는 유용합니다. [비온은 그 사람을 훈련 분석가로 지칭하지 않는다. 왜냐하면 그 사람에게 말을 걸고 있는 것이 아니기 때문이다. 그는 발표자의 성격에서 분열된 한 측면에 말을 걸고 있다. 즉, 발표자의 한 측면이(생각하기를 하지 않는 방식으로 분석 이론을 사용하는 측면이) 그의 또 다른 측면을(생각하기를 하는 분석가가 되려고 노력하고 있는 측면을) 과소평가하고 있다.] 그것들[분석 이론들] 중 일부는 당신에게도 어떤 의미가 있을 수 있습니다. [때때로 발표자의 생각하기 측면은 분석 이론에 대해 생각할 수 있고 그것들이 자기만의 아이디어를 발달시키는 데 유용하다는 것을 발견할 수 있다.] 당신이 배우려고 노력하는 동안, 이 모든 것들은 매우 혼란스럽습니다. [혼란스럽다는 것은, 권위 있는 누군가로부터 그렇게 하는 방법을 들었기 때문에 어떻게 분석하는지 알고 있다는 느낌으로 배출되고 대체되는 것과는 반대로, 경험되어야 하는 마음의 상태이다.] 이런 이유 때문에 나는 당신이 [비온은 "사람들"이라고 말하지 않는다.] 훈련과 세미나를 너무 오랫동안 이어가고 있을 수 있다고 생각합니다. 당신은 [분석가로서] 자격을 취득한 후에야 분석가가 될 기회를 가지게 됩니다. 당신이 될 분석가는 바로 당신이고 당신뿐입니다. 당신은 자신이 가진 성격의 고유성을 존중해야 합니다—그것이 바로 당신이 사용하는 것이지, 이러한 모든 해석들이 아닙니다[당신은 이런 이론들을 사용해서 자신이 진짜 분석가가 아니라는 두려움 그리고 어떻게 분석가가 되는지 모른다

는 두려움과 싸우려 합니다]. (p. 15)

비온은 발표자, 세미나 참가자 및 독자에게 진정한 분석적 대화가 어떤 것인지 보여 주고 있다. 해석은 스스로를 해석이라고 알려주지 않는다. 그것은 "대화"(p. 156)의 일부인데, 일상 언어로 아이디어를 재치 있고, 정중하게 (종종 추측으로) 말하는 것이다. 여기서 분명해지고 있는 것은 비온이 해석이라는 말로 의미하는 바가 무의식을 의식화하려는 노력으로 억압된 무의식적 갈등에 대한 언어적 상징화를 제공하기 위해 고안된 말이 아니라는 것이다. 오히려, 해석은 분석가가 생각하고 있는 것의 일부를 환자가 자신의 사고를 생각하기에 활용할 수 있는 형태로 환자에게 말하는 방식이다.

이 세미나의 독자는 자신의 고유한 성격과 경험으로 말할 수 있는 사람의 소리를 자신의 귀로 들을 수 있다. 다른 어떤 분석가도 조금도 비온처럼 들리지 않는다. 일련의 논문들에서, 나는 프로이트, 위니콧, 비온의 저작에 대해 자세히 읽기를 했다(Ogden, 2001a, 2002, 2004b). 그리고 7장과 8장에서는 로왈드와 설즈의 논문에 대해 자세히 읽기를 제시할 것이다. 이들 각 분석가들은 자신의 고유한 성격을 반영하는 방법으로 말하고/쓰고/생각한다. 짧은 구절을 읽는다해도 이들 각 분석가의 독특한 목소리를 알아보지 못하기란 매우 어려울 것이다.

분석가가 자신의 고유한 성격, 자신이 지닌 "특유의 정신성"으로부터(p. 224) 겸손하게 말할 수 있는 능력은 내가 분석가의 스타일이라고 부르는 것의 핵심을 이룬다. 스타일이 유행과 반대되는 개념이라는 것은 이제 분명해졌을 것이다. 또한 나르시시즘과도 반대된다. 유행에 자신을 맡기는 것은 (자신이 누구인지에 대한 감각이 없는 상태에서) 다른 사람들과 같아지고 싶은 바람에서 비롯된다. 나르시시즘은 (무가치감과 싸우기 위한 노력으로) 다른 사람들에게 감탄받고자 하는 소망과 관련된다.

비온은 분석가가 되는 데 내재된 어려움을 논의하는 이 "여담"에 이어 그는 발표자에게 이 치료시간에 대해 좀 더 말해달라고 요청한다:

발표자: 환자는 [전날 밤 병원에서 의사로] 일을 계속하면 병이 날 것 같다는 인상을 받았습니다. 그는 아프지 않았습니다—그런 일이 일어날 것 같다고 느꼈습니다.

비온: 다시 말해서, 그는 병이 치료되지 않을 겁니다—그는 그런 병에 걸릴 겁니다. 그는 의사가 되려면 정말로 강해야 한다는 생각을 결코 해 본 적이 없는 것 같습니다. 이 직업에서 당신은 항상 가장 최악의 상황에 처한 사람들을 상대하게 됩니다. 그들은 겁에 질리고 불안해하죠. 만약 그도 결국 불안하고, 우울하고, 겁에 질리게 된다면 그 직업을 택해도 소용이 없습니다. (pp. 16-17)

비온은 발표자의 비정신증적 성격 측면에 간접적인 해석을 하고 있다. 여기서도 이 해석은 놀라울 정도로 실용적인 느낌이다: 환자는 정서적으로 준비가 되지 않은 직업을 선택했다. 환자는 다른 사람들의 두려움을 마주하면 겁을 먹게 되고 우울해지는 것 같다. 그러나 물론 해석에는 그 이상의 것이 있다. 비온은 눈에 띄는 모순에 초점을 맞추고 있는데, 그것은 환자가 이 치료시간에서 도움을 구하고 있는 정서적 문제의 본질을 보여 주는 것 같다.

환자는 왜 이 순간에, 이런 특정 방식으로 분석가에게 모순을 제시하는 것일까? 아마도 환자는 단순히 직업선택을 잘못한 것이 아닐 것이다. 단절되어 있다고 느끼는 자신 안의 어떤 측면이(진정한 의사인 측면이) 있는가? 비온은 포(Poe)의 도둑맞은 편지처럼 눈에 보이지 않을 정도로 너무도 명백한 소통에 주목하고 있다. 아마도 이 역설이—명백한 것이 보이지 않는다는 것이—비온의 말을 이상하고 콘크리트하게 들리게 하는 이유일 것이다. 여기서, 세미나의 초반에서처럼, 환자에게 "몸이 좋지 않다고" 느껴지는 무언가에 관한 비온의 관찰은 환자가 (분석기의 도움으로) "해결"하고자 하는(p. 125)—즉, 이 치료시간에 생각하려고 하는—정서적 문제와 관련된 "상상적 추측"을(p. 191) 컨테인한다. 질문은 단순히 "무엇이 환자를 불안하고 두렵게 하는가?"가 아니다. 좀 더 특정한 문제가(또는 환자의 증상을 추동하는 역동적 긴장의 측면이) 현재의 치료시간에 살아있다. 비온은 환자의 직업 선택에 대해 언급하면서 환자가 **자신이 자기 자신이 아니라고** 느낄 수도 있다는 아이디어를 시도하는 듯하다. 그는 의사가 되고자 노력하기로 선택했지만, 그는 수동적인 환자가—자신이 겪고 있는 병에 대해 아무것도 모르고, 아무것도 알고 싶지 않은 사람이—되는 것에 좀 더 끌린다고 느낀다. 비온의 추측은 그가 "상상한" 환자의 비정신증적 측면에 대한, 무의식적이고 생각하기를 할 수 있는 성격 측면에 대한 해석으로 생각될 수 있다. 발표자는 이 해석을 활용할 수 있었던 것 같다.

발표자: 그래서 그는 방을 나가 잠시 쉬었습니다. 그 순간 그는 응급실로부터 연락을 받았습니다. 그는 가서 완벽하게 일했습니다. 그는 자신이 아무런 어려움 없이 일을 잘할 수 있

였다는 데 매우 호기심을 느꼈습니다. (p. 17)

　발표자가 "다음에 무슨 일이 일어났는지" 설명한 것에 대해 그가 며칠 또는 몇 주 전에 작성한 메모를 단순히 읽은 것이라고 주장할 수도 있다. 나는 이 생각이 설득력이 없다고 생각한다. 발표자는 비온의 "해석"에 대해 어떤 말이든 할 수 있었을 것이다: 예를 들어, 그는 세미나에서 분석적 생각하기를 방해할 수 있는 질문을 하거나 환자가 의료 훈련을 받으려는 의식적인 이유에 대해 주의를 딴 데로 돌리는 말을 했을 수도 있었다. 발표자가 한 말은—"그는 자신이 아무런 어려움 없이 일을 잘할 수 있었다는 데 매우 호기심을 느꼈습니다."— 의도하지 않은, 매우 의미 있는 모호함을 포함한다: 호기심이라는 단어는 무엇이 일어났는지 설명할 수 없는 환자의 감정을 완곡하게 표현한다. 동시에 호기심이라는 단어는 환자의 생각하기 역량의(모르는 것에 대해 호기심을 갖는 역량의) 시작을 나타낸다. 전자는 후자보다 훨씬 더 수동적인 마음의 상태이다. 발표자는 호기심이라는 단어를 사용함으로써, 환자가 생각하기를 원하는 동시에 생각하기를 두려워하는 방식에 대한 자신의 이해가 커지고 있음을 전달한다.

　비온은 다음과 같이 대답한다. "그는 응급실로 들어가서, 심장마비나 다른 일이 생기는 대신, 자신이 의사가 될 수 있다는 걸 발견합니다"(p. 17). 환자는 분석가의 도움으로 자신이 의사가 될 수 있다는 걸 발견하고 있다. 즉, 의사이자 분석적 환자로서 "자기 자신이 존재하도록 꿈꾸는" 역량을 생각하고 활용할 수 있는 사람이다. 마찬가지로, 비온의 해석의 도움으로, 발표자는 의사로서—즉, 분석가로서—자기 자신이 존재하도록 꿈꿀 수 있다. 그는 환자에 대해,

"최악의 상태에 있는"(불안하고 도움이 절실히 필요한) 사람에 대해 호기심을 가질 수 있게 되었다.

환자가 예상치 못하게 진정한 의사가 된 것에 대한 비온의 반응으로 돌아가서, 비온은 다음을 관찰한다:

> 이것을[환자가 의사가 된 사건을] 이번 일뿐만 아니라 다른 많은 일에도 적용해 보면, 위기에 처할 때 그의 내면에서 의사가 출현한다면, 당신은 그가 결국 의사 또는 잠재적 분석가가 될 수 있다고 느끼기 시작할 수 있습니다. 하지만 왜 위기의 순간에 의사가 되는 걸까요? 만약 그가 타이틀뿐만 아니라 그 자체로 결국 의사가 될 수 있다는 것이 정말 진실이라면, 그는 왜 지금까지 그것을 발견하지 못했을까요? … 물론 우리는 분석가로서—옳든 그르든—분석이 도움이 된다고 믿습니다. 하지만 그러한 믿음은 정신분석의 특별한 본질, 신비를 감추기 쉽습니다. 매우 많은 분석가들이 그들의 주제에 대해 지루해하는 것 같습니다. 그들은 놀라워할 수 있는 역량을 상실했습니다. (p. 17)

비온 스타일의 두 가지 중요한 요소가 이 문장들에서 들린다. 첫째, 우리는 의사이자 실용주의자이며 "[환자의] 문제에 대한 해결책"(p. 100)을 찾는 것이 매우 중요한 사람인 비온을 듣는다. 비온은 자신의 책임이 환자를 돕는 것이라고 본다—다소 옛날 사고방식이다. 만약 우리가 분석이 도움이 된다고 믿지 않는다면, 왜 우리는 그것을 하는 데 우리의 삶을 보내는가? 환자가 고통스러워서 분석가에게 도움을 요청하는데 어떻게 환자의 고통을 무시할 수 있겠는가? 하지만 분석가의 일이 환자의 고통을 덜어주는 것만은 아니다. 정반대다. 비온에게 있어서 분석가의 과제는 환자가 자신의 고통에 대해 분석 작업을 할 수 있을 만큼 충분히 오래 그 고통과 함께 살 수 있도록 돕는 것이다. 환자가 분석을 받기 위해 분석가에게 오는 어떤 측면이 있다. 비온은 환자의 그러한 측면의(종종 거의 무언의) 목소리를 지속적으로 경청하고, 환자가 주는 힌트를 경청한다. 이 힌트는 환자의 이러한 측면이 어떤 정서적 문제를 생각하려고/해결하려고 하는지와 관련된다. 만약 환자가 분석가를 분석가로서 활용하지 않는 경우(예를 들어, 마치 환자는 분석가를 자신이 원하는 사람으로 바꿔줄 마술사가 되길 기대하는 것처럼 행동하는 경우), 비온은 환자가 분석가는 무엇을 한다고 생각하는지 스스로에게 묻는다(그리고 "꿈꾸기하는" 환자에게도 종종 묻는다). 아마도 비온이 "환자가 분석을 받으러 온 이유는 무엇입니까?"라는 질문 다음으로 자주 하는 질문은 "환자는 분석이 무엇이라고 생각합니까?"일 것이다. 그리고 그는 종종 환자의 생각에 대해 "그건 분석에 대한 매우 이상한 개념화입니다."라고 말한다. 비온에게 있어서 환자를 돕는 것과 환자에게 "올바른"(p. 162) 분석을(진정한 분석 경험을) 제공하는 것은 같은 것이다.

비온의 분석 스타일에서 두 번째 중요한 요소가 이 인용문에 살아 있다. 그것은 자신이 아는 것이 얼마나 적은지에 대한 인식이 좌절이나 실망의 원천이 아니라는 그의 느낌이다. 그것은 인간 본성을 구성하는 복합성, 아름다움, 전율에 직면한 경외심과 경이로움의 원천이다(분석적 정통성의 역할과 분석적 도그마의 사용을 통해 "인간 조건의 혼돈"[p. 35]과 그 전체적인 복합성 및 분석적 작업의 복합성과 혼돈에 직면하는 것을 회피하는 것에 대한 논의는 Gabbard, 2007 참조).

환자의 생각하기 역량이 발달하기 시작함에 따라, 발표자는 비온이 끌어낸 질문과 연상에 대해 계속해서 대답한다:

동일한 치료시간 후반에 그는[환자는] 스스로에게 질문을 하고[그는 어떻게 진정으로 의사가 될 수 있었을까?] 말했습니다. "만약 분석이 나를 위해 이렇게 할 수 있다는 걸 알았다면 위기가 올 때까지 기다리지 않았을 텐데." (p. 17)

독자는 이 말에서 생각하기 역량을 공격하는 사람으로서 환자와 생각하기를 하는 의사로서 환자 사이의 힘의 균형이 바뀌는 것을 들을 수 있다. 의사는 이제 자신이 아프다는 사실을 마주하면서도 자신의 감정에 살아있을 수 있다. 그는 자신의 정서의 인식을 활용하여 생각하기의 방향을 제시할 수 있다. 그리고 그는 분석에서 자신의 역할에 적극적으로 책임을 지는 "분석가"가 되기 위해 생각하기를 활용할 수 있다.

비온은 환자가 이러한 성취에서 얻은 만족감이 그에 못지않은 강렬한 슬픈 감정과 균형을 이룬다는 것을 인식한다: "진전이 지닌 특이한 점 중 하나는 더 빨리 발견하지 못한 것에 대해 사람들은 늘 우울하거나 후회를 느낀다는 것입니다"(p. 17). 이 해석은 세미나에서 꿈꾸기를 하고 있는 상상 속 환자뿐 아니라 발표자를 위한 것이기도 하다. 내 생각에, 비온은 발표자가 자신의 환자를 위한 분석가가 되기까지 너무 오랜 시간이 걸린 것에 대해 후회한다고 느끼는 것 같다. 아마도 발표자는 자신이 다른 사람들의—자신의 "훈련 분석가"의—생각하기에 오랫동안 의존해 왔다는 것을 세미나 과정 동안 깨달았을 것이다. 그 사람들은 분석 회기에서 인식하고 느낀 것에 대해 신선하고, 선입견 없이 반응하는 것을 두려워했던 사람들이다. 다시 말해서, 그는 지금까지 이 환자와 함께 정신분석을 창조/재발견할 수 없었다.

비온의 분석 스타일의 또 다른 요소 역시 이 부분에서 느낄 수 있다. 우리가 보았듯이, 비온은 각각의 환자가 각각의 분석 시간에 삶이 위태롭다고 무의식적으로 느끼는 방식을 계속해서 깨닫는다(그리고 내가 보기에 비온은 중요한 의미에서, 환자가 그렇게 믿는 것이 옳다고 믿는 것 같다). 결국, 환자가 생각할 수 없는 한 자신의 경험에 살아있을 수 없다. 하지만 여기서 비온은 분석가가 환자를 돕기 위해 자신을 활용하는 것과 관련하여 앞에서보다 좀 더 급진적인 자세를 취한다. 그가 덧붙인 것은 분석가로서 비온이 누구인지에 있어서 결정적이다:

> 당신은 분석가이거나 아버지 또는 어머니입니다. 왜냐하면 당신은 매우 필요한 것이지만 [환자나 아이는] 그렇게 중요하지 않다고 느끼는 애정과 이해를 줄 수 있다고 믿기 때문입니다. [즉, 그건 전적으로 당연하고, 그래야만 하는 것으로 여겨지기 때문에 그들에게는 보이지 않는다.] 우리가, 의사이자 정신분석가로서, 관심을 갖는 것이 인간을 돕는 일이라는 것을 간과하기 쉽습니다. … 우리는 분석과정에서 그들을 화나게 만들 수도 있지만, 그것은 우리가 하려는 것이 아닙니다. 이 환자에게는 때가 되면 [분석가에게] 애정, 동정, 이해의—진단과[해석과] 수술, 분석의 전문 용어가 아니라, 그 사람에 대한 관심—능력이 존재한다는 것을 보여 주는 것이 매우 중요할 수 있습니다. 당신은 의사나 분석가를 만들 수 없습니다—그들은 태어나야 합니다. (p. 18)

비온은, 그에게 있어서 분석가가 되는 것은 환자를 이해하고 그 이해를 환자가 활용할 수 있는 형태로 전달하는 것 이상을 포함한다고 특유의 절제된 방식으로 말하고 있다. 분석가가 되는 것은 때로 분석가가 깊은 관심을 갖는 환자에 대해 애정을 느끼고 **보여 주는 것**을 포함한다. 이것은 누군가가 가르쳐서 할 수 있는 일이 아니다. 그것을 할 수 있는 역량과 그것을 하고 싶은 소망을 가지고 태어나야 한다.

3. 영원히 깨어 있는 남자(상파울루, 1978, 세미나 1)

이 세미나에서 발표되고 있는 환자는 서른여덟 살의 경제학자이다. 그는 다소 기계적으로 걷고 뻣뻣한 태도를 취하는데, 예를 들면 치료를 시작할 때 다음과 같이 말한다: "매우 좋아요, 박사님." 또는 "오늘 당신에게 몇 가지 꿈을 가져왔습니다"(p. 141).

비온은 곧바로 또 다른 "이상한" 질문을 한다: "왜 그는 그것을 꿈이라고 말할까요?"(p. 142) 비온은 환자가 무의식적으로 분석가에게 도움을 요청하는 정서적 문제라고 믿는 것의 핵심을 찌르고 있다. 환자의 비정신증적 측면은 자신의 정신증적 측면이 성격을 지배하고 있어서 결과적으로 자신이 꿈을 꿀 수 없다는 것을 인식한다. 비온은 질문을 통해, 환자가 정신증인 한, 꿈꾸기와 깨어 있다는 지각을 구분할 수 없다고 제안하고 있다—즉, 그는 자신이 잠들어 있는지 깨어 있는지 구분할 수 없다. 비온(1962a)에 따르면, 정신증 환자는(또는 환자의 정신증적 측면은) 마음의 의식적 측면과 무의식적 측면 사이에 장벽을 ("접촉장벽", p. 21) 생성하고 유지할 수 없다. 의식적 및 무의식적 심리적 경험을 구분할 수 없기 때문에, 그 사람은 "잠을 잘 수도 없고 깰 수도 없다"(p. 7). 그는 내적으로 생성된 지각이(환각이) 외부 사건에 대한 지각과 꿈꾸기를 구별할 수 없는 세상에 살고 있다. 결과적으로 환자는 이 무서운 인식으로부터 자신을 보호하기 위한 노력으로 꿈에 관심 있는 사람인 척한다.

발표자는 독자와 마찬가지로 다음에 대해 스스로 질문하지 않는다: 환자가 왜 꿈을 꿨다고 말하는지, 환자가 꿈을 꿨다고 말할 때 환자가 의미하는 것이 무엇인지, 그리고 그 순간에 환자가 꿈이 무엇인지 알고 있는지 아닌지에 대해. "왜 그는 그것을 꿈이라고 말할까요?"라는 비온의 질문에 당황하여 발표자는 "그냥 그렇게 말했습니다."(p. 142)라고 대답한다.

내가 여기서 주목하고 있는 비온의 분석 스타일의 요소는 놀라울 정도로 빠른 위트이다. 여기서 비온은 마술쇼에서 발표자를 조연으로 캐스팅하여 발표자의 조끼 주머니에서 토끼를 꺼낸다. 비온은 시종일관 완벽하게 진지한 표정을 하고 있다. 위트는 본질적으로 좋은 성격 특성도 나쁜 성격 특성도 아니다. 그것을 어떻게 사용하는지가 중요하다. 여든 살의 비온은 여기서 수수께끼 같고, 특유의 예측할 수 없는 아주 예리한 노인의 역할을 하고 있다. 그에게 어울리는 역할인 듯하다. 비온의 위트에 대한 또 다른 예시는 브라질리아 세미나 8에서 그가 한 말이다. 발표자는 비온에게, 환자가 자신의 시기심을 잘 통제할 수 있다고 말했지만, 환자는 그 치료시간 내내 장의자 위에서 불안하게 움직였다고 말했다. 비온은 말했다. "그는 시기심을 통제했고 그의 시기심은 그게 매우 짜증이 났네요"(1987, p. 48).

비온 "읽기"는(즉, 특정 순간에 그가 "진짜" 누구인지 확실하게 말하기는) 결코 쉬운 일이 아니다(어쩌면 불가능할 것이다). 그는 사려깊고, 성실한 스승이며, 자신의 지식과 성격의 한계를 충분히 알고 있다. 동시에 자신이 말하는 것을 의미하는 사람이며 학생들과 환자들에게도 그렇게 하도록 초대하는(그리고 돕는) 사람이다. 또한 "임상 세미나"에서 비온은 과묵한 편이다. 나는 그의 위트와 그가 수수께끼 같은 말을 좋아하는 것이 자신의 프라이버시의 신성함을 지키려는 노력의 일부라고 생각한다. 이 또한 비온의 분석 스타일에 필수적인 부분이며, 분석가로서 그리고 한 인간으로서 비온이 누구인지에 대해 필수적인 부분이다.

이 세미나에서 몇 분 후, 비온은 환자가 비온의 마음에 제기한 질문에 대해 좀 더 자세히 이야기한다:

> 왜 환자는 정신분석가를 만나러 와서 꿈을 꿨다고 말하는 걸까요? 나는 환자에게 이렇게 밀하는 것을 상상할 수 있을 것 같습니다. "지난밤 어디에 있었나요? 뭘 봤죠?" 만약 환자가 아무것도 보지 않았다고—그저 잠자리에 들었다고—말한다면, 나는 이렇게 말할 겁니다. "음, 나는 여전히 당신이 어디에 가서 무엇을 봤는지 알고 싶습니다." (p. 142)

비온은 이런 방식으로 환자 성격의 비정신증적인 부분에 환자가 자신이 언제 깨어 있고 언제 잠들어 있는지 모른다는 것을 이해한다고 말하고 있다. 그래서 환자가 그에게 잠자리에 들었다고 말할 때, 비온은 그 "꿈"을 깨어 있는 삶 경험의 모든 특성을 가진 경험으로 다룬다. 비온은 계속한다: "만약 환자가 '아, 꿈을 꿨습니다.'라고 말한다면, 나는 왜 그가 그것을 꿈이라고 말하는지 알고 싶을 겁니다." (p. 142) 환자가 "꿈"이라는 단어를(진실을 회피하는 역할을 한다) 사용하는 것을 받아들이지 않음으로써, 비온은 환자 성격의 비정신증적 측면이 생각하도록 돕고 있다(이것은 그의 성격의 정신증적 측면이 현재 헤게모니를 지녔다는 현실을 직면하는 것을 포함한다). 비온은 암묵적으로 자신의 믿음을 말하고 있는데, 일어나고 있는 것의 진실에 대한 그러한 인식이 성격의 정신증적 측면과 비정신증적 측면 간의 힘의 균형에 영향을 미친다는 믿음이다.

　잠시 후, 비온은 이러한 아이디어를 정교화한다: "그가 그렇게[그가 꿈을 꿨다고] 말할 때, 그는 깨어 있고, 우리가 "의식"이라고 부르는 상태에 있습니다"(p. 142). 다시 말해, 환자가 꿈이라고 부르는 것을, 우리는 **환각**이라고 부르곤 한다. 환자는 잠들어 있을 때의 시각적 사건과 "깨어 있을" 때의 시각적 지각을 구별할 수 없다. 비온은 덧붙인다. "그는 우리가 깨어 있을 때의 마음 상태를 선호하는 편견을 갖도록 당신과 자기 자신을 초대하고 있습니다."(p. 142)―즉, 그는 분석가에게 단 한 가지 상태만―깨어 있는 상태만―있다고 설득해서 환자와 분석가 모두가 환자가 정신증이 아니며 깨어 있는 상태에서 지각하는 것을 그저 보고하고 있다는 데 동의하도록 한다. 환자는 단 한 가지 상태만―깨어 있는 상태만―존재하기 때문에 지각과 환각, 꿈―삶과 깨어 있는 삶 간에 차이가 없다고, 결국, 정신증 같은 것은 없다고 주장하고 있다.

　내가 여기서 관심을 두는 비온의 분석 스타일의 요소는 그가 (꿈꾸었던) 환자에게 말하는 절대적인 직접성이다. 그는 환자가 진실의 고통스러운 인식을 막기 위해 의미가 이탈하는 방식으로 단어를 사용할 때 거의 즉시 감지한다. 비온은, 논의 중인 예시에서처럼, 그때 환자에게 말을 걸어 단어에 대한 적절한 의미를 복구시키고, 이를 통해 생각하기와 "보통의 인간적 교류"가(p. 197) 시작되거나 재개될 수 있도록 한다. 이러한 의미의 이탈을 지속적으로 듣고 반응할 수 있으려면 실제로 매우 좋은 귀가 필요하다.

맺는말

분석가의 스타일을 적절하게 표현하는 것은 불가능하다. 그의 스타일은 한 사람으로서 그리고 분석가로서 모든 것에 기반하고 있기 때문이다. 나는 "임상 세미나"에서 생생하게 드러나는 비온의 분석 스타일의 많은 특성들에 매우 감탄하지만, 그의 스타일을 모방하기 위한 모델로 생각하지 않는다. 오히려, 비온은 세미나에서 다음과 같이 말한다: "내가 정신분석을 하는 방식은 나를 제외한 누구에게도 중요하지 않지만, 그것은 당신이 어떻게 분석을 하는지에 대해 어느 정도 아이디어를 줄 수 있습니다, 그리고 그것이 중요합니다" (p. 224).

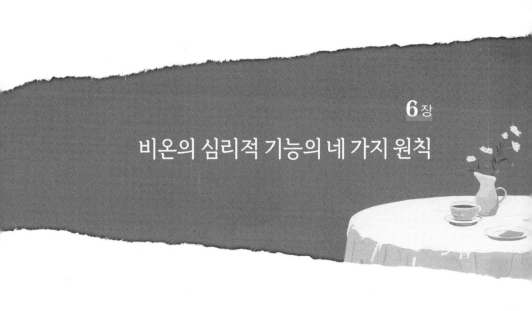

6장

비온의 심리적 기능의 네 가지 원칙

정신분석 이론가로서 비온의 삶-작업은 생각하기 이론을 공식화하는 것이었다. 40여 년에 걸쳐, 비온의 논문, 책, 강의, 치료 세미나 및 자신에게 쓴 노트는(그의 "숙고"는) 거의 모두 생각하기 이론의 한 가지 측면 또는 또 다른 측면들을 발전시키기 위한 노력과 관련된다. 비온은 생각하기의 특성과 그것의 결과를 포착하기 위한 노력으로 다양한 은유를(모델을) 실험했다. 그가 실험한 주요 은유는 작업 집단과 기본 가정 집단의 상호작용이라는 아이디어, 투사적 동일시에 대한 상호주관적 개념화, 알파 기능 이론, 컨테이너-컨테인드 개념, L, H, K 연결 이론과 연결에 대한 공격 이론, 양안시각 개념, 좌표, 심리적 변형 및 "O" 개념을 포함한다.

비온의 작업 범위가 방대하기 때문에, 나는 가능한 한 적은 단어로 그 작업 전반에 흐르는 기본 신조라고 여기는 것을 언급하는 것이 유용하다고 생각한다. 같은 마음으로, 비온(1962a)은 다음과 같이 말했다. "정신-분석의 미덕은 분석가가 사용할 수 있는 이론의 수에 있는 것이 아니라, 그가 언제라도 마주칠 가능성이 있는 모든 우발적 상황에 대처할 수 있는 최소한의 이론에 있다."(p. 88) 따라서 나는 내가 "심리적 기능의 네 가지 원칙"이라고 생각하는 것을 매우 응축된 방식으로 말하면서 시작할 것이다. 이것은 내가 비온의 생각하기 이론의 핵심을 구성한다고 믿는 것이다. 나의 아이디어는 비온의 생각하기 이론에 대한 사고의 출발섬으로서 제시되는 것이지, 종착점으로 제시되는 것이 아니다.

나는 비온의 심리적 기능의 네 가지 원칙에 대한 나의 개념을 한 단락으로 제시한 후, 내가 제안하는 각각의 원칙에 대해 좀 더 상세히 논의할 것이다. 마지막으로, 비온의 치료 세미나 중 한 가지를 자세히 살펴보면서 그의 치료적 생각하기가 그의 생각하기 이론에 어떻게 기반을 두고 있는지를 보여 주고자 할 것이다.

비온의 생각하기 이론

비온의 생각하기 이론은 심리적 기능의 중첩되고 상호 연결된 네 가지 원칙 위에 세워진다: (1) 생각하기는 진실을—자신이 누구이며 삶에서 무엇이 일어나고 있는지에 대한 현실을—알고자 하는 인간의 욕구에 의해 추동된다. (2) 가장 혼란스러운 사고를 생각하기 위해서는 두 마음이 필요하다. (3) 생각하기 역량은 혼란스러운 정서적 경험에서 나온 사고들을 받아들이기 위해 발달한다. (4) 성격의 정신분석적 기능은 본래부터 있으며, 꿈꾸기는 그 기능이 수행되는 주요한 과정이다.

1. 진실을 알고자 하는 인간의 욕구

비온의 생각하기 이론을 심리적 기능의 네 가지 원칙으로 조직하는 것은 비온이 아니라 내가 고안한 것이다. 내가 알고 있는 한, 비온은 생각하기에 대한 작업과 관련하여 심리적 기능의 원칙이라는 용어를 결코 사용하지 않았다. 프로이트(1911)의 "심리적 기능의 두 가지 원칙에 대한 공식화"는 심리 발달이 쾌 원칙의 우세함에서 현실 원칙의 우세함으로 이동하는 방식을 설명한다. 프로이트는 이러한 방식으로 심리적 발달을 생각하면서 "실제 외부 세계의 심리적 중요성을 우리 이론의 구조로 가져오고 있다."(p. 218)고 믿었다. 앞으로 보게 되겠지만, 비온의 심리적 기능의 네 가지 원칙 각각은 개인의 현실과의 관계에 대해 가장 본질적으로 유사하게 언급된다. 하지만 현실과 생각하기 간의 관계에 대한 비온의 개념화는 프로이트의 것과는 상당히 다르다. 프로이트의 두 가지 원칙은 추동 긴장의 방출에서 쾌락을 추구하는 것으로(쾌 원칙으로) 시작하여 현실에 대한 지각과 적응 역량으로(현실 원칙으로) 끝난다. 비온의 네 가지 원칙들은 추동 압력에서가 아니라 현실 세계에서 살아있는 정서적 경험에서 시작하며, 그 경험을 생각하고 느끼는 것으로 끝난다. 더욱이 무의식적 생각하기에 대한 비온의 이해는 프로이트의 아이디어와 현저히 다르다. 프로이트(1911)에게 있어서, 무의식은 "현실 검증에 대한 완전한 무시"로(p. 225) 특징지어지는 반면, 비온(1967)에게 있어서는, "… [무의식적] 환상도 없고 꿈도 없다면 자신의 문제에 대해 생각해 낼 수단이 없다"(p. 25).

비온의 심리적 기능의 네 가지 원칙 중 첫 번째 원칙을 공식화하면서, 나는 비온의 가장 초기 연구인『집단에서의 경험과 다른 논문들』(1959)을 중요하게 주목할 것이다(『집단에서의 경험』은 1959년에 출간되었지만, 여기에 포함된 논문들은 훨씬 이전에 출간되었다: "사전 연구"는 1943년에 출간되었다[존 릭먼과 공동 저술]. "집단에서의 경험"은 7개의 에세이집으로 원래 1948과 1951년 사이에 출간되었다. "집단 역동: 사후 고찰"은 1952년에 처음 출간되었다.『집단에서의 경험과 다른 논문들』을 간단하게『집단에서의 경험』이라고 하겠다). 이 논문집에서 비온은 생각하기와 생각하기의 정신병리에 관한 정신분석적 개념화의 급진적인 재공식화를 소개한다. 보르헤스가 그의 첫 번째 시집인『부에노스아이레스의 열기』(1923)에 대해 한 말을, 비온의『집단에서의 경험』에 적용하면 이렇게 말할 수 있을 것이다: "나는 그 이후의 모든 글이 처음 거기서 다루었던 주제만을 발전시켰다고 느낍니다. 나는 평생 그 한 권의 책을 다시 쓰고 있다고 느낍니다"(Borges, 1970b, p. 225).

나는 수십 년 동안『집단에서의 경험』을 여러 번 읽었지만, 최근 이 논문집을 "재발견"했다. 그 결과, 비온이『집단에서의 경험』에서 발전시킨 생각하기에 대한 은유는 지금 나에게 특히 신선함을 주는데, 이것이 비온의 생각하기 이론의 본질적인 신조를 분명하게 표현하려는 나의 시도에 생기를 불어 넣기를 소망한다(비온이 생각하기에 대해 말할 때, 그는 항상 생각하기와 느끼기를 언급하는데, 그는 이것들을 하나의 심리적 사건과 분리할 수 없는 측면으로 본다).

『집단에서의 경험』(1959)은 생각할 수 있는 "집단 정신성"(p. 60) 측면과("작업집단", p. 98) 생각할 수 없는 집단 정신성 측면("기본 가정 집단", p. 153) 간의 관계에 관한 연구의 핵심이다. 이 아이디어는 비온이 집단에서의 생각하기와 관련하여 발전시킨 것으로 생각하기에 대한 일반 이론의 토대를 구성한다. 비온은 정신분석적 이자관계를 하나의 작은 집단으로 본다고 말한다: "정신분석적 상황은 '개인 심리학'이 아니라 '짝' [심리학]이다"(p. 131). 게다가, 집단에 대한 비온의 생각하기가 함의하고 있는 것은 개인의 심리는 성격의 서로 다른 부분들로 구성된 집단으로 생각될 수 있다는 아이디어이다. 이 심리내적 "집단"은 생각할 수 있는 성격 측면과 생각하기를 싫어하고 두려워하는 성격의 다른 측면 간의 대화에 참여한다(Bion, 1957, 이후 성격 부분들 간의 심리내적 대화에 대한 아이디어를 "정신증적 성격과 비정신증적 성격의 구분"에서 발전시킨다).

"집단에서의 경험"(1948~1951) 전반에 걸쳐 —『집단에서의 경험』의 핵심을 형성하는 일련의 논문들 전반에 걸쳐 — 비온은 정신분석적 용어를 피하고, 대신 자신이 관찰하고 참여했던 집단 경험을 논의하기 위해 그만의 일상 언어를 창안한다. 예를 들면, 비온은 환상(phantasy)이라는 용어를 집단의 공유된 무의식적인 신념을 나타내는데 사용하지 않는다. 대신, 자신만의 좀 더 표현적인 용어인 기본가정(basic assumption)을 창안한다. "기본 가정"은 집단 경험을 매우 깊게 형성하는 현실을 두려워하는 지향이므로, 이를 단순한 아이디어로 생각하는 것은 부적절하다. 그것들은 원-심리적이라는(proto-mental)—"신체적 및 심리적 활동이 구분되지 않는"(Bion, 1959, p. 154) 생각하기라는—용어를 보증할 만큼 매우 기본적이다.

비온은 세 가지 유형의 기본 가정 집단을 기술한다—세 가지 형태의 집단 정신성은 집단이 생각하기를 회피하기 위해 만들어 낸다: 의존, 짝짓기, 싸움-도피 기본 가정 집단. 생각하기를 피하는 것은 집단 안팎에서 실제로 일어나는 것과 타협하고, 수정하기 위한 과제를 피하는 것이다. "의존" 기본가정 집단은 집단 리더가 "그들의 모든 문제를 해결"할 거라는 공유된 가정에 기초한다(p. 82). 동시에 집단은 "내가 [집단 리더가] 말한 모든 것에 흔들리지 않는 무관심"(p. 83)을 취한다(p. 82). 리더의 아이디어에 대한 집단 구성원들의 무관심은 구성원들이 리더가 말하는 것을 그들 스스로 생각하기 위한 목적으로 활용하는 데에는 조금도 관심이 없다는 사실에서 비롯된다. 정반대로, 집단은 생각하기를 반대하면서 리더가 상황을 마술적으로 바로잡아줄 때까지 기다리는 것을 고집한다. 생각하기와 사고를 활용하기를 통해 현실 세계에 변화를 이루려는 것은 리더의 책임이지, 그들의 책임이 아니다. 해석은 "사고의 중단보다는 경외"를 만날 가능성이 더 높다(p. 85).

"짝 짓기" 기본 가정 집단은 집단의 두 구성원이 "그것이 사람이든, 아이디어나 유토피아든, 메시아"를(p. 152) 만들어 낼 것이라는 공동의 가정에 기초한다. 메시아는 파괴성, 증오, 절망의 감정으로부터 그들을 구해 줄 것이다. 다시 말하면, 집단 구성원들은 자신들의 어떤 심리적 작업을 하는 것을 확고하게 반대하고, 대신, 구원을 기다린다.

"싸움-도피" 기본 가정 집단은(p. 153) 원-심리적 및 무의식적 신념을 가지고 있다. 이 신념은 집단의 모든 문제는 적과 싸우거나 적에게서 도피하는 방법으로 해결될 수 있다는 것이다. 싸우거나 도피하기는 집단에게 어떠한 생각하기를 필요로 하지 않는다. 따라서 세 가지 유형의 기본 가정 집단 모두에서 진정한 생각하기는 마술적 생각하기로 대체된다. 이를 통해 집단은 현실에 대해 생각하고 수정하려고 시도하기보다는, 적어도 일시적으로, 현실을 회피할 수 있다.

기본 가정 집단은 집단의 "경험에서 배우기에 대한 증오"(p. 86)뿐 아니라 "발달 과정에 대한 증오"(p. 89)를 반영한다. 이러한 두려움과 증오는 "준비가 되어 있지 않다고 느끼는"(p. 82) 정서적 경험에 대한 집단 구성원의 두려움에서 태어난다. 다시 말해 기본 가정 집단 정신성은 성숙한 성인으로서 "정확히 어떻게 살고 행동하는지"를 (p. 82) "훈련이나 발달 없이[즉, 경험에서 배우지 않고]"(p. 82) 알고자 하는 충동에 의해 적합한 성인으로서 충분히 갖춰진 상태에 도달할 수 있기를 바라는 소망에 기초한다. 이 집단은 미성숙이 인간 조건의 피할 수 없는 부분이라는 사실과 배우기와 성숙하기 과정에서 알지 못함, 혼돈, 및 무력감을 견디는 것을 필요로 한다는 사실을 두려워하고 미워한다.

그러나 우리가 마술적 해결에(생각하지 않기의 형태에) 강력하게 끌린다는 사실에도 불구하고, 비온에 따르면, 집단은(그리고 개인은) 근본적으로 "발달 절차에—즉, 생각하기, 경험에서 배우기, 성장하기에—절망적으로 전념"한다(p. 89). 이러한 전념은 비온이 인간의 모든 분투 중 아마도 가장 강력한 욕구라고 믿는 것을 반영한다: 진실에 대한 욕구.

> 인간 존재는 현실을 제대로 파악하지 않고 행동해야만 할 때 고통스럽고 종종 치명적이기까지 한 결과들이 일어날 수 있으며, 따라서 자신이 발견한 것[인식]들을 평가할 때 진실이 그 판단 기준이 되어야 한다는 사실을 이미 알고 있는 것만 같다. (1959, p. 100)

> … 현실 감각은 음식, 물, 공기, 배설물 배출 등이 한 개인에게 중요한 것과 꼭 같은 방식으로 중요하다. (1962a, p. 42)

달리 말하면, "현실에 대한 적절한 이해", 진실에 대한 적절한 감각이 결핍된 생각하기는(기본 가정 집단이 사용하는 각각의 다양한 형태의 마술적 생각하기) 경험에서 배우고 심리적으로 성장하는 데 있어서 도움이 되지 않는다. 마술적인 아이디어는 현실 세계에서 살아가는 삶의 과정에서 일어나는 정서적인 문제들을 해결하기 위해 사용할 수 있는 사고의 노선을 생성하는 과정에서 다른 아이디어와 연결될 수 없다. 진실을 회피하기 위한 목적으로 생성되는 아이디어의 토대 위에는 이성적인 사고의 노선을 구성할 수 없다. 대신, 개인 또는 집단은 마술적 생각하기의—자신이 나아가는 대로 세계를 창조한다는 아이디어/소망에 기초한 "생각하기"의—유아적 세계에 머물러 있다. 마술적 세계는 이상적인 장소인 동시에 악몽이다: 배우거나 성장할 수 없다. 영원불멸하고, 정적이며, 방향이 없는 현재에 살도록 저주받았다. 비온은 환자의 마술적 생각하기의 무서운 사용에 대해 해석했다. "당신이 전능으로 전락했다니 유감이네요."
(Grotstein, 2003, 개인적 대화)

진실에 대한 인간의 욕구로 인해 궁극적으로 우리는 마술적 생각하기가 제공하는 안전에 대한 환상이나 망상에 대한 우리의 의존을 느슨하게 하고, 진정한 생각하기에—현실의 완전하고, 용서 없는 변화 속에서 현실을 직면하는 생각하기에—참여하려는 시도를 한다. 오직 생각하기 행위로 진실을 직면하는 방식으로만 살아있는 정서적 경험의 현실에서 무언가를 (배우고 효과적으로 수정하려고) 할 수 있을 것이다. 비온에게 있어서, 경험의 진실을 알고자 하는 인간의 욕구는 생각하기에 대한 가장 근본적인 추동력이다. 생각하기에 대한 이러한 개념화는 내가 비온의 심리적 기능의 네 가지 원칙이라고 부르는 것 중 첫 번째이자 가장 근본적인 것을 구성한다.

비온의 심리적 기능의 첫 번째 원칙과 밀접하게 연결된 세 가지 아이디어는 비온의 생각하기 이론에 매우 결정적이다. 그중 첫 번째 아이디어는 생각하지 않기와(즉, 생각하기의 회피와) 진정한 생각하기가 서로 불가분의 관계에 있으면서 사실상 서로 의존한다는 것이다. 예를 들어, 한편으로는 작업 집단이(진정한 생각하기가 일어날 수 있는 집단 정신성이) 수행한 생각하기와, 다른 한편으로는, 기본 가정 집단을 특징짓는 다양한 형태의 마술적 생각하기는 단일 경험의 두 가지 측면을 구성한다. 경험에서 배우기와 정서적 발달에 대한 원시적인 두려움은 집단이 스스로에 대해 배우고 발달하는 바로 그 경험이다. 이러한 원시적인 두려움으로 구성된 고통스러운 심리적 현실이 부재하다면, 우리는 생각해야 할 것도 없고 배울 것도 없을 것이다: "정신증적 양상들이[기본 가정들이] 낱낱이 밝혀지지 않은 채로 치료가 이루어질 수"(p. 181) 없다[집단원이 심리적으로 얼마나 건강한지와 상관없다]. 발달적 갈등으로부터(p. 128) 집단이 성장하는데, 그 핵심은 원시적인 현실과("정신증적" 기본 가정 신념, 두려움 및 증오와) "교양 있는"(p. 128) 현실을(진정한 생각하기를 위한 역량을) "함께 고통스럽게 접촉하는"(p. 128) 것이다. 다시 말해서, 성숙한 생각하기는 우리의 가장 원초적인 두려움에 대한 반응으로 생성된다.

비온의 두 번째 아이디어는 그의 심리적 기능의 첫 번째 원칙과 밀접하게 관련되는데, 진정한 생각하기란 알지 못하는 것을 견뎌내고, "불확실성, 미스터리, 의심 상태에 있는 것을 견뎌내는 것을 필요로 하며, 이때 사실과 이유를 알기 위해 애쓰지 않는다."는 개념이다(Keats, 1817; Bion, 1970, p. 125에서 인용). 진정한 생각하기는 무엇이 진실인지 알고자 하는 욕구에서 추동되지만, 동시에 결론은 항상 결정적이지 않으며, 끝은 항상 시작이라는 확고한 인식으로 특징지어진다: 획득된 "앎의 모든 정서적 경험은 동시에 밝혀지지 않은 무지의 정서적 경험이다"(Bion, 1992, p. 275). 비온의 생각하기 이론의 이러한 측면은 그의 "O" 개념에서—자신의 경험의 알 수 없는, 표현할 수 없는 진실에서("O" 개념과 그것의 임상적 함의에 대한 논의는 Ogden, 2004b 참조)—절정에 이른다.

"양안 시각"(1962a, p. 86) 개념은—"관점을 지속적으로 변화시키는 기법을 적용할 필요"는(1959, p. 86)—비온의 세 번째 아이디어로, 나는 이것을 그의 심리적 기능의 첫 번째 원칙의 필연적인 결과로 본다. 이 개념은 생각하기가 여러 가지 관점에서(또는 "정점"[Bion, 1970, p. 83]에서) 동시에 현실을 보는 것을 필연적으로 포함한다고 간주한다—예를 들면, 의식적 및 무의식적 마음의 관점에서, 자폐-접촉 관점에서(Ogden, 1987, 1989b, c), 편집-분열 포지션 및 우울 포지션 관점에서, 작업 집단과 기본 가정 집단 관점에서, 성격의 정신증적 및 비정신증적 부분의 관점에서, 기타 등등. 현실을 단일한 관점에서 보는 것은 생각하기의 실패를 나타낸다. 이것은 명백한 병리적 상황, 예를 들어 환각, 망상, 도착 및 조증에서 볼 수 있을 뿐만 아니라 표면적으로는 병리적으로 보이지 않는 상태에서도 볼 수 있다. 예를 들면, 정신분석적 사고의 견해에 대한 강경한 평화주의 또는 경직된 고수와 같은 경우이다. 여러 가지 관점에서 현실을 봄으로써 각 정점은(현실을 보는 각각의 방식은) 다른 방식으로 보기/알기/경험하기와 상호 교환적인 대화에 들어갈 수 있다.

여러 가지 정점에 대한 이러한 아이디어는 비온의 온전한 정신과 정신이상이라는 개념화의 핵심에 있다. 만약 오직 한 가지 방식으로만 현실을 본다면, 생각하기를 할 수 없을 것이고, 정신증일 것이다. 온전한 정신은 실제 세상에서 (자신의 성격의 현실을 포함하는) 자신의 삶을 보는/경험하는 다양한 관점을 생성하고 유지하는 역량과 관련된다. 예를 들어, 비교적 심리적으로 건강한 상태에 있는 의대생은 자신이 해부하고 있는 시체를 다음과 같이 동시에 경험할 수 있을 것이다. 한때 살아있던 인간 존재의 신체로서, 해부학을 가르치기 위해 구성된 비인간적 대상으로서, 죽음이라는(자신의 죽음, 그가 사랑하는 사람들의 죽음, 그가 치료할 환자들의 죽음이라는) 현실의 두렵고 피할 수 없는 증거로서, 의학 교육의 목적으로 자신의 유해를 사용하도록 허락한 고인의 너그러움을 반영하는 것으로서, 시체에 폭력적으로 들어가는 것이 강간하는 것과 같다는 의대생의 무의식적인 믿음에서 비롯된 강간 장면으로서, 더 깊은 수준에서는, 시체에 의해 강간당했다는 느낌으로서(시체가 그의 마음속으로 강제로 들어오는 형태로서, 이는 포름알데히드가 그의 몸속으로 들어가서, 그에게 그것의 색깔과 냄새를 남기는 것과 같다) 동시에 경험할 수 있을 것이다. 그렇게 개념화된 생각하기는 아이디어와 감정들이 서로 지속적으로 대화하며 살아있는 과정이며, 그 대화에서 사고는 의미의 조직을 변화시키는 결과로서 끊임없이 변형되고(탈-통합되고) 새롭게 형성되는 과정에 있다.

2. 혼란스러운 사고를 생각하기 위해서는 두 마음이 필요하다

비온(1959)은 내가 그의 심리적 기능의 두 번째 원칙이라고 부르는 것을 집단 리더와 집단 간의 관계를 논의하면서 소개했다. 앞에서 언급했듯이, 집단을 이끄는 분석가는 집단의 다른 구성원들만큼 기본 가정 "생각하기"의 끌어당김에 영향을 받는다. 이것은 분석가의 정신병리나 경험 부족 또는 기량 부족을 반영한다기보다는, 오히려 분석가가 기본 가정 집단에 참여하는 것은 집단에서 일어나는 것에서 진실이 무엇인지 이해하려는 시도에서 불가피한 것이다.

> … 많은 해석들, 그리고 그중에서도 가장 중요한 해석들은 분석가 자신의 정서적 반응들에 힘입어 이루어져야 한다. … 분석가는, 비록 알아차리기가 쉬운 일은 아니지만, 자신이 다른 누군가의 환상 속에서 하나의 역할을 수행하도록 조종당하고 있다는 느낌을 받는다. … [분석가는] 그가 강렬한 감정을 경험하고 있다는 감각과 동시에, 그러한 감정들이 객관적 상황에 꽤 적절하게 정당화된다고 믿는다. [즉, 그는 자신의 감정이 집단에서 일어나고 있는 것에 대한 합리적인 반응이라고 믿는다.] (1959, p. 149)

비온은 이 인용문에서 클라인(1946)의 투사적 동일시 개념을 급진적으로 수정한 치료적 기초를 처음으로 분명히 하고 있다(Ogden, 1979, 1982 참조). 클라인은 투사적 동일시가 엄밀히 심리내적인 현상이라고 주장했다. 그럼에도 불구하고 그녀가 투사적 동일시를 기술하기 위해 사용한 언어는 대인관계적 차원을 시사한다: "자아의 분열되어 나간 부분은 … 어머니에게 투사된다. 또는 나는 어머니 안으로 투사된다고 할 것이다"(Klein, 1946, p. 8 원서 강조). 비온의 투사적 동일시에 대한 심리적-대인관계적 견해에서, 분석가는 "다른 누군가의 환상"에 수반하는 실제 대인관계적 압력에 의해 자신에게 유발된 감정에 일치하는 자기 자신을 경험할 수 있어야 한다. 그러나 분석가는 동시에,

> 이 상태에 동반하는 현실감이 마비되는 느낌으로부터 떨쳐나올 수 있

어야 한다. [이 능력은] 집단에서 분석가에게 필요한 가장 중요한 자질이다. 분석가가 이것을 해낼 수 있다면 그는 내가 정확한 해석이라고 믿는 것을 할 수 있는 포지션에 서게 되며, 그 해석이 이전에 했던, 지금껏 자신이 그 타당성을 의심해 왔던 해석과 어떻게 연결되는지 조망할 수 있다. (Bion, 1959, pp. 149-150)

다시 말해, 투사적 동일시에 사로잡혀 있을 때, 분석가는 이전의 사고 논리와 접촉을 잃는데, 그의 생각하는 역량이 손상되었기("마비되었기") 때문이다. 예를 들면, 그는 집단에서 일어나고 있는 현실 회피에(생각하지 않기 또는 생각하기에 반대하기에) 자신도 모르게 참여한다. 분석가는 자신 안에서 생겨난 심리적 현실로부터 떨쳐 나오면서, 이전의 생각하는 역량을 "되찾기"보다는, 오히려 집단의 특정 상호주관적 상태를(기본 가정을) 특징짓는 생각하기의 특정한 마비, 또는 공격에 참여하는 경험에 의해 변해 왔기 때문에, 분석가는 이제 새로운 포지션에 있게 되어(즉, 그는 새로운 정점을 발달시켰다) 그곳에서 무엇이 일어나고 있는지 이해할 수 있다. 이 새로운 이해를 바탕으로, 그는 집단이 경험하고 있는 두려움과 증오의 본질이라고 믿는 무언가에 대해 집단과 소통할 수 있을 것이다. 분석가가 그러한 사고를 말로 표현하는 목적은 집단의 정서적 문제를 해결하는 것이라기보다는, 펼쳐지고 있는 정서적 경험의 진실에(현실에) 대해 집단이 생각하기 작업을 할 수 있도록 돕기 위해 해석을 제공하는 것이다.

10년 후, "생각하기에 관한 이론"(1962b)과 『경험에서 배우기』(1962a)에서 비온은 생각하기에 대한 자신의 개념화를 상호주관적 경험으로 더 구체화한다:

보통의 경우 환경의 다른 요소들과 [안아주기, 먹여주기 및 사랑하기와 같은 것들과] 마찬가지로 유아의 성격은 어머니에 의해 관리된다. 만일 어머니와 아이가 서로 잘 조정되어 있다면, 초보적이고 연약한 현실 감각에 의해 이루어지는 [유아 성격의] 이러한 관리에서 투사적 동일시가 어떤 역할을 한다. (Bion, 1962b, p. 114)

따라서 건강한 투사적 동일시 과정에서 어머니와 유아는 함께 생각하고, 그렇게 함으로써 유아는 "초보적이고 연약한 현실 감각"을 성취하고, 자기 자신, 어머니, 및 세상을 현실적으로 지각하는 초보적인 역량을 성취한다.

비온은 계속한다:

현실주의적 활동으로서[즉, 두 사람이 참여한 실제 상호작용으로서] 이것은[투사적 동일시에 대한 유아의 기여는] 유아가 자신에게서 제거하고 싶은 느낌들을 어머니 속에 불러일으키도록 합리적으로 계산된 행동으로 자신을 드러낸다. 자신이 죽어간다고 느끼면[즉, 유아가 자신의 혼란스러운 정서적 경험에 대처할 수 없는 무능력의 결과로서 자신의 초보적인 자기감을 잃는 것처럼 느끼면], 유아는 어머니에게서 자신이 죽어간다는 느낌을 불러일으킬 수 있다. 잘 균형 잡힌 어머니는 이를 받아들이고 치료적으로 반응할 수 있다. 즉, 유아가 두려움을 느끼는 자신의 성격을 [더 이상 용해되거나 파편화되지 않고] 다시 받아들인다고 느끼게 하는 방식으로 그리고 유아가 견딜 수 있는 형태로 말이다—두려움은 유아의 성격에 의해 관리될 수 있다. (Bion, 1962b, pp. 114-115)

이러한 방식으로, 어머니와 유아는 이전에는 유아가 혼자서는 생각할 수 없을 정도로 혼란스러운 사고를 함께 생각한다: "우리가 '생각하기'라고 알고 있는 활동은 … 투사적 동일시에 … 기원이 있다." (Bion, 1962a, p. 31)

이런 방식으로 투사적 동일시를 재개념화하면서, 비온은 내가 그의 심리적 기능의 두 번째 원칙이라고 보는 것을 말하고 있다: 가장 혼란스러운 사고를 생각하기 위해서 두 마음이 필요하다. 생각하기를 하는 두 마음은 어머니와 유아, 집단 리더와 집단원, 환자와 분석가, 슈퍼바이저와 슈퍼바이지, 남편과 아내, 기타 등등의 마음일 수 있다. 두 마음은 또한 성격의 두 "부분"일 수도 있다: 성격의 정신증적 및 비정신증적 부분(Bion, 1957), "꿈을 꾸는 꿈꾸는 자"와 "꿈을 이해하는 꿈꾸는 자"(Grotstein, 2000), "꿈-작업"과 "이해하기-작업"(Sandler, 1976, p. 40) 등등. 서로 대화하는 성격 부분들의 생각하기 역량이 자신의 문제가 되는 경험을 생각하기를 하는 데 불충분하다면, 이전의 생각할 수 없었던 사고에 대해 생각하기를 하기 위해서는 분리된 두 사람의 마음이 필요하다.

모든 발달단계에는 준비되지 않은 정서적 경험에 직면하는 것이 포함되므로, 우리는 일생 동안 함께 생각할 다른 사람이 필요하다. 비온(1987)은 다음과 같이 말한다. "인간의 단위는 커플이라고 말할 수 있습니다. 한 인간을 만드는 데 두 사람이 필요합니다."(p. 222) 위니콧(1960)은 이를 자신만의 방식으로 다음과 같이 말한 것으로 유명하다: "[어머니와 분리된] 유아란 없다." (p. 36 주)

3. 생각하기는 사고에 대응하기 위해 발달한다

비온은 내가 그의 심리적 기능의 세 번째 원칙이라고 생각하는 것을 "생각하기에 관한 이론"(1962b)에서 소개하고 『경험에서 배우기』 (1962a)에서 발전시켰다: "생각하기는 사고들의 압력이 심리에 강요한 발달이며 그 역은 아니다"(1962b, p. 111, 강조 추가). 이 이론은 "사고를 생각하기의 산물로 보는 어떤 다른 이론과도 다르다"(p. 111).

출생 후 가장 초기의 삶에서 모든 경험은—심지어 우리가 나중에 달래주는 경험으로 보는 것조차도—완전히 새롭고 예상치 못하다는 점에서 혼란스럽다. 예를 들면, 공기는 살기 위한 매체로서 자궁 내 삶에는 상응하는 것이 없다. 그리고 모유 수유는 유아가 본능적으로 "타고나는" 것이지만, 거의 항상 처음에는 어려운 것으로 알려져 있다. 유아가 지닌 "전개념화"로서(Bion, 1962b, p. 111) 가슴은 유아가 마주하는 현실의 가슴이 아니다 (심지어 엄마가 유아의 심리신체 상태에 매우 민감한 경우에도 마찬가지이다). 유아의 (은유적인) 첫 번째 사고는 가슴에 대한 것이 아니라, "가슴이 없는 것"에 대한(1962b, p. 112)—부재한 가슴 또는 전개념으로서(pre-conceived) 가슴과는 다른 (견딜 수 있는 한계를 넘어선) 실제 가슴에 대한 경험 중 부재한 부분에 대한—것이다: "[유아가] 좌절을 견디는 역량이 [어머니의 도움으로] 충분하다면 내부에서의 '가슴의 부재'는[경험은] 사고가 되고, 사고가 발달시키는 '생각하기'를 위한 장치가 된다"(p. 112). 그렇지 않고 유아가, 좌절 및 연관된 긴장과 심리적 고통을 견딜 수 없을 경우 (어머니의 도움이 있어도), '가슴의 부재' 경험은 방해받을 것이다. 사고가 될 수 있었던 것이, 긴장의 축출이나 생각하기의 회피가 된다 (예를 들면, 전능한 "생각하기"의 형태로). 사고를 생각하기 위한 장치가 될 수 있었던 것이 "투사적 동일시의 비대한 … 장치가 된다"(p. 112).

비온의 알파-기능 이론은 심리적 기능의 세 번째 원칙을 정교화한 것이다—이것은 사고가 생각하기를 일으킨다는 아이디어이다. 비온은 개인이 현실과 만나면 "베타-요소" "정서적 경험과 관련된 감각 인상"이(1962a, p. 17) 생성된다고 가정한다. 이러한 감각 인상은 (추가적 변형이 부재한 경우) 생각하기 과정에서 연결될 수 없고—예를 들면, 투사적 동일시에 의해—오직 축출에만 적합하다. 그러나 우리는 베타-요소가 현실과 우리의 유일한 심리적 연결을 구성한다는 사실을 놓쳐서는 안 된다. 베타-요소는 "사고의 영혼인 사고되지 않은 것 같은(unthoughtlike) 사고들"로(Poe, 1848, p. 80) 생각될 수 있을 것이다. 비온은 "알파-기능"은(1962a, p. 6) (아직 알려지지 않았고, 아마도 알 수 없는, 심리 작용 집합은) 베타-요소를 알파-요소로 변형시켜서 꿈-사고를 형성하기 위해 연결될 수 있도록 돕는다고 가정한다. 꿈-사고는 원래는 주로 감각적 용어로(즉, 베타-요소로서) 등록된 혼란스러운 경험의 상징적 표상이다. 알파-기능, 꿈꾸기, 생각하기 및 기억하기 역량은 "사고에 대응하기 위해 존재해야 한다"(1962b, p. 111).

알파-기능 이론과 더불어, 비온의 생각하기의 두 번째 중요한 노선은 "컨테이너-컨테인드" 개념으로(1962a, 1970; Ogden, 2004c 참조), 비온의 심리적 기능의 세 번째 원칙의 확장을 나타낸다. 세 번째 원칙은—생각하기가 사고에 대응하기 위해 발달한다는 아이디어는—본질적으로 심리적 기능이 사고와 생각하기 역량 간의 강력한 역동적 상호작용을 내재적으로 포함하는 방식에 대한 개념화이다. 비온의 컨테이너-컨테인드 이론에서 "컨테이너"(1962a, p. 90)는 물 자체가 아니라 과정이다: 이것은 꿈꾸기의 무의식적인 심리적 작업으로서, 전의식적인 꿈꾸기 같은 생각하기(레브리)와 의식적인 이차 과정적 생각하기가 함께 협력하여 작용한다. 컨테인드(contained)

라는(p. 90) 용어는 살아있는 정서적 경험으로부터 도출되는 과정에 있는 사고와 감정을 말한다.

컨테이너와 컨테인드의 관계가 건강할 때, 성장은 둘 모두에서 일어나며 개인의 "불확실성을 견뎌내는"(p. 92) 역량의 강화를 반영한다. 컨테이너와 관련해서는, 무의식적인 심리적 작업을(즉, 자신의 살아있는 경험을 꿈꾸기) 하는 역량이 확장된다. 컨테인드의 성장은 세상의 살아있는 경험으로부터 나올 수 있는 사고의 범위와 깊이의 풍부함에 반영된다.

병리적 조건에서, 컨테이너는 컨테인드에 대해 파괴될 수 있어서, 그 결과 "[자기가] 아는 것과 경험을 담아줄"(1962a, p. 93) 수 있는 것의 한계를 초래한다. 경험에서 배우는 것은 더 이상 가용하지 않다. 자신의 중요한 부분을 놓치고 있는 것처럼 느낀다. 반대로, 컨테인드는 컨테이너를 압도하고 파괴할 것이다─예를 들면, 악몽에서 꿈─사고는 꿈꾸기 역량을 압도할 만큼 혼란스러워지게 돼서, 그 결과 꿈꾸는 사람은 놀라서 잠에서 깬다. 유사하게, 아이들의 놀이가 파괴될 때, 놀이에서 "작업되고" 있는 사고는(컨테인드는) 컨테이너를(놀이하기 역량을) 압도한다(추가적인 논의를 위해, Ogden, 2004c, 컨테이너─컨테인드 개념과 위니콧의 안아주기 개념과의 관계 참조).

사고가 생각하기를 추동하는 것으로 봄으로써 분석가는 치료 세팅에서 지속적으로 스스로에게, 분석의 어떤 순간에 환자가 분석가에게 자신이 생각할 수 있도록 도와달라고 요청하는 혼란스러운(생각할 수 없는) 사고가 무엇인지 묻게 된다. 환자는 생각하기를 하도록 도와달라고 요청하면서도 분석가가 그렇게 하려는 것을 환자는 두려워하고 미워한다는 것 역시 분석가는 알게 된다: "환자들은 감정을 갖는 것 자체를 싫어합니다"(Bion, 1987, p. 183).

생각하기 장치의 발달이 혼란스러운 사고에 대한 반응으로서 일어난다는 아이디어는 치료 과정에 대한 이론에도 기여한다: 분석가가 환자의 생각할 수 없는 사고에 대해 수용하고 심리적인 작업을 하는 것은 환자의 생각하기 역량을 대신하거나 대체하는 것이 아니라, **환자와 함께 생각하기**를 경험하는 것인데, 환자가 자신의 타고난 원시적인 생각하기 역량을(자신의 타고난 알파-기능 역량을) 더욱 발달시킬 수 있는 조건을 창조하는 방식으로 한다.

따라서 정신분석 과정의 목표는 환자가 무의식적인 심리내적 갈등을(또는 어떤 다른 정서적 문제라도) 해결할 수 있게 돕는 것이라기보다는, 오히려 환자가 자신의 경험에 대해 생각하고 느끼는 역량을 발달시킬 수 있도록 돕는 것이다. 일단 그 과정이 진행되면, 환자는 자신의 정서적 문제를 직면하고 받아들이기 시작하는 포지션에 있게 된다. 환자는 분석가 이외의 다른 사람들뿐 아니라 자기 자신과도 점점 더 생각할 수 있게 되고 일종의 "대화"를 할 수 있게 되는데, 이전에는 의식적, 전의식적 및 무의식적인 심리적 작업의 목적으로는 가용하지 않았던 자신의 성격의 다양한 측면들과 대화할 수 있게 된다.

4. 꿈꾸기와 성격의 정신분석적 기능

내가 생각하는 비온의 심리적 기능의 원칙 네 번째는 성격의 정신분석적 기능은 본래부터 존재하며, 꿈꾸기는 그 기능이 수행되는 주요한 과정이라는 아이디어이다.

"성격의 정신-분석적 기능"을(1962a, p. 89) 가정하면서, 비온은 인간의 성격은 심리적 작동을 체질적으로 갖추고 있는데, 그것은 개인의 상징적 의미, 의식 그리고 자신의 정서적 문제와의 무의식적인 심리적 작업을 할 수 있는 잠재력을 생성한다고 제안하고 있다. 마음의 정신분석적 기능의 이 세 가지 구성요소는 심리적 성장을 가능하게 한다. 이러한 성격의 "정신—분석적" 기능을 만드는 것은 정서적 상황을 의식적 및 무의식적 마음의 관점에서 동시에 보는 것을 통해 심리적 작업이 상당부분 달성된다는 사실이다. 비온에게 있어서 꿈꾸기는(무의식적 생각하기와 동의어이다) 이 작업이 수행되는 주요한 심리적 형태이다.

꿈꾸기는 우리가 깨어 있을 때도 잠들어 있을 때도 계속해서 일어난다(Bion, 1962a). 별은 그 빛이 태양의 눈부신 빛에 가려져 있어도 여전히 하늘에 있는 것처럼, 우리의 꿈도 깨어 있는 삶의 눈부신 빛에 의해 의식으로부터 가려져 있어도 꿈꾸기는 마음의 기능을 계속한다. 꿈꾸기는 인간이 할 수 있는 가장 자유롭고, 가장 포괄적이며, 가장 깊이 관통하는 형태의 심리적 작업이다. 성격의 정신분석적 기능을 이러한 방식으로 생각하면서, 비온은 꿈꾸기와 분석 과정 작업에 대한 프로이트의 이해를 급진적으로 수정하고 있다. 프로이트에게 있어서, 꿈꾸기와 정신분석의 목표는 무의식을 의식화하는 것이다—즉, 무의식적 경험의 파생물을 의식적(이차 과정적) 생각하기에 가용할 수 있게 하는 것이다.

대조적으로, 비온에게 있어서 무의식은 성격의 정신분석적 기능의 자리이며, 따라서 정신분석 작업을 하기 위해서는 의식을 무의식화해야 한다—즉, 의식적인 살아있는 경험을 꿈꾸기라는 무의식적 작업에 가용할 수 있게 하는 것이다. 비온에게 있어서 꿈꾸기 작업은 심리적 작업으로서, 우리가 개인적, 상징적 의미를 창조하며, 이를 통해 우리 자신이 된다. 다시 말해, 우리는 우리 자신이 존재하도록 꿈을 꾼다. 꿈꾸기 역량이 부재하다면, 우리는 우리에게 개인적으로 느껴지는 의미를 창조할 수 없다: 우리는 환각과 지각, 자신의 지각과 타인의 지각, 꿈-삶과 깨어 있는 삶을 구별할 수 없다. 이러한 심리적 상태에서는, "잠을 잘 수 없고 깨어날 수도 없다. … 정신증 환자는 정확히 이러한 상태에 있는 것처럼 행동한다"(Bion, 1962a, p. 7).

더욱이 비온의 관점에서 꿈꾸기는 의식을 성취하는 심리적 활동이다. 꿈꾸기는 "[예를 들어] 친구에게 이야기한다는 사실을 환자가 의식적으로 지각하지 못하게 할 수도 있는 [무의식적인] 심리적 현상에 대하여 장벽을 만들어 주고, 동시에 그가 친구에게 이야기한다는 의식적 지각이 그의 [무의식적] 환상을 압도하지 않도록 해 준다"(Bion, 1962a, p. 15). 꿈꾸기는 의식적 및 무의식적 마음의 분화의 산물이 아니다. 꿈꾸기는 그러한 분화를 창조하고 유지하며, 그렇게 함으로써 인간의 의식을 생성한다.

요약하면, 비온의 심리적 기능의 네 가지 원칙은 꿈꾸기가 성격의 정신분석적 기능의 핵심 요소를 구성한다고 본다. 꿈꾸기는 생각하기의 가장 심오한 형태이며 우리가 인간의 의식, 심리적 성장을 성취하고, 우리의 살아있는 경험으로부터 개인적, 상징적 의미를 창조하는 역량을 성취하는 주요 매개체를 구성한다.

나는 처음으로 돌아가 이 부분을 끝맺고자 한다. 나는 비온의 생각하기 이론을 심리적 기능의 네 가지 근본적인 원칙 위에 세워진 이론으로 본다: (1) 모든 생각하기에 대한 추동력은 진실을—자신이 누구이며 자신의 삶에서 무엇이 일어나고 있는지에 대한 현실을—알고자 하는 인간의 욕구이다. (2) 가장 혼란스러운 사고를 생각하기 위해 두 마음이 필요하다. (3) 생각하기 역량은 혼란스러운 정서적 경험에서 나온 사고들을 받아들이기 위해 발달한다. (4) 성격의 정신분석적 기능은 본래부터 있으며, 꿈꾸기는 그 기능이 수행되는 주요한 과정이다.

⸙비온의 치료적 생각하기

이제 나는 비온의 생각하기 이론 및 이 이론의 근간이 된다고 믿는 심리적 기능의 네 가지 원칙에 의해 그의 치료적 생각하기가 어떻게 영향을 받는지에 대한 예시를 들 것이다. 네기 논의할 치료 작업은 비온이 1978년 상파울루에서 진행한 16번째 임상 세미나이다 (Bion, 1987, pp. 200-202).

세미나는 다음과 같이 시작한다:

> **발표자**: 환자는 장의자에 누워 말하기 시작합니다. "J 씨는 집주인이에요. 그녀는 88세예요. 나는 그녀가 길을 걸으며 임대계약에 대해 이야기하는 꿈을 꿨어요." 그때 그녀가 소리치기 시작했습니다. "당신은 내 뒤에서 뭐 하고 있는 거예요? 당장 말하세요. 정직하지 않은 거짓말쟁이!" 나는 깜짝 놀랐습니다. (p. 200)

이 첫 문단은 읽을 때마다 혼란스럽다. "그때 그녀가 소리치기 시작했습니다."라는 구절에서 대명사 그녀는 여러 가지 의미를 가진다. 발표자는 대명사 그녀를 사용하여 환자의 말로 꿈을 계속 이야기하고 있는 것인가? 이 경우에 (소리치는) "그녀"는 꿈속의 인물을 가리키는가? 아니면 발표자는 자신의 말로 비온에게 꿈을 이야기하기 하기 시작한 것인가? 이 경우 "그녀"는 환자이고 뒤에 나오는 인용 부호 속 문장은 환자가 발표자에게 소리친 말인가?: "당신은 내 뒤에서 뭐 하고 있는 거예요? 당장 말하세요. 정직하지 않은 거짓말쟁이!" 꿈에서 J씨가 환자에게 소리치고 있는 것인지, 아니면 환자가 깨어 있는 삶에서 발표자에게 소리치고 있는 것인지(발표를 듣고 있지, 읽고 있는 것은 아닌) 비온이 알기란 불가능하다. 나는 이 문단을 읽을 때마다, 인용 부호가 무엇을 나타내는지 알아내기 위해 고통을 겪은 후에야 비로소 환자가 자신의 꿈 이야기를 중단하고 분석가에게 소리치는 것임을 알 수 있다. 분석가는 비온에게 "나는 깜짝 놀랐습니다."라고 말한다. 이것 역시 나를 깜짝 놀라게 하는데, 이것은 발표자가 무엇이 꿈-삶이고, 무엇이 깨어 있는 삶인지 독자들이 알기 어렵게 만들고, 비온도 알 수 없도록 만들고 있는 방식이기 때문이다.

비온은 대답한다:

> 나는 무엇이 문제인지 궁금합니다. 만약 그녀가 당신이 정직하지 않은 거짓말쟁이라는 것을 안다면, 분명 당신은 그녀의 뒤에서 거짓말을 하고 있다는 것을 당연히 알 것입니다. 동시에, 그녀의 뒤에서 당신이 무엇을 하고 있는지 왜 물을까요? 짐작컨대, 당신은 그녀에게 더 많은 거짓말을 할 것이 분명할 것입니다. (p. 200)

발표자는 거짓말쟁이는 아니지만, 그 치료시간에 무엇이 일어났는지에 대해 매우 이해하기 어렵게 만들었다. 아마도 그 치료시간을 혼란스럽게 제시해서, 비온은 "나는 무엇이 문제인지 궁금합니다."라고 말했을 것이다. 그렇게 함으로써, 비온은 (환자의 어려움에 대해 묻고 있는 것과 더불어) 발표자에게 그의 문제가 무엇인지 묻고 있을 가능성을 열어둔다.

비온은 계속한다:

> 아니면 그녀는 당신이 거짓말을 하지 않을까 봐 두려워하는 걸까요? 만약 그녀가 당신이 진실을 말할 수도 있다고 생각한다면, 그것은 그녀가 당신에게 무엇을 하고 있냐고 묻는 이유를 설명해 줄 겁니다. (p. 200)

비온은 환자가 두려워하는 것이 (동시에 매우 가치 있게 여기는 것이) **분석가가 생각하는 방식이라고**—그들 사이에 일어나고 있는 정서적 경험에 무엇이 진실인가에 관한 생각하기 방식이라고—제안하고 있다. 여기서 제안하고 있는 것은 비온의 심리적 기능의 첫 번째 원칙을—진실을 알고자 하는 욕구가 생각하기의 발달을 위한 가장 근본적인 추동력이라는 아이디어를—반영한다. 이 치료시간의 그 순간에서, 그 진실은 환자가 깨어 있는 것과 꿈꾸기를 구별할 수 없다는 것을—즉, 환자가 정신증이라는 것을—인식하는 것을 포함한다.

환자는 분석가가 생각하기를 하지 못하게 하는데, 그에게 소리를 질러서 놀라게 할 뿐만 아니라, 생각하기와 "하기"를 일치시키고, 그가 뭘 하고 있는지 **당장** 말하라고 강요함으로써 그렇게 한다—즉, 분석가의 측면에서 사고 없이, 진정한 생각하기를 반사적이고 두려운 행동으로 바꾸어 끝내는 것이다. 나는 세미나의 이 부분에서 발표자가 비온에게 환자와 겪은 매우 혼란스러운 경험에 대해 말하고 있을 뿐만 아니라, 자신도 모르게 무엇이 꿈-삶이고 무엇이 깨어 있는 삶인지 독자들이 구별하기 어렵게 만들고, 비온도 구별할 수 없게 함으로써 그 경험을 비온에게(독자들에게도) 보여 주고 있다고 생

각한다. 이런 방식으로, 발표자는 환자의 정신증이 자신에게 미치는
영향과 비슷한 무언가를 비온에게 불러일으키고 있는데, 발표자는
스스로 생각할 수 없다.

비온은 계속한다:

> 달리 말하면, 이 이야기에는 뭔가 잘못된 것이 있습니다. 그러니까 환
> 자가 거짓말을 하고 있거나, 아니면 분석가를 비방하고 있습니다. 그게
> 아니라면, 왜 그녀는 정직하지 않은 거짓말쟁이와 시간을 보내야 합니
> 까? (p. 200)

환자가 분석가를 정직하지 않은 거짓말쟁이로 보면서도 여전히
그에게 분석을 받고 있는 모순을 지적하면서 비온은 (5장에서 논의했
듯이) 세미나에서 어떤 다른 질문보다도 훨씬 더 자주 질문하고 있
다: "왜 환자는 분석을 받으러 오는가?" 이 질문은 비온의 심리적 기
능의 두 번째 원칙을—가장 혼란스러운 사고를 생각하기 위해 두
마음이 필요하다는 아이디어를(확장하면, 환자들이 분석을 받으러 오
는 것은 이러한 이유 때문이라는 아이디어를)—반영한다. 비온에게 있
어서, 항상 존재하는 치료적 질문이다: "환자가 분석가에게 생각하
게 도와달라고 (양가적으로) 요청하고 있는 사고는, 정서적 문제는
무엇인가?"

세미나는 계속된다:

발표자: 나는 "듣고 있어요."라고 말했습니다[분석가가 뭘 하고 있
는지 당장 알고 싶다는 환자의 요구에 대한 대답이다]. 그
녀는 "네, 그게 중요해요."라고 대답했습니다. 그녀는 진

정하고 꿈을 계속 이야기했습니다.

비온: 매우 흥미로운 귀결이군요. 분석가가 자신이 거짓말쟁이인 지 아닌지에 대한 논쟁을 시작하지 않은 점을 주목하십시 오. [그는 자신의 생각하기에 대한 환자의 공격에 대해 화나 고 두려워하며 반격하지 않았다.] 그는 자리를 박차고 일어 나 방을 떠나지 않았습니다. [그는 행동의 형태로 사고를 축 출시키지 않았다.] 그는 이성을 잃지도 않았습니다. [그는 생각할 수 있는 마음의 상태를 유지했다.] 그것이 환자에게 매우 도움이 되었던 것으로 보입니다. 그것은 치료는 아니 지만, 치료의 작은 조각입니다. 그것은 1~2분 정도 [생각하 기를] 더 가능하게 하는 충분한 치료입니다. 당신이 말하거 나 행하는 것뿐 아니라, 당신이 말하지 않거나 행하지 않는 것도 중요합니다. (pp. 200-201)

변함없이, 비온은 발표자에게 말을 아낀다. 그는 분석가의 작업에 대해 간단하게 "흥미롭다."라고 말하지만, 52개의 "임상 세미나"의 다른 어디에서도 비온은 여기에서처럼 한 발 뒤로 물러나 세미나의 다른 참가자들에게 논의 중인 치료 상황에서 분석가가 무엇을 했는 지 "주목하십시오."라고 요청하지 않는다. 비온은 그것을 자세히 설 명하지 않지만, 나는, 발표자의 반응에서 결정적으로 효과적이었던 것은 겁먹은 환자가 한 말을 받아들이지 않으려는 침착한 거부였다 고(즉, 인정하거나 방어하는 것이었다고) 생각한다. 이 경우, 둘 중 어느 것도 반사적인 형태의 생각하지 않기가 되었을 것이다. 대신에, 환자 가 분석가의 생각하기 방식에 겁을 먹었다는 사실에도 불구하고 발 표자는 환자에게 자신이 누구인지, 그리고 계속 그렇게 할 것이라는 것을—경청하고 생각하는 분석가이자 계속 그런 분석가가 될 것이라는 것을—온화하고 방어적이지 않게 상기시켰다. 동시에 그녀는 혼자서는 생각할 수 없었던/꿈꿀 수 없었던 끔찍한 경험을 그가 그녀와 함께 **생각하기**와 **꿈꾸기**를 함으로써 그녀의 온전함을 되찾도록 도와줄 수 있을 분석가로 남을 수 없을까 봐 두려웠다. 분석가에게 자신의 꿈을 말하려 했을 때, 환자의 생각하기/꿈꾸기 역량은 무너져 내렸다—그녀는 깨어 있는 것과 꿈꾸기를 점점 더 구분할 수 없게 되었고, 그 결과 그녀는 마치 분석가를 꿈속의 인물처럼 대했다.

　발표자가 단순히 "듣고 있어요."라고 말하는 대신, "당신은 내가 당신에게 너무 겁을 먹어서 당신이 나를 공격했을 때 내가 생각할 수 없게 될까 봐 두렵고, 그 결과 내가 당신이 온전하다고 느끼는 방식으로 생각하도록 도울 수 있는 분석가가 될 수 없을까 봐 두려워하고 있군요."라고 말했다면 얼마나 달랐을까? 후자는 내용상으로는 정확하지만, 나에게는 다소 상투적이고, 분석적인 말투로 들린다. 게다가, 나는 환자가 매우 괴로운 상태에서, 그렇게 길고 복잡한 해석의 처음 몇 마디 이상을 들을 수 있었을 거라고 생각하지 않는다. 대조적으로, "듣고 있어요."라는 분석가의 말은 (매우 겁을 먹은) 다른 사람에게 진정으로 자신만의 방식으로 생각하기와 말하기를 하고 있는 사람이 한 말의 울림을 가지고 있다.

　환자는 "네, 그게 중요해요."라고 대답했을 뿐 아니라, "그녀는 진정하고 꿈을 계속 이야기했습니다."라고 했다. 다시 말해, 그녀의 정신증적 사고가 분석가의 생각하기에 의해 컨테인되는 경험을 함으로써, 환자는 비록 '1~2분 동안'만이라도 (아마도 치료시간에 처음으로) 생각할 수 있었다.

발표자: 그녀는 계속해서 자신의 꿈을 이야기했습니다. "J씨는 집 안으로 들어가 둘러보고 싶어 했어요. 방들 중 한 곳에 누 드화가 있었는데, 나는 그녀가 그것을 좋아하지 않을 거 라는 걸 알았어요. 그래서 나는 그녀가 방에 들어오는 것 을 막으려고 했지만, 그러지 못했어요. 부엌에는 피 묻은 옷 두 벌이 있었어요."

비온: 환자는 이것이 꿈이라고 말했습니다. 당신은 그녀를 믿었나 요? 그녀는 자신의 마음속에 무엇이 있는지 당신이 보지 못 하게 하고 싶고, 벌기벗은 느낌을 느끼지 않고 싶었던 것으 로 들립니다. 그러나 그녀는 문을 잠글 수도 없었고, 당신을 나가게 할 수도 없었고, 분석을 당장 중단시킬 수도 없었습 니다. 그러니 이제 당신은 그녀가 어떤 사람인지 알 수 있을 겁니다. 하지만 항상 안전장치가 있습니다. 만약 당신이 해 석을 하면, 그녀는 이렇게 말할 수 있을 겁니다. "그건 중요 하지 않아요—나는 실제로 그렇게 생각하지 않아요—단지 꿈일 뿐이잖아요." (p. 201)

비온은 여기서 다음과 같이 반응한다. "환자는 이것이 꿈이라고 말했습니다. 당신은 그녀를 믿었나요?" 비온이 아니면 누가 이런 식 으로 "꿈"에 대해 반응할까? 비온의 질문은 (내가 보기에) 환자가 꿈 을 꿀 수 없고, 내적 현실과 외적 현실을 구분할 수 없고, 깨어 있는 것과 잠든 것을 구분할 수 없다는 사실에 발표자가 주목하도록 하기 위한 것 같다.

환자는 전날 밤의 꿈을 이야기하고 있는 것처럼 보이지만, 그 "꿈" 에서 깨어나지 않았다. 그것은 의식적인 경험과 무의식적인 경험에 구분이 없다는 점에서 실제 꿈이 아니다. 내가 보기엔 환자가 치료시간에 밤-공포증과(수면 중의 현상으로서 꿈은 아니지만, 끔찍한 경험을 꿈꿀 수 없는 경험과) 유사한 마음의 상태를 경험하고 있었던 것 같다(진정한 꿈, 밤 공포 및 악몽에 대한 논의에 대해서는 Ogden, 2004a, 2005a 참조). 발표자의 우아한 해석인 "듣고 있어요."는 환자의 생각할 수 없는 꿈-사고를 컨테인함으로써 환자가 꿈이 아닌 꿈으로부터 진정으로 깨어날 수 있도록 돕는 효과가 있었다.

그런 다음 비온은 환자가 이전에는 꿈꿀 수 없었던 사고의 특성이라고 생각하는 것을 언급한다. 그는 꿈을 다음과 같은 환자의 생각을 표현한 것으로 본다. 환자는 자신의 사고와 분석가의 사고를 구별할 수 없기 때문에, 분석가가 "그녀의 마음속에 무엇이 있는지 봄으로써, 그녀가 벌거벗은 느낌이 드는 것"을 막을 수 없다고 생각한다. 자신의 의지에 반하여 벌거벗은 것으로 보이는 경험은 이해받는 느낌과 반대된다. 그건 강간당하는 경험에 더 가깝다(아마도 이 상태는 "꿈"에서 피 묻은 옷으로 나타난 것일 것이다).

이때 비온은 호기심 어린, 다소 수수께끼 같은 말은 한다: "그러니 이제 [환자가 당신에게 소리를 지르는 동안에도 당신은 계속 생각할 수 있다는 것을 환자에게 보여 준 후에] 당신은 그녀가 어떤 사람인지 알 수 있을 겁니다"(p. 201). 내 생각에, 비온은 발표자가 그에게 소리 지르는 환자에게 침착하고 사려깊게 반응함으로써, 환자 성격의 비정신증적 부분이 분석에서 좀 더 강한 힘이 될 수 있다고 제안하고 있다. 성격의 비정신증적 부분은 환자가 자신의 생생한 정서적 경험으로 생각할 수/꿈꿀 수 있고, 자신만의 고유한 무언가를 할 수 있는 측면이다. 이러한 의미에서, 환자는 치료시간의 이 지점에서, 자기 자신이 존재하도록 꿈꾸기 시작하는 포지션에 있을 수 있으며, 따라서 발표자와 환자 자신은 "그녀가 어떤 사람인지 알게 될 수 있는" 기회를 가질 수 있다. 사고의 이러한 전체 흐름은 비온의 심리적 기능의 네 번째 원칙을—환자가 상당히 진행된 정신증 상태에 있을 때조차 성격의 정신분석적 기능은 비록 매우 제한적인 방식일지라도 여전히 작동한다는 아이디어를—반영한다. 이와 같은 가정은 조현병 환자 및 다른 심한 장애를 가진 환자뿐 아니라 모든 환자, 슈퍼바이지 또는 집단의 정신증적 측면에 대한 분석 작업에 기저를 이룬다.

그러나 비온은 주의를 준다. "하지만, 항상 안전장치가 있습니다. 만약 당신이 해석을 하면, 그녀는 이렇게 말할 수 있을 겁니다. '그건 중요하지 않아요—나는 실제로 그렇게 생각하지 않아요—단지 꿈일 뿐이잖아요.'" 여기서 비온은 생각하기에 미치는 사고의 영향에 대해 언급하고 있다: 환자 자신의 생각하기 역량뿐 아니라 분석가의 생각하기 역량에 대한 환자의 공격이 다시 나타날 수 있다는 것이다. 비온은 이 용어를 사용하지 않지만, 그가 기술하고 있는 공격의 형태는 그가 다른 데서 **역전 가능한 관점**이라고(Bion, 1963, p. 50) 부른 것이다. 비온은 임상 세미나에서 기법적 언어를 신중하게 피한다.

비온이 주목하고 있는 생각하지 않기는 전경과 배경을 바꾸는 것과 관련되는데, 분석가의 주의 깊은 관찰 역량을 약화시키는 방식이다: 환자의 주장에 따르면, 분석가가 "전경"에(예를 들면, 꿈에서 개인적 의미에 대한 해석에) 대해 이야기할 때 환자는 유일한 현실은 배경이라고(예를 들면, "무의미한" 외현적인 내용이라고—"그건 중요하지 않아요—나는 실제로 그렇게 생각하지 않아요—단지 꿈일 뿐이잖아요."라고 [p. 201]) 주장한다(그리고 그녀 자신의 주장을 믿는다). 따라서 사고는 생각하기의 발달에 기여하는 것이 아니라 생각하기의 파괴에 기여한다. 사고와 생각하기 간의 관계를 개념화하는 비온의 또 다른 방식의 관점에서 볼 때, 꿈은 아무것도 의미하지 않는다는 환자의 사고는(컨테인드는) 환자와 분석가가 함께 생각할 수 있는 역량을(컨테이너를) 파괴하고 있다. 이러한 아이디어는 비온의 심리적 기능의 세 번째 원칙을 반영한다. 즉, 생각하기는 혼란스러운 사고에 대응하기 위해 발달하며 사고와 생각하기 간의 강력한 상호작용이 일생에 걸쳐 계속된다는 개념이다.

발표자는 계속한다:

> 그녀는 계속해서 말했습니다. "나는 집주인이 내가 집을 돌보지 않았다고 불평하면서 재계약을 하지 않을까 봐 두려웠어요—내가 처음 세 들어 왔을 때는 훨씬 더 나쁜 상태였는데도 말이에요. 그녀는 마술 지팡이를 사용해서 누드화를 장밋빛 드레스를 입은 흑인 여성으로 바꾸었어요. 그리고 그 흑인 여성이 움직이기 시작했어요. 나는 전에는 보지 못했던 문을 보았고, 그 문을 열었는데, 죽어가는 식물을 발견했어요. 나는 내가 그 식물을 돌보지 않았다고 집주인이 화를 낼까 봐 두려웠어요. 그래서 그녀가 사용했던 마술 주문을 외워서 그 식물을 살려내려고 시도했지만, 그럴 수 없었어요." 그때 그녀는 다시 소리를 지르기 시작했습니다. "거기에서 뭘 하고 있는 거예요? 당신은 거짓말쟁이에요. 당신은 내게 말하고 싶지 않은 무언가를 하고 있어요. 나는 당신을 증오해요. 당신을 파괴하고, 갈기갈기 찢어서 그 조각들을 던져버리고 싶어요." 그녀는 매우 매우 화가 났습니다. (p. 201)

이 문단에는 세미나의 첫 문단에 있었던 것과 동일한 혼란스러운 모호성이 있다. 꿈의 인물이 또 다른 꿈의 인물에게 소리치는 것인가, 아니면 깨어 있는 삶에서 환자가 분석가에게 소리치는 것인가?

이것은 단지 강조 표시로—소리친다는 단어에 작은 인용 부호가 아닌 큰 인용 부호를 한 사실은—환자가 발표자에게 소리를 치는 것이지 꿈에서 꿈의 인물이 환자에게 소리치는 것이 아님을 나타낸다. 비온은 발표를 듣고 있는 것이지, 읽는 건 아니기 때문에, 소리치는 사람이 누구인지—환자인지 환자의 꿈에 나오는 인물인지—알기란 불가능하다. 깨어 있는 것과 잠들어 있는 것 사이의 구분이 또다시 사라지고 있다. 내가 보기엔, 환자가, 그녀 자신이 사라지고 있는 것 같다. "나는 … 죽어가는 식물(plant)을 발견했어요."라는 말을 몇 번이나 읽었지만, 나는 여전히 단어를 잘 못 읽고 "나는 … 죽어가는 환자(patient)를 발견했어요."라고 말한다.

비온은 사례 발표의 이 부분에 대해 반응한다:

> 당신은 그녀에게 무엇을 하고 있나요? 그녀는 계속해서 말을 하고 있고, 그래서 그녀 자신의 가면들을 벗고 있습니다. 만약 당신이 검은 피부를 벗겨낸다면, 거기에는 사람이 있을 겁니다. 만약 당신이 꿈을 벗겨낸다면, 거기에는 그녀 자신이 있을 겁니다. [아마도 비온은 이 꿈이 꿈이 아니라, 환자 성격의 비정신증적 부분에 대한 공격임을 제안하고 있다. 의미를 파괴하고 꿈꾸는 사람을 파괴하는 "꿈"이 없다면, 생각하기를 할 수 있는 사람이 있을 수 있을 것이다.] 그녀가 당신이 그녀 자신에게 하고 있는 것에 대해 걱정하고 있다고 나는 생각합니다. 당신은 왜 그녀로 하여금 진실을 말하게 만들까요? 당신은 단지 말을 하고 있는 것 같지만, 그녀는 그게 전부가 아니라는 것을 알고 있는 것 같습니다. 당신은 그녀를 진실에 노출시키는 어떤 특이한 방식으로 말하고 있습니다. … 따라서 환자에게는 끔찍한 일이지만, 분석가가 생각할 수 있는 상태를 유지하는 것은 오히려 다행스러운 일입니다. 그러나 우리는 화를 낼 수 없

게 되거나 두려워할 수 없게 되는 것으로는 이 문제를 해결할 수 없습니다. 우리는 이 강력한 감정들을 느낄 수 있어야만 하고, 그런 감정이 들 때에도 계속해서 명료하게 생각할 수 있어야 합니다. (p. 202)

이 세미나는 비온이 이 말을 함으로써 끝이 난다. 비온이 논의하고 있는 치료시간의 이 부분에서 환자는 "꿈"/환각에서 점점 더 두려워하게 된다. 나는 이 치료시간의 이 부분에서 환자의 말을 듣고 있으면, 마치 사람이 물에 빠져 죽는 것을 보는 듯하다. 환자는 자신이 죽어가고 있거나 정신을 잃고 있다고 느낀다. 그건 같은 것이다. 사실상 한마디 한마디 할 때마다, 우리는 환자가 점점 더 그녀의 꿈속 캐릭터가 되는 것을 본다. 동시에, 그녀의 꿈속 인물들은(집주인과 누드화는) 살아있는 사람으로 변해가서 그들이 그녀의 깨어 있는 삶을 점유하는 것처럼 환자에게 보인다.

발표된 부분에는 분석 시간에 대한 매우 간략한 설명만 담고 있고, 발표자가 "듣고 있어요."라고 말한 이후의 그 어떤 개입이나, 그의 사고조차 포함되어 있지 않다. 이 세미나의 편집 및 테이프 녹음의 이러한 인위적 산물로 인해 분석가 측면에서 환자의 공포를 컨테인하려는 더 나아간 시도들이 환자의 와해에 대응하지 못한다는 고통스러운 느낌을 준다.

맺는말

나는 비온의 생각하기 이론의 핵심 원칙이라고 생각하는 것을 조금 다른 방식으로 말하면서 끝을 맺으려고 한다.

비온에게 있어서 생각하기는 가장 본질적으로 자신이 누구인지 그리고 자신의 삶에서 무엇이 일어나고 있는지에 대해 진실을 알고자 하는 인간의 욕구에서 나온다. 혼란스러운 사고는(처리되지 않은 경험은) 그러한 사고들을 생각하기(심리적 작업을 하기) 위한 장치를 발달시키려는 추동력을 제공한다. 우리의 경험을 심리적으로 작업하기 위한 타고난 "내적 구조"가 있다. 비온은 이것을 성격의 정신분석적 기능이라고 부른다. 이 타고난 구조는 언어의 타고난 "심층 구조"와(Chomsky, 1968) 유사한데 그것은 어떻게 말하는지를 배우는 우리의 역량의 기초가 된다.

일생 동안, 우리는 우리의 살아있는 정서적 경험을 생각하기/꿈꾸기 위한 역량을 점점 더 발달시켜 나간다. 그러나 특정 시점이 지나면(시점은 각 개인마다 다양하다), 우리는 우리의 경험을 생각하는/꿈꾸는 것을 견딜 수 없다는 것을 발견한다. 그러한 상황에서, 운이 좋다면, 이전에는 꿈꿀 수 없었던 우리의 경험을 꿈꾸기하는 과정에 기꺼이 우리와 함께 하고 관계할 수 있는 또 다른 사람이(아마도 어머니나 아버지, 분석가, 슈퍼바이저, 배우자, 형제자매, 가까운 친구가) 있을 것이다. 꿈꾸기는—혼자든 다른 사람과 함께든—생각하기의 가장 심오한 형태이다: 그것은 우리의 정서적 문제의 현실을 직면하고, 받아들이려는 과정에서 우리가 인간으로 존재하고 인간으로 생성되어 가는 심리적 작업을 하게 하는 주요한 매개체이다.

7장

로왈드 읽기: 오이디푸스 재고찰

프로이트의 오이디푸스 콤플렉스는 정신분석 역사에서 여러 번 재창조되어 왔다. 예를 들면, 클라인, 페어베언, 라캉 및 코헛에 의해. 오이디푸스 콤플렉스에 대한 로왈드(1979)의 재개념화의 핵심은 각 새로운 세대의 과제는 이전 세대의 창조물을 활용하고, 파괴하고, 재창조하는 것이라는 아이디어이다. 로왈드는 오이디푸스 콤플렉스를 재공식화함에 있어서 수많은 근본적인 인간 과제를 신선한 방식으로 바라본다. 이 인간 과제는 성장하고, 나이 들어 가고, 그리고 그 둘 사이에서 다음 세대들이 자신만의 독특한 무언가를 창조하기 위해 활용할 수 있는 자신만의 무언가를 만들어 내는 데 수반된다. 이와 같이 로왈드는 프로이트의 오이디푸스 콤플렉스를 재창조한다. 나의 과제는 로왈드의 오이디푸스 콤플렉스를 제시하는 바로 이 행위로 그것을 새로운 방식으로 다시 생각하는 것이다. 로왈드(1979)의 「오이디푸스 콤플렉스의 쇠락」을 자세히 읽음으로써, 나는 로왈드가 생각하는 방식이 무엇인지 보여 주고자 한다. 이것이 내가 이 논문을 정신분석적 사고의 발달의 분기점이라고 보게 된 이유이다.

내러티브적 글쓰기의 순차적 특성으로 인해 로왈드에게서 오이디푸스 콤플렉스 요소들의 동시성을 포착하기란 어렵다. 나 역시 이 딜레마와 씨름해야만 한다. 나는 로왈드의 중첩된 아이디어를 어느 정도 그가 그것들을 제시한 순서대로 논의하기로 했다. 세대 계승에서의 영향력과 독창성 간의 긴장, 오이디푸스적 부모 살해 및 그들의 권위의 도용, 부모에 대한 아이의 경험의 변형적(metamorphic) 내재화에 대해 이야기한다. 이것은 스스로 자신에 대해 책임지는 자기의 형성에 기초가 된다. 그리고 대상 관계성의 분화된 형태와 미분화된 형태 간의 변증법적 상호작용을 매개하는 중간 근친상간적 대상관계에 대해 이야기한다. 나는 끝으로 오이디푸스 콤플렉스에 대한 프로이트의 개념화와 로왈드의 개념화를 비교하고자 한다.

프로이트의 오이디푸스 콤플렉스 이론

로왈드의 작업을 맥락에 맞게 배치하기 위해, 프로이트의 오이디푸스 콤플렉스의 주요 신조를 내가 이해한 대로 개관하고자 한다. 오이디푸스 콤플렉스에 대한 프로이트의 개념화는 네 가지 혁신적인 아이디어의 토대 위에 세워졌다: (1) 모든 인간 심리와 정신병리뿐아니라 모든 인간의 문화적 성취는 성 추동과 공격성 추동에 뿌리를 둔 충동과 의미의 관점에서 이해될 수 있다. (2) 성 추동은 출생에서 부터 추동하는 힘으로 경험되며 생애 첫 5년 동안 구강적, 항문적, 성기적 구성요소로 순차적으로 정교화된다. (3) 인간 존재가 창조해 낸 수많은 신화와 이야기들 중 정신분석에 있어서 오이디푸스 신화는 단 하나의 가장 중요한 내러티브로서 인간의 심리적 발달을 조직하고 있다. (4) 오이디푸스 콤플렉스를 구성하는 갈등적 살해와 근친상간 환상의 삼각화된 세트는 "유전적으로 결정되고 정해진다"(Freud, 1924, p. 174)—즉, 이러한 특정 방식으로 경험을 조직하려는 인간 존재의 보편적이고 타고난 경향성의 발현이다(Ogden, 1986a 참조).

프로이트(1924)에 따르면, 오이디푸스 콤플렉스는 성적 발달 중 남근기와 "같은 시기이다"(p. 174). 이는 심리내적 및 대인관계적 부모-자녀 관계의 망이다. 예를 들어, 여기서 남자아이의 경우 자신의 어머니를 로맨틱하고 성적 욕망의 대상으로 여기고 아버지 자리를 대신해 어머니를 차지하길 소망한다(Freud, 1910, 1921, 1923, 1924, 1925). 아버지는 감탄 받는 동시에 처벌적인 라이벌로 여겨진다. 남자 아이에게서 공격성 추동은 어머니를 차지하기 위해 아버지를 죽이고 싶은 소망의 형태로 나타난다. 아버지를 죽이고 싶은 소망은 매우 양가적인데, 아버지에 대한 남자 아이의 전오이디푸스적 사랑과 동일시를 고려할 때, 그리고 부적 오이디푸스 콤플렉스에서 아버지에 대한 남자 아이의 성애적 애착을 고려할 때 그렇다. 남자 아이는 (정적 오이디푸스 콤플렉스에서) 아버지를 그리고 (부적 오이디푸스 콤플렉스에서) 어머니를 살해하고 싶은 소망에 대해 죄책감을 경험한다. 마찬가지로 여자 아이는 아버지를 자신의 욕망의 대상으로 여기고 어머니 자리를 대신하여 아버지를 차지하길 소망한다. 그녀 역시 모든 오이디푸스 콤플렉스에서 근친상간 및 살해 소망에 대해 죄책감을 경험한다(Freud, 1921, 1925).

아이는 자신의 살해 및 근친상간 소망에 대해 아버지 손에 의해 거세의 형태로 처벌받을까 봐 죄책감을 느끼며 두려워한다. 실제 거세 위협이 있든 없든, 거세 위협은 아이의 마음에 "원시적 환상"으로 (Freud, 1916-1917, p. 370) 존재하는데, 이는 인간 마음 구성의 일부인 보편적인 무의식적 환상이다.

"분석적 관찰[들]은 ⋯ 오이디푸스 콤플렉스의 파괴가 거세 위협으로 인해 일어난다는 진술을 정당화한다"(Freud, 1924, p. 177). 즉, 아이는 거세의 형태로 처벌받을 것이라는 두려움 때문에 오이디푸스적 부모와 관련하여 자신의 성적 및 공격적 추구를 포기하고 "대상 점유를 ⋯"(Freud, 1924, p. 176) 부모의 권위, 금지 및 이상 "⋯과의 동일시"로(Freud, 1924, p. 176) 대체한다. 그것들은 새로운 심리구조인 초자아의 핵심을 형성한다.

영향력과 독창성 간의 긴장

이제 나는 오이디푸스 콤플렉스에 대한 프로이트의 개념화를 마음에 두면서 로왈드의 재공식화를 살펴보겠다. 로왈드의 논문의 첫 문장은 호기심을 끄는데, 이 논문이 다룰 주제에 대해 언급하지 않는 것처럼 보이기 때문이다: "이 논문의 많은 부분은 이전에도 다른 사람들에 의해 제시되었다"(Loewald, 1979, p. 384).[1] 어떤 누가 정신

---

1) 이 장에서 달리 명시되지 않은 모든 페이지는 로왈드의 「오이디푸스 콤플렉스의 쇠락」을 참조.

분석 논문을 시작하면서 독창성을 포기한다고 주장하겠는가? 로왈드는 바로 이어서 히스테리 연구에서 브로이어가 쓴 이론 부분의 도입부의 긴 구절을 인용한다(여전히 독자에게 그의 이상한 접근에 대한 근거를 주지 않는다):

> 과학이 급속도로 발전할 때 개인들이 처음 표현했던 생각들은 곧 공동의 자산이 되어버리고 만다. 따라서 오늘날 히스테리와 그 심리적 기초에 관해 자신의 견해를 제시하려는 사람 중 누구도 다른 사람의 사고의 상당 부분을 반복하는 것을 피할 수 없고, 그럼으로써 견해는 개인적 소유에서 일반적 소유로 옮겨간다. 누가 최초로 언급했는지 확신하기는 거의 항상 불가능하고, 그래서 누군가 다른 사람이 이미 말한 것을 자신의 것으로 여길 위험이 상존한다. 따라서 이 논의에서 인용이 거의 없고, 무엇이 나의 것이고 무엇이 다른 데서 유래한 것인지 엄격하게 구분하지 못했더라도 용서해 주기 바란다. 아래의 내용에서 독창성을 주장하지는 않겠다. (Breuer and Freud, 1893-1895, pp. 185-186; Loewald, 1979, p. 384에서 인용)

로왈드의 독창성을 포기하겠다는 말과 거의 한 세기 전에 브로이어가 사실상 동일하게 한 말을 병치시킴으로써 잠재적으로 순환적 시간 감각이 창조된다. 로왈드는, 오이디푸스 콤플렉스에 관한 그의 아이디어를 논의하기 전에, 우리의 읽기 경험에서 그것들을 보여 주고 있다: 어떤 세대도 자신의 창작물에 대해 절대적인 독창성을 주장할 권리가 없다(Ogden, 2003b, 2005b 참조). 그럼에도 불구하고, 각각의 새로운 세대는 그 세대만의 고유한 무언가에 기여한다: "이 논문의 [전부는 아닌] 많은 부분은 이전에도 다른 사람들에 의해 제시되었다"(Loewald); 그리고 "독창성을 주장하지는 않겠다[그러나 무언가에 대해서는 주장하겠다]"(Breuer).[2]

로왈드의 행간에는 아이의 운명은 아이가 (부모의 운명이 그러했듯이) 자신의 것으로 만든 것이 "개인적 소유에서 일반적 소유로 옮겨가는"(Breuer) 과정에 들어가는 것이라는 아이디어가 담겨 있다. 다시 말해, 우리만의 표지를 남길 수 있는 것을 창조하는 것은 집단 지식 전체의 부분이 될 것이다. 그렇게 함으로써 우리는 다음 세대에 이름 없는, 그러나 중요한 조상이 된다: "누군가 다른 사람이, 즉 우리에게는 이름을 잃어버린 조상이, 이미 말한 깃을 자신의 것으로 여길 위험이 항상 존재한다"(Breuer).

로왈드의 논문은 자신만의 방식으로 인간이 되는 과정에서 조상에게 진 빚과 그들로부터 자유로워지고자 하는 소망 사이의 이러한 긴장을 탐색하고 생생해지도록 한다. 로왈드가 생각하는 것처럼, 영향력과 독창성 사이의 이러한 긴장은 오이디푸스 콤플렉스의 핵심이다.

2) 브로이어의 말은 2,500년 전 플라톤이 쓴 글을 되풀이한다: "지금 나는 이 아이디어들 중 어떤 것도 나에게서 나오지 않았다는 것을 잘 알고 있다. 나는 내 자신의 무지를 안다. 다른 유일한 가능성은 내가 내 귀로 흘러 들어오는 다른 사람들의 말에 의해 빈 항아리처럼 가득 채워졌다는 것인데, 하지만 나는 너무 어리석어서 어디서 누구에게서 들었는지조차 잊어버렸다"(Plato, 1997, p. 514). 로왈드는 철학을 공부했기 때문에 분명 이 대화에 익숙했을 것이다.

억압 그 이상

　로왈드의 논문은 두 번째 단락에서 오이디푸스 콤플렉스를 정의하면서 다시 시작하는 것 같다. "중심적이고, 추동적으로 동기화된, 부모 자식 관계의 갈등적 삼각 구도에 대한 심리적 표상이다." (p. 384) (이 논문 자체가 여러 번 시작하고 여러 번 끝맺음으로써 출생과 죽음의 다양성에 형체를 부여하는데, 이것은 끝없는 세대 순환을 상징한다.) 그런 후 로왈드는 프로이트(1923, 1925)가 오이디푸스 콤플렉스의 운명에 대해 언급하면서 강한 언어를 사용하는 방식에 우리의 주의를 환기시킨다. 그것의 "파괴(destruction)"(1924, p. 177)와 "해체(demolition)"이다(Freud, 1925, p. 257). 나아가 프로이트(1924)는 "자아가 콤플렉스의 억압 그 이상을 성취해 내지 못하면 후자는 무의식 상태로 남아 있다가 병으로 나타날 것이다."라고(p. 177) 주장한다. 이 아이디어는 로왈드가 오이디푸스 콤플렉스의 운명을 이해하는 데 있어서 중요한 열쇠이다.

　독자의 머리는 이 지점에서 두 개의 상호관련된 수수께끼 같은 아이디어의 수렴으로 인해 어질어질해지기 시작한다: (1) 오이디푸스 콤플렉스가 "해체"된다는 개념(건강할 때 가장 중요한 인간 경험의 일부가 파괴된다는 이 아이디어를 우리는 어떻게 이해할 수 있을까?) (2) 오이디푸스 콤플렉스의 해체가 "억압 그 이상"이라는 아이디어(그것이 무엇을 의미하든). 독자는 여기서 그리고 논문 전체에 걸쳐 스스로 많은 생각하기를 해야만 하는데, 로왈드가 제시하고 있는 아이디어로 자신만의 무언가를 만들어야 한다. 결국 이것이 조상의 창조물에 대한 각 새로운 세대의 과제이다.

논문의 이 부분에서 방향을 찾기 위해, 독자는 몇 가지 질문과 씨름해야 한다. 먼저, 독자는 여기서 사용되고 있는 **억압**이라는 용어의 의미를 결정해야 한다. 프로이트는 글을 쓰는 과정에서 이 용어를 겹치지만 구별되는 두 가지 아이디어를 지칭하기 위해 사용한다. 때때로 그는 이 용어를 사용하여 "무의식을 마음의 나머지 영역으로부터 분리시키는"(Laplanche and Pontalis, 1967, p. 390) 역할을 하는 심리적 조작, 즉 심리적 건강의 필수 요소를 지칭한다. 다른 경우에는—현재 논의 중인 예시를 포함하여—이 용어는 혼란스러운 사고와 감정을 의식으로부터 병리적으로 추방하는 것을 지칭할 때 사용된다. 억압된 것은 의식적 사고의 본체로부터 분리되어 있을 뿐만 아니라 억압된 사고와 감정은 의식적 및 무의식적 심리적 작업으로부터 대부분 차단되어 있다.

독자는 또한 오이디푸스 콤플렉스를 억압시킴으로써가 아니라, 그것을 구성하는 사고, 감정, 신체적 감각 및 대상관계 경험을 해체시킴으로써 오이디푸스 콤플렉스를 종식시키는 것이 무엇을 의미하는지 스스로 공식화하려고 시도해야 한다. 내 생각에—그리고 정신분석가들도 이 점에 대해 대체로 동의할 것이라고 생각한다—중요한 경험의 심리적 등록은 의식적이든 무의식적이든 결코 파괴되지 않는다. 그것은 억제되고, 억압되고, 전치되고, 부인되고, 부정되고, 해리되고, 투사되고, 내사되고, 분열되어 나가고, 배제되고, 기타 등등이 될 수는 있지만, 결코 파괴되거나 해체되지 않는다. 어떤 경험도 심리적으로 "일어나지 않을" 수는 없다. 그럼에도 프로이트와 로왈드는 「오이디푸스 콤플렉스의 쇠락」에서—적어도 상당한 정도로—그렇게 된다고 주장하고 있다. 오이디푸스 콤플렉스가 "억압 그 이상"을 겪는다는(즉, 해체된다는) 것이 무엇을 의미하는지에 대한 해소되지 않은 질문은 로왈드의 논문을 읽는 경험에 긴장을 발생시키는데, 이 긴장은 해소되지 않은 (그러나 억압되지 않은) 오이디푸스 갈등을 안고 살아가는 경험과 다르지 않다. 이는 그것이 접촉하는 모든 것을 생생한 방식으로 뒤흔든다.

부모 살해: 애정 어린 살해

오이디푸스 콤플렉스의 해체와 관련하여 이러한 사고와 질문을 소개하면서, 로왈드는 오이디푸스적 살해에 대한 전통적 개념을 확장해 나간다. 그는 **부모살해**라는 용어를 사용하여 "아버지, 어머니, 혹은 가까운 친척, (더 넓은 의미에서) 통치자 등 특히 신성한 관계로 맺어진 사람을 죽이는 사람과 때로는 반역죄를 저지른 사람에 의해 저질러진 행위를 지칭한다(웹스터 국제사전, 2판)"(Loewald, 1979, p. 387에서 인용).[3] 부모살해 행위에서, 로왈드는 다음을 관찰한다:

> 살해되는 것은 부모의 권위이며, 그로 인해 아이와 부모 사이의 유대에서 신성한 것은 무엇이든 침해된다. 어원학을 참고하면, 부모가 아이를 낳고, 기르고, 돌보고, 보호하는 것이 그들의 부모됨과 권위를(저작권을) 만들고, 아이와 부모의 관계를 신성하게 만든다. 부모 살해는 이러한 유대의 신성함에 반하는 범죄이다. (p. 387)

3) 로왈드는 종교와는 무관한 용어로서 신성한(sacred)이라는 단어를 사용하는데, 진지하고 정중하게 구별되는 것을 지칭하기 위해서이다. 이것은 플라톤과 보르헤스에게 있어서 시가 다른 형태의 인간 표현과 구별되는 것과 같다—시는 "날개가 달린 가볍고 신성한 무언가"이다(Plato, Borges, 1984, p. 32에서 인용).

로왈드는 그의 논문에서 어원학을—단어의 기원, 다음 세대가 단어의 의미를 이용하고 변경하는 방식의 역사를—반복해서 활용한다.

부모 살해는 부모의 권위와 아이에 대한 부모의 저작권(authorship) 주장에 대한 반란을 포함한다. 이 반란은 한 세대에서 다음 세대로 바통을 의례적으로 넘겨주는 것이 아니라, 신성한 유대가 끊어지는 살해를 포함한다. 아이가 부모와의 신성한 유대를 끊는 것은 신체 절단의(거세의) 위협에 대한 두려운 반응이 아니라 부모로부터의 "해방에 대한 능동적인 충동"의(p. 389) 열정적인 주장을 나타낸다. 로왈드의 **해방에 대한 충동**이라는 문구는 **충동**(urge)이라는 단어를(신체적인 본능적 추동과 밀접한 관계가 있다) 해방이라는 단어와 연결하여, 개별화에 대한 타고난 추동이라는 아이디어를 생성한다. 언어 자체에서, 본능 이론은 로왈드에 의해 확장되어 성적 및 공격적 충동을 넘어서는 추동을 포함한다(로왈드의 연구에서 본능 이론과 대상관계 이론의 관계에 대한 논의는 Chodorow, 2003; Kaywin, 1993; Mitchell, 1998 참조).

오이디푸스적 투쟁에서는 "적이 필요하다"(p. 389). 부모의 진정한 권위가 상대적으로 부재하면 아이는 도용할 게 거의 없다. 더욱이 부모의 권위가 확립되지 않으면 아이의 환상은 "제동장치"가 없다(Winnicott, 1945, p. 153)—즉, 자신의 환상이 현실에서 펼쳐지는 것이 허용되지 않을 거라는 안전한 지식이 없다. 부모의 권위가 환상에 대한 "제동장치"를 제공하지 않을 때, 자신이 사랑하고 의존하는 사람들에 대한 환상화된 살해는 견디기가 너무 두렵다. 이러한 병리적 환경에서 아이는 부모를 실제 살해할 위험으로부터 자신을 방어하기 위해 살해 충동을 억압하고(산 채로 묻고), 이러한 감정에 대한 가혹한 처벌적 자세를 취함으로써 억압을 강화한다. 건강할 경우, 역설적이게도 부모의 권위의 존재가 느껴질 때 아이는 심리적으로 부모를 안전하게 살해할 수 있다(환상을 억압할 필요가 없다). 오이디푸스적 부모 살해는 억압이 필요하지 않는데, 왜냐하면 이것은 궁극적으로 사랑하는 행위, "부모 안에서 사랑스럽고 감탄할 만한 것으로 경험된 것의 열정적인 도용"이기 때문이다(p. 396). 어떤 의미에서, 오이디푸스적 부모의 환상화된 죽음은 독립과 개별화를 위한 아이의 투쟁에서 "부수적인 손상"이다. 부모를 죽이는 것은 그 자체로 목적이 아니다.

로왈드에 따르면, 오이디푸스 콤플렉스의 핵심은 세대 간의 대결, 자율성, 권위, 책임에 대한 생사를 건 전투이다. 이 투쟁에서 부모는 "다양한 정도로 능동적으로 거부되고, 물리쳐지고, 파괴된다"(pp. 388-389). 어려움은 부모 살해 환상 그 자체 때문에 일어나는 것이 아니라, 안전하게 부모 살해를 하지 못하기 때문에, 부모와의 오이디푸스적 관계를 끊지 못하기 때문에 일어난다. 다음의 짧은 사례 보고는 부모의 권위를 오이디푸스적으로 도용할 때 마주치는 어려움의 한 형태를 보여 준다.

분석을 시작한 지 몇 년이 지났을 때, 남성 환자 N씨는 다음과 같은 꿈을 꾸었다고 말했다:

"나는 늦은 밤, 호텔 프런트 데스크에서 체크인을 하고 있었습니다. 데스크 직원이 모든 객실이 예약되었다고 말하더군요. 저는 호텔에서는 한밤중에 손님이 올 경우를 대비해 몇 개의 방을 남겨둔다고 들었다고 말했습니다. 그 방은 중요한 사람을 위한 방이라고 생각하긴 했지만 말하지는 않았습니다. 나는 내가 중요한 사람이 아니라는 것을 알고 있었습니다. 긴 데스크의 다른 한쪽 끝에서 체크인을 하고 있던 나이 지긋

한 여성이 위엄 있는 목소리로 말했습니다. '그는 나랑 같이 왔어요. 저랑 방을 같이 쓸 거예요.' 나는 그녀와 방을 같이 쓰고 싶지 않았습니다. 역겨운 생각이 들었습니다. 숨을 쉴 수 없을 것 같았고 호텔을 나갈 방법을 찾으려고 했지만 출구를 찾을 수 없었습니다."

N씨는 그 꿈이 너무 부끄러워서 나에게 말하지 않을 생각이었다고 말했다. 그는 내게 말하길, 어렸을 때 부모에게 자신을 위한 심리적 공간이 없었다는 느낌에 대해 우리가 자주 이야기했음에도 불구하고, 꿈에서 (어머니로 보이는) 그 여성이 그녀의 방뿐만 아니라, 암묵적으로, 그녀의 침대도 같이 쓰자고 하는 깃에 공포를 느꼈다고 말했다.

나는 N씨에게 그가 꿈에 대해 느낀 부끄러움은 어머니와 함께 잔다는 생각에 공포를 느낀 데서 비롯되었을 뿐만 아니라, 스스로 자신을 어른들 사이에서 자신의 자리를 차지할 권위가 없는 아이로—결코 남자가 되지 못할 소년으로—보는 데서 비롯되었을 수도 있다고 말했다.

이와 대조적으로, 20대 중반 남성을 분석한 경험은 건강한 오이디푸스적 세대 계승의 경험을 포착한다:

한 남자 의대생은 나와의 분석이 끝나갈 무렵, 내가 지난 25년간의 정신약리학의 발전에 대해 거의 알지 못한다는 것이 분명해 보이자 나를 애칭으로 "늙은이"라고 부르기 시작했다. 나는 내가 의대생이었을 때 받았던 첫 분석이 떠올랐다. 내가 정신분석의 최근 발전에 대해 배우는 것과 관련하여 분석가에게 경쟁심을 보이면, 그는 가끔 자신을 "영감(old buck)"이라고 불렀다. 나는 그가 "한물 간(over-the-hill)" 분석가 세대에서 자신의 자리와 새로운 (그리고 내 생각엔 좀 더 역동적인) 세대에서 나의 자리를 담담하게 받아들이는 것처럼 보여서 놀랐던 기억이 난다.

나는 의대생 내담자를 분석하는 동안, 나의 분석가가 자기 자신을 영감이라고 불렀던 기억이 웃기면서도 혼란스럽게 느껴졌다. 혼란스러운 점은, 그가 그 말을 할 당시, 내가 내 환자를 분석했던 그 시점의 나보다 더 젊었다는 것이다. 나는 나의 분석가가 세대 계승에서 자신의 자리를 받아들이는 것이 현재 나에게 내가 의대생을 분석하면서 "늙은이(a geezer)"로서의 나의 자리를 받아들이는 것뿐만 아니라, 어떤 면에서는 그것을 포용하려는 나의 노력에 얼마나 큰 가치가 있는지 깨달았다.

우리 아이들의 부모로서, 우리는 우리의 부모 권위를 지키기 위해 싸울 때조차 "그들을 약화시키지"(p. 395) 않도록, 우리는 아이들에 의해 죽임을 당하는 것을 허용한다. 오이디푸스 신화에서, 라이오스와 이오카스테는 델포이의 신탁으로부터 그들의 아들이 아버지를 살해할 운명이라는 말을 듣는다. 이 예언의 공포는 오늘날로 치면 산부인과 병동으로 들어서는 부부에게 곧 태어날 아이가 언젠가 그들을 살해할 것이라고 병원에서 미리 경고하는 것과 같다. 라이오스와 이오카스테는 그들의 아이를 죽임으로써 그러한 결과를 피하려고 한다. 하지만 자신들의 손으로 직접 살해할 수는 없다. 그들은 오이디푸스를 목동에게 넘기고, 목동은 아기가 죽도록 숲에 내버려 두라는 말을 듣는다. 그렇게 해서 라이오스와 이오카스테는 무의식적으로 그들 자신이 살해당하는 것에 공모한다. 그들은 그들의 아이가 생존할 수 있는 기회뿐 아니라 성장하여 자신들을 죽일 수 있는 기회의 창을 만든다.[4]

4) 오이디푸스 콤플렉스는 어떤 의미에서는 아이가 자신의 부모를 죽임으로써 (부모의 협조로) 자신의 조상을 창조하는 과정이다(Borges, 1962 참조).

라이오스와 이오카스테가 직면한 딜레마는 모든 부모뿐만 아니라 새로운 환자와 분석을 시작하는 모든 분석가가 공유하는 딜레마이다. 분석을 시작할 때, 우리는 분석가로서 환자가—모든 것이 잘 진행될 경우—우리의 죽음에 기여하게 될 과정을 시작하게 한다. 모든 것이 잘 진행되기 위해서, "우리는 그들을 약화시키지"(p. 395) 않도록 환자들에게 우리 자신이 죽는 것을 허용해야만 한다. 약화시키는 예로는 환자를 실제보다 덜 성숙한 사람으로 대하거나, 필요하지 않은 조언을 하거나, 원치 않는 지지적인 톤의 목소리를 내거나, 환자 스스로 성찰적이고 통찰력 있게 생각할 수 있는 능력을 해치는 해석을 하는 것이 있다. 아이를(그리고 환자를) 약화시키지 않는다는 것은 노화와 죽음에 대해 수동적으로 체념하는 것이 아니라, 적극적인 사랑의 제스처를 몇 번이고 반복하는 것과 관련된다. 이 제스처는 현 세대에서 자신의 자리를 내어주고 조상이 되는 과정에 있는 사람들 사이에 슬프면서도 자랑스럽게 자신의 자리를 적극적으로 차지하는 것이다. 과거 세대의 일원으로서 자리를 차지하는 것에 저항한다고 해서 세대 계승이 멈추는 것은 아니지만, 그것은 아이들과 손주의 삶에 부재의 느낌을 남길 것이다. 즉, 다른 상황이었다면 그들의 조상이 매우 가치 있는 존재였을 수도 있었을 거라는 부재를 남길 것이다(로왈드는 동료 브라이스 보이어에게 자신이 할아버지가 되기 전에는 이 논문을 쓸 수 없었을 거라고 말했다[Boyer, 1999, 개인적 대화]).

부모는 세대 간에 차이가 없는 것처럼 행동함으로써 다음 세대에게 자리를 내주지 않으려고 할 수 있다. 예를 들어, 부모가 침실이나 욕실 문을 닫지 않거나, 성애적 사진을 "예술"이라고 전시하거나, "사람의 몸은 부끄러운 것이 아니다."라는 이유로 집에서 옷을 입지 않는 것은 아이와 어른은 동등하며 세대 차이가 없다고 암묵적으로 주장하는 것이다. 이러한 상황에서 아이들에게는 죽여야 할 진정한 부모 대상은 없고, 부모 권위의 도착적 버전만 도용할 수 있을 뿐이다. 그 결과 개인은 성장을 방해받은 아이로 시간 속에 얼어붙게 된다.

오이디푸스 콤플렉스에서 아이가 부모를 사랑으로 살해한다는 중심적인 역할을 논의하면서, 로왈드는 이 논문을 정신분석의 이전 논문들과 차별화하는 주목할 만한 언급을 한다:

> 우리가 직설적인 언어에 위축되지 않는다면, 우리 부모의 자녀로서 우리의 역할에 있어서, 진정한 해방을 통해 우리는 그들에게서 중대한 것을 죽일 것이다―한 방에 그리고 모든 면을 죽이는 건 아니지만 그들의 죽음에 기여할 것이다. (p. 395)

단 한 문장 안에서 오이디푸스 콤플렉스가 급진적으로 재고찰된다. 프로이트(1909, 1910)에 의해 오이디푸스 콤플렉스는 단순히 심리내적인 사건이 아니라, 아이와 부모 사이의 일련의 살아있는 대상관계라는 것이 잘 확립되어왔다. 하지만 로왈드는 여기서 멈추지 않는다. 그에게 있어서 오이디푸스적 대상관계에서 펼쳐지는 부모에 대한 환상적 살해는 부모의 죽음에―그 과정의 일부에―기여한다. "그들의 죽음"은 부모가 아이의 삶에 대한 그들의 권위를(그들의 저작권을) 포기하는 것에 대한 은유라고 말함으로써 로왈드의 "직설적인 언어"를 물타기하고 싶은 유혹이 있다. 하지만 로왈드는 그 이상을 말하고 있다: 그는 아이와 부모가 오이디푸스 콤플렉스를 벗어나서 사는 것이 인간이 성장하고, 나이 들어 가고, 죽는 (신체적 과정과 분리할 수 없는) 정서적 과정의 일부라고 주장하고 있다.

자율성과 권위를 둘러싼 부모와 아이 사이의 싸움은 청소년기와 그 이후에 가장 두드러지지만, 초기 어린 시절에도 물론 똑같이 중요하다. 아이가 한쪽 부모와 사랑에 빠지는 것뿐만 아니라 다른 한쪽 부모를 격렬하게 질투하고 경쟁하게 되는 경우에도 해당한다. 게다가, 예를 들어, "미운 두 살"은 독립을 집요하게 주장하는 갓 걸음마를 뗀 아이와 부모가 싸우는 것을 포함한다. 두 살짜리 아이의 부모는 종종 아이의 "고집스러운 의지"를 아이가 전적으로 의존하고, 떠받들어지고, 떠받드는 아기로 "영원히" 남아 있을 것이라는 무언의 합의를 배신한 것으로 경험한다. 아이가 "합의"를 깨는 것은 아기의 부모로 무시간적으로—즉, 시간의 흐름, 노화, 죽음, 및 세대 계승으로부터 격리된 채—남아 있고 싶은 부모의 소망에 대한 공격으로 여겨진다("고집스러운" 유아와 부모의 관계는 아이가 부모를 심리내적으로 좋은 부모와 나쁜 부모 또는 그런 부모들로 분열시키는 정도에 따라 삼각구도화된다).

오이디푸스적 부모에 대한 변형적 내재화

따라서 부모와 아이의 관점에서 볼 때, 부모 살해는 아이의 성장에 필수적인 경로이며, 이를 통해 아이는 당당하게 자신의 권위를 가진 어른으로서 살아가게 된다. 이러한 방식으로 재고찰한 오이디푸스적 부모 살해는 프로이트와 로왈드 모두에게 있어서, "개인의 심리구조 형성의 정점인 초자아" 조직의 기초가 된다(Loewald, 1979, p. 404). 이 구절과 로왈드의 논문 전체에서 **초자아**라는 용어의 사용은 로왈드가 변형하는 과정 중에 있는 마음의 구조 모델의 잔재를 나타낸다. 그래서 로왈드가 사용한 이 용어는 혼란스럽다. 나는 그의 논문을 읽으면서, **초자아**라는 용어를 로왈드가 발전시키고 있는 아이디어에 더 부합하는 용어로 "번역"하는 것이 나의 생각하기를 명확하게 한다는 것을 알게 되었다. **초자아**라는 단어 대신에, 나는 자신이 누구인지, 자신이 어떻게 행동하는지를 판단하고 책임지는(도용된 부모의 권위에서 유래하는) 자기의 한 측면이라는 아이디어를 사용한다.

초자아 형성은 오이디푸스적 부모의 "내재화"(Loewald, 1979, p. 390) 또는 "동일시"를(p. 391) 포함한다. 프로이트(1921, 1923, 1924, 1925) 역시, 초자아 형성 과정을 기술하기 위해 **동일시, 내사, 함입**이라는 용어를 반복적으로 사용한다. 이 과정을 통해 우리는 내가 가장 어렵고 가장 중요하다고 생각하는 질문이자 오이디푸스 콤플렉스와 관련하여 로왈드가 제기한 질문에 도달하게 된다: 오이디푸스적 대상관계가 초자아의 조직화 과정에서 내재화된다는 말은 무엇을 의미하는가? 로왈드는 이 질문에 매우 난해한 구절로 대답하는데, 많은 부분이 언급되지 않거나 단지 암묵적으로만 제시되어 있다. 나는 이 구절을 자세히 읽으면서 여기에 내가 로왈드의 말에서 도출한 추론도 함께 제시하겠다:

> 초자아 조직은 오이디푸스적 대상관계의 … 내재화로서 부모 살해를 기록하는 동시에, 그것의 속죄(atonement)이자 변형(metamorphosis)이다: 속죄는 초자아가 오이디푸스적 관계를 보완하고 복원(restitution)하는 한에서이고, 변형은 이 복원을 통해 오이디푸스적 대상관계가 내적으로, 심리내적 구조 관계로 변형되는(transmuted) 한에서이다. (p. 389)

이 구절의 시작 부분을 바꿔 말하면, 초자아 조직이 부모살해를 "기록한다"는 것은 초자아 조직이 부모 살해의 살아있는 증거라는 의미이다. 초자아는 아이가 부모의 권위를 성공적으로 도용하는 것을 체화하며, 이는 자율성과 책임에 대한 아이의 역량으로 변형된다. 초자아는 심리 구조로서 자아를 모니터하고, 이러한 의미에서 자아(ego)/"나(das ich, the I)"를 책임진다.

이와 동일한 초자아 조직 과정은 아이의 마음의 변화라는 형태로 부모 살해에 대한 내적 기록을 구성할 뿐 아니라, 부모 살해에 대한 "속죄"(p. 389) 또한 구성한다. 내가 이해한 바로는, 초자아 조직은 아이가 부모를 (심리적으로) 살해하는 동시에 그들에게 불멸의 형태를 부여한다는 점에서 부모 살해에 대한 속죄를 표상한다. 즉, ("변형된(transmuted)" 버전의 부모이기는 하지만) 부모에 대한 아이의 경험을 개인으로서 자신이 누구인가라는 그 구조에 함입함으로써, 아이는 부모에게 자리를 확보해 준다. 이 자리는 아이가 자신의 삶을 살아가는 방식뿐 아니라 아이의 아이들이 삶을 살아가는 방식에도 계속해서 영향을 미치는 자리이다. 나는 여기서 아이들이라는 단어를 문자 그대로 그리고 은유적으로 사용하고 있다. 초자아 조직과 관련된 심리적 변화는 성장한 아이가 자신의 아이들과 관계를 맺는 방식에만 단지 영향을 미치는 것이 아니라 아이가 자신의 삶의 과정에서 창조하는 모든 것에 영향을 미친다—예를 들면, 우정과 기타 사랑 관계의 성질뿐 아니라 자신이 하는 일에 대한 생각하기와 창조성. 이러한 창조물은(문자 그대로의 그리고 은유적 아이들은) 그들이 접촉하는 사람들을 변화시키고, 그들은 다시 그들이 접촉하는 사람들을 변화시킨다.

(변형된 상태에서) 부모의 "내재화"는 부모를 죽이는 것에 대한 속

죄를 구성하는데, 이 내재화는 아이가 부모를 닮아 가는 데 기여한 다는 점에서 그렇다. 그러나 또 다른 의미에서, 부모의 "변형"에는 훨씬 더 심오한 형태의 속죄가 있다. 내재화 과정에서 부모가 변형 된 정도에 따라, 이 부모는 아이가 **그들과 다르게** 존재하고 **다르게** 생 성될 수 있는―즉, 어떤 측면에서는, 부모가 존재할 수 있었고 생성 될 수 있었던 그런 사람들 이상으로 생성될 수 있는―창조에 기여 한다. 부모를 죽이는 것에 대해 이보다 더 의미 있는 속죄가 있을 수 있을까?

　로왈드는 논의 중인 구절에서 계속한다: 초자아 조직은 "초자아가 오이디푸스적 대상관계를 보완하고 복원하는 한에서" 부모 살해에 대한 속죄이다. 이 단어들은 신중하게 선택됐다. 복원(restitution)이 라는 단어는 **재수립하다**(re-establish)는 뜻의 라틴어에서 유래했다. 초자아의 형성은 부모로서 그들의 권위를 회복하는 것이다―하지 만 그들이 이전에 부모로서 가졌던 것과 동일한 권위는 아니다. 이 제 그들은 자율적인 한 사람으로서 자기 자신에게 책임이 있고 자신 에 대해 점점 더 책임을 질 수 있는 아이의 부모가 된다. "복원된" (재 수립된) 부모는 이전에는 존재하지 않았던(또는 좀 더 정확하게는 잠재 적으로만 존재했던) 부모이다.

　로왈드에 따르면, 논의 중인 이 구절에서 초자아의 형성이 오이디 푸스 콤플렉스 해결의 한 부분으로서 부모 살해에 대한 속죄 및 부 모의 복원을 나타낼 뿐 아니라, "이 복원을 통해 오이디푸스적 대상 관계가 내적인, 심리내적 구조 관계로 변형되는(transmuted) 한에서 변형(metamorphosis)"을 나타낸다(p. 389). 나는 변형이라는 은유가 로왈드의 개념에서, 즉 부모가 "변형된" 형태로 내재화된다는 것이 무엇을 의미하는가에 있어서 매우 중요하다는 것을 알았다(이 논문에서 로왈드는 **변형**이라는 단어를 인용된 문장에서만 사용하고 있으며, 아마도 자신이 이 은유를 사용하는 것의 충분한 함의를 인식하지 못했을 수도 있다). 완전 변태(complete metamorphosis)의 경우(예를 들어, 나비의 생애주기에서) 누에고치 안에서 애벌레(유충) 조직이 분해된다. 유충 조직이 분해되어 나온 몇몇 세포 군집은 성체 구조가 생성되는 새로운 세포 조직의(예를 들면, 날개, 눈, 혀, 더듬이, 몸의 분절의) 시작을 구성한다.

여기에는 연속성과(애벌레와 나비의 DNA는 일치한다) 불연속성이 (애벌레와 나비의 외부 및 내부 구조의 형태 및 생리 사이에는 큰 차이가 있다) 있다. 마찬가지로, 초자아 형성(오이디푸스적 대상관계의 내재화) 역시 연속성과 급진적 변형을 동시에 포함한다. 애벌레가 날개가 돋지 않는 것처럼 부모가 (아이가 경험한 대로) 내재화되는 것은 아니다. 아이의 오이디푸스적 대상관계의 "내재화"는 부모에 대한 경험에서 심오한 변형을 이룬 다음(애벌레의 신체 구조가 분해되는 것과 유사하다), 아이의 보다 더 성숙한 심리 구조 조직의 형태로(초자아 형태로) 복원된다.[5]

다시 말해, 아이의 "내재화"된(초자아를 구성하는) 오이디푸스적 대상관계는 부모의 "DNA"에—즉, 부모의 무의식적 심리적 구성에—

---

5) 카프와 베릴(1981)의 고전인 『발달』의 한 구절은 변태(metamorphosis)라는 은유의 적절성을 강조한다: 누에고치의 완성은 새롭고 더욱 놀라운 일련의 사건의 시작을 알리는 신호이다. 누에고치가 완성된 후 3일째 되는 날, 죽음과 파괴의 거대한 물결이 애벌레의 내부 기관을 휩쓸고 지나간다. 분화된 애벌레 조직은 분해되지만, 그 사이 몸 여기저기에 숨어 있는 어느 정도 구분된 세포 군집이 빠르게 성장하기 시작하여 죽어가는 유충 조직의 분해 산물로 스스로 영양을 공급한다. 이것이 바로 상상적 디스크(disc)이다. … 그것의 급격한 성장은 이제 새로운 계획에 따라 유기체를 형성한다. 디스크에서 새로운 기관이 생겨난다.

그것의 기원이 있다(결국, 부모와의 오이디푸스적 대상관계를 "기록한다."). 동시에, 오이디푸스적 경험의 이러한 강력한 세대 간의 연속성에도 불구하고, 만약 아이가 (부모의 도움으로) 오이디푸스적 부모를 죽일 수만 있다면, 그는 "새로운"(p. 390) (근친상간이 아닌) 대상과의 리비도적 관계 속으로 들어가는 심리적 여유공간을 창조할 것이다. 이 새로운 관계는 아이가 오이디푸스적 부모와 맺는 리비도적 및 공격적 관계 측면에서 벗어나 자신만의 삶을 살아간다. 이러한 방식으로 그들 부모 및 다른 사람들과의 진정한 새로운 (근친상간이 아닌) 관계가 가능해진다(이 새로운 대상관계는 오이디푸스적 부모에 대한 전이로 채색되지만, 지배되지는 않는다).

요약된 이 한 문장 안에 로왈드 외에는 누구도 쓸 수 없었을 초자아 형성에(자율성과, 책임지는 자기의 수립에) 관한 변형의 요소들이 집약되어 있다: "자기는, 그 자율성에서, 속죄의 구조, 화해의 구조이며, 따라서 최고의 성취이다"(p. 394).

중간 근친상간적 대상관계

이 논문은 로왈드가 오이디푸스 콤플렉스의 근친상간적 구성 요소를 다루면서 새롭게 시작된다. 논문에서 이 부분은 앞서 논의한 상상 속(그리고 현실적) 부모 살해, 죄책감, 속죄, 복원에 대한 논의의 힘이 부족해 보인다. 이 논문의 핵심은—그리고 로왈드의 주된 관심사는—아이가 자율적이고, 책임지는 자기를 성취하는 데 있어서 오이디푸스 콤플렉스의 역할인 것 같다. 근친상간적 욕망은 이 이야기의 부수적인 주제이다.

로왈드는 오이디푸스적 근친상간 소망에 대한 논의를 시작하면서 거의 제기되지 않는 (다소 놀랄 만한) 질문을 제기한다: "근친상간이 뭐가 문제일까?" 그는 대답한다. "근친상간적 대상관계는 통상적인 도덕에 따르면 악이다. 왜냐하면 근친상간적 대상관계는 모아 이원적 단일성에서 가장 분명한 그 신성한 유대 … 원래 하나임을 방해하거나 파괴하기 때문이다"(p. 396). 근친상간은 분화된 리비도적 대상관계가 "일차적 자기애적 단일성의 '신성한' 순수함에 침입하는 것을 포함한다. [이것은] 개별화와 그것의 내재된 죄책감과 속죄에 선행한다"(p. 396).

다시 말해, 우리는 근친상간을 악으로 본다. 왜냐하면 근친상간에서는 분화된, 대상관계적 성적 욕망이 (우리가 신성하게 여기는) 미분화된 유대가 존재했고 계속 존재하는 바로 그 동일한 사람을(그리고 바로 그 동일한 신체를) 향하기 때문이다. 따라서 로왈드에게 근친상간은 잘못된 것으로 느껴진다. 그 주된 이유는 근친상간이 아버지의 권위에 대한 도전과 어머니에 대한 권리 주장이나 세대 간의 차이를 부인하기 때문이어서가 아니라, 모아 관계의 융합된 형태(일차적 동일시)와 그 동일한 사람과의 분화된 대상관계 간의 경계를 파괴하기 때문이다. 근친상간이 악으로 느껴지는 이유는 "[일차적] 동일시 [하나됨(at-one-ment)] 및 [분화된] 대상 점유 사이의 장벽"을 전복시키기 때문이다(p. 397).

일차적 동일시와 대상 점유 사이의 장벽을 전복시키는 것은 가장 중요한 문제이다. 이는 개인의 출현하는 성(sexuality)이 부모와 아이가 근친상간적 욕망을 다루는 방식에 의해 형성되기 때문만이 아니라, 아마도 더 중요하게는, 모든 종류의 건강한 대상관계를 위한 개인의 역량이—다른 사람과의 분리 및 연합의 생성적 변증법을 수립하는 역량이 ─ 그 장벽의 살아있는 온전함에 달려 있기 때문일 수 있다.

부모 살해는 자율적인 개인이 되고자 하는 오이디푸스적 아이의 추동의 표현이며, 근친상간적 소망과 환상은 어머니와의 연합에 대한 오이디푸스적 아이의 동시적 욕구를 나타낸다. 이러한 관점에서 볼 때, "따라서 이 근친상간적[오이디푸스적] 대상은 중간적, 모호한 실체이지, 충분히 성장한 리비도적 대상도[분화된 대상도] 아니며 모호하지 않은 **동일시도**[미분화된 대상도] 아니다"(p. 397). 로왈드는 근 **친상간적 대상**과 **근친상간적 대상관계**라는 용어를 사용하여 실제 근친상간을 지칭하는 것이 아니라 근친상간적 환상이 우세한 외적 및 내적 대상관계를 지칭한다. 근친상간적 오이디푸스적 관계는 오이디푸스 콤플렉스의 진행 중인 측면을 지속하며, 자율성과 책임에 대한 욕구와 연합을 향한 건강한 당김(예를 들면, 사랑, 공감, 성, 돌봄 제공, "일차적 모성 점유"[Winnicott, 1956, p. 300] 등의 측면) 사이의 긴장을 매개한다.

초자아와 중간 근친상간적 대상관계는 모두 상호보완적인 방식으로 오이디푸스 콤플렉스의 계승자이며, 각각 부모에 대한 사랑 그리고 부모로부터 자신을 해방시키고 새로운 대상관계를 수립하려는 소망 사이의 긴장을 매개한다. 하지만 이 둘 사이에는 중요한 차이가 있다. 초자아 형성의 기초가 되는 속죄는(하나됨은[at-one-ment]) 부모와의 대상관계를 전체적이고 분리된 대상으로서 변형적으로 내재화하는 것을 포함하는 반면, (중간) 근친상간적 대상관계와 관련된 하나됨은 부모와의 융합을(일차적 동일시를) 포함한다.

오이디푸스적 근친상간적 대상관계가 미분화된 대상관계와 분화된 대상관계 사이의 중간 포지션을 구성하는 것으로 이해함으로써,

로왈드는 단순히 전-오이디푸스적 발달에 대한 정신분석적 개념을 확장하는 것이 아니다. 그는 그 이상의 것을 제안하고 있다. 오이디푸스 콤플렉스는 성격의 "신경증적 핵"을(p. 400) 구성하는 분화된 대상관계 세트인 것만이 아니다. 오이디푸스 콤플렉스는 "바로 그 핵"에(p. 399) 성격의 "정신증적 핵"을(p. 400) 구성하는 좀 더 원초적인 대상관계를 "컨테인한다"(p. 399). 후자로부터 건강한 분리-개별화의 가장 초기 형태가 생겨난다.

따라서 오이디푸스 콤플렉스는 정서적 도가니이다. 여기서 개인의 일생 동안 오이디푸스적 구성이 점점 더 성숙한 수준에서 재작업되고 재조직됨에 따라 성격 전체가 형성된다(Ogden, 1987 참조). 로왈드는 자신의 아이디어에 대한 독창성을 주장하지 않지만 다음과 같이 말한다. 프로이트는 "[오이디푸스 콤플렉스가 미분화된 대상관계를 중심적으로 포함한다는] 사실을 오래전에 인정"했지만(Loewald, 1979, p. 399), 오이디푸스 콤플렉스의 이러한 측면은 "프로이트가 깨달은 것보다 좀 더 [중요]"하다(p. 399). 오이디푸스 콤플렉스의 이러한 좀 더 원시적인 측면은 없어지는 것이 아니다. 오히려 "진보된 정신성의 깊은 층"으로 자리 잡는다(p. 402).

이 부분에 대한 논의를 마무리하기 전에, 아직 해결되지 않은 한 가지 아이디어를 다시 살펴보고자 한다. 논문의 서두에서 로왈드는 (프로이트와 함께) 건강할 때 오이디푸스 콤플렉스는 "해체된다(demolished)"고 주장했다. 이 논문이 진행되는 과정에서 로왈드는 이 아이디어를 수정한다:

추상적으로, 이 구조의[자율적 자기의] 조직화가 진행됨에 따라 오이디푸스 콤플렉스는 대상관계의 배열이나 그것의 환상 표상으로서 파괴될 것이다. 그러나 셰익스피어의 템페스트에 나오는 아리엘의 말을 빌리자면, 아무것도 사라지지 않는다. "하지만 바다는 풍부하고 이상한 무언가로 변하는 것을 겪어야 한다." (p. 394)

다시 말해, 오이디푸스 콤플렉스는 파괴되는 것이 아니라, 계속해서 "풍부하고 이상한 무언가"로 변형되는 과정에 있다—즉, "괴롭지만 보람 있는 삶의 풍요로움"을 구성하는 인간 조건의 진화하는, 영원히 문제가 되는 수많은 측면으로 말이다(p. 400). 독자들은 로왈드가 경험이 파괴될 수 있다는 명백히 옹호할 수 없는 아이디어를 언급하는 대신, 처음부터 왜 그렇게 말하지 않는지 의아해할 수도 있다. 나는 로왈드가 좀 더 절대적이고 극적인 언어로 시작하는 것은 독자들이 놓치지 않길 바라는 진실이 있기 때문이라고 생각한다: 즉, 심리적으로 부모를 살해하는 데 성공하고 자율적인 자기를 형성하는 데 기여하는 방식으로 부모 살해를 속죄하는 정도에 따라, 오이디푸스 콤플렉스의 정서적 감금으로부터 해방된다. 오이디푸스 콤플렉스는 부모와의 오이디푸스적 관계가 더 이상 의식적이고 무의식적인 정서적 세계를 구성하지 않을 정도로 파괴된다. 이 의식적이고 무의식적인 정서적 세계는 개인이 계속 반복되는, 의존적인 아이로 살아가는 세계이다.

이 논문은 시작할 때 다뤄왔던 주제가 아닌, 글쓰기 그 자체에 대해 언급하면서 마무리한다:

내가 여러 번 관점을 바꿔서 어쩌면 혼란스러울 거라는 것을 안다. 이런 방식으로 내가 그리려고 했던 종합적인 그림이 나의 접근으로 인해 너무 흐릿해지지 않기를 바란다. (p. 404)

내 귀에, 관점 전환[하기]라는 말은 항상 수정하는 과정에 있는 글쓰기와 생각하기 스타일, 그리고 제시되고 있는 아이디어를 수용하는 것만큼이나 비판적으로 의문을 제기하는 읽기 스타일을 기술하는 것으로 들린다. 한 세대가 다음 세대에 표시를 남기는 방식을 다루면서도 후손들이 자신들만의 아이디어와 방식의 저자가 될 권리와 책임을 행사하도록 촉진하는 논문에 이보다 더 적합한 마무리를 상상할 수 있겠는가?

로왈드와 프로이트

오이디푸스 콤플렉스 개념에 대한 로왈드와 프로이트의 몇 가지 차이점을 강조하는 것으로 마무리하고자 한다. 로왈드에게 오이디푸스 콤플렉스는 (프로이트의 경우처럼) 아이의 성적 및 공격적 충동(impulse)에 의해서 추동되는 것이 아니라 자율적인 개인이 되고자 하는 욕구, "해방 충동(urge)"에 의해 주로 추동된다. 예를 들어, 소녀는 부모의 침대에서 어머니를 대신하기 위해서가 아니라 부모의 권위를 자신의 것으로 취하기 위해 가장 근본적으로 추동된다. 아이는 오이디푸스적 부모의 변형적 내재화를 통해 상상 속(그리고 현실적) 부모살해에 대해 속죄하며, 그 결과 자기의 변화를(새로운 심리적 기관인 초자아의 형성을) 가져온다. "자기 자신에 대한 책임은 … 내적 기관으로서 초자아의 본질이다"(Loewald, 1979, p. 392). 따라서 아이는 가능한 가장 의미 있는 방식으로 부모에게 보답한다—자기 자신에 대해 책임지고 자기 자신에게 책임이 있는 자기감을 수립함으로써, 부모가 존재할 수 있었고 생성될 수 있었던 사람보다 더 나은 사람이 될 수 있는 자기감을 수립함으로써 보답한다.

오이디푸스 콤플렉스의 근친상간적 요소는 모호하고, 중간 형태의 대상관계로서 자기의 성숙에 기여하는 역할을 한다. 이 대상관계는 성숙한 대상관계의 분화된 차원과 미분화된 차원이 서로 긴장을 유지한다. 오이디푸스 콤플렉스는 거세 위협에 대한 두려움으로 추동된 반응이 아니라, 부모 살해를 속죄하고 부모로서 그들의 (이제는 변형된) 권위를 복원하고자 하는 아이의 욕구에 의해 끝난다.

나는 로왈드의 오이디푸스 콤플렉스를 프로이트의 최신 버전으로 보지 않는다. 오히려 내가 보기에 오이디푸스 콤플렉스에 대한 이 두 가지 표현은 동일한 현상을 바라보는 서로 다른 관점으로 여겨진다. 두 관점 모두 오이디푸스 콤플렉스에 대한 현대 정신분석적 이해에 빼놓을 수 없다.

8장

해럴드 설즈 읽기

내 생각에, 해럴드 설즈는 분석적 관계에서 일어나는 것에 대한 자신의 정서적 반응을 말로 포착하는 능력에 있어서뿐 아니라 이를 활용하여 전이-역전이를 이해하고 해석하려는 노력에 있어서 타의 추종을 불허한다. 나는 설즈의 두 논문, ─「역전이에서 오이디푸스적 사랑」(1959)과 「무의식적 동일시」(1990)의 일부를 자세히 읽으면서, 설즈가 **무엇을** 생각하는지뿐만 아니라 생각하는 **방식**과 분석 세팅에서 **어떻게** 작업하는지에 있어서 내가 **정수**라고 생각하는 것을 제시할 것이다. 분석의 특정 순간에 일어나는 것에 수용적이라는 것은, 설즈에게 있어서는 환자의 무의식적 의사소통에 대한 정교한 민감성을 포함한다. 환자의 무의식적 의사소통에 대한 이러한 수용성은 분석가에게 자신의 무의식적 경험을 드러내는 형태를 요구한다.

설즈가 자기 자신을 분석적으로 활용하는 방식은 종종 자신의 의식적 경험과 무의식적 경험 간의 구분을 흐릿하게 하는 것뿐만 아니라 자신의 무의식적 경험과 환자의 무의식적 경험 간의 구분을 흐릿하게 하는 것을 수반한다. 그 결과, 설즈가 자기 자신과 환자 사이에서 일어나는 것으로 이해한 것에 대해 환자에게(그리고 독자에게) 하는 말들은 종종 독자를 놀라게 한다. 하지만 환자는(그리고 독자는) 거의 언제나 그것들을 의식적 및 무의식적인 심리적 작업의 목적으로 활용할 수 있다.

「역전이에서 오이디푸스적 사랑」을 논의하면서, 나는 설즈의 물러서지 않는 정확한 치료적 관찰이 독창적인 치료 이론을(이 경우에는, 오이디푸스 콤플렉스의 재개념화를) 낳는 방식에 초점을 맞추고자 한다. 내가 말하는 **치료 이론**이란, 치료 세팅에서 일어나는 현상에 대한 경험에 가까운 이해를(사고, 감정, 행동 측면에서의 공식화를) 말한다. 예를 들어, 전이는 환자 자신도 모르는 사이에, 분석가를 향한 환자의 특정 감정이 환자가 이전의 실제 및 상상 속 대상관계에서 경험한 감정, 보통 어린 시절의 관계에서 경험한 감정에 기원한다고 제안하는 치료 이론이다. 대조적으로, 더 높은 수준의 추상성을 포함하는 정신분석 이론은(예를 들면, 프로이트의 지형학적 모델, 클라인의 내적 대상 세계 개념, 비온의 알파 기능 이론은) 마음이 어떻게 작동하는지에 대한 생각하기 방식으로서 공간적 및 기타 유형의 은유를 제안한다.

「무의식적 동일시」를 읽으면서, 나는 설즈가 독특한 방식의 분석적으로 생각하기와 작업하기를 한다고 제안하는데, 이 방식은 "경험을 뒤집는(inside out)" 과정으로 생각할 수 있을 것이다. 즉, 이것이 의미하는 바는 설즈는 볼 수 없었던, 그렇지만 느껴졌던 존재, 정서적 맥락을 환자가 생각하고 말할 수 있는 심리적 내용으로 변형시킨다는 것이다. 환자의 내적 및 외적 세계의 무섭고도, 이름도 없이 당연한 성질로 여겨졌던 것이 설즈에 의해 언어로 상징화된 정서적 딜레마로 변형되고, 그로 인해 분석적 쌍은 생각하고 대화할 수 있게 된다.

마지막으로, 내가 설즈의 작업과 비온의 작업 사이의 상보성이라고 보는 것을 논의할 것이다. 나는 설즈 읽기가 비온의 작업에 대한 생생한 치료적 맥락을 제공하고, 비온 읽기가 설즈의 작업에 대한 귀중한 이론적 맥락을 제공한다는 사실을 발견했다. 나는 설즈의 치료 작업과 비온의 컨테이너-컨테인드 개념, 진실에 대한 인간의 근본적인 욕구, 그리고 의식적 경험과 무의식적 경험 간의 관계에 대한 비온의 재개념화 간에 서로를 풍요롭게 하는(독자의 마음에서 창조되는) '대화'에 특히 초점을 맞출 것이다.

역전이에서 오이디푸스적 사랑

논문 「오이디푸스적 사랑」의 첫 페이지에서, 설즈는 역전이 사랑에 관한 분석 문헌에 대해 사려깊게 검토한다. 당시 타워는(1956, Searles, 1959, p. 285에서 인용) 이 주제에 대한 합의를 간결하게 표현했다: "역전이 주제에 대해 거의 모든 저자들은 … 환자에 대한 어떤 형태의 성애적 반응도 관용되어서는 안 된다고 분명하게 말한다. …" 이러한 정서가 깔려 있는 가운데, 설즈는 4년간의 분석 중 (분석 경력 초기에 했던) 후반부에 있었던 한 분석 경험을 제시한다. 그는 환자의 여성성이 처음에는 "상당히 억압되어 있었다"고 말한다 (1959, p. 290). 이 분석의 마지막 해에 설즈는 "그녀와 결혼하고 싶다는 넘쳐흐르는 욕망과 그녀의 남편이 되고 싶다는 환상을 가지고 있었다."는 것을 발견했다(p. 290). 이러한 사고와 감정을 있는 그대로 인정하는 것은 1959년에는 전례가 없었으며, 오늘날 분석 문헌에서도 보기 드물다. **결혼하다**라는 단어는—보통 그런 일상 단어는—이상하게도 강력한 힘이 있다. 사랑에 빠지고 사랑하는 사람과 가정을 꾸리고 일상을 함께하고 싶다는 소망을 모두 함의하고 있기 때문이다. 내가 보기에 가장 중요한 것은 설즈가 기술하는 환상은 환자와의 상상적 성관계를(또는 다른 명시적인 성행위를) 결코 포함하지 않는다는 것이다. 나는 이러한 설즈의 환상의 성질이 오이디푸스적 아이의 의식적 및 무의식적인 환상 생활의 본질을 반영한다고 생각한다. 분석적 경험과 어린 시절 경험 사이에 이러한 병행을 그리는 것은 주로 독자의 몫이지만, 설즈는 오이디푸스적 소년에게 있어서 어머니와 "결혼하고" 어머니의 "남편"이 된다는 아이디어가 미스터리하고, 잘 정의되지 않은, 흥미로운 아이디어라고 제안하고 있는 것 같다. 자신의 어머니/환자와 "결혼한다"는 것은 그녀를 성적인 파트너로 가지는 문제가 아니라, 평생 동안 그녀를 혼자서만 가지는 문제이며, 그녀를 자신의 가장 친한 친구이자 매우 아름답고 성적으로 흥분되는 "아내"로 갖는 문제이다. 자신은 그녀를 깊이 사랑하고 그녀로부터 깊게 사랑받는다고 느낀다. 설즈의 글쓰기는 이러한 감정과 환상이 설즈에게(또는 더 나아가서 오이디푸스적 아이에게) 어느 정도 의식적인 것인지 명확하게 하지 않는다. 나는 이러한 불분명함이 오이디푸스적 사랑에 휩싸인 설즈의(그리고 아마도 오이디푸스적 아이의) 정서적 상태의 한 측면을 충분히 의도하고 반영한다고 생각한다.

이 첫 번째 치료 예시에서 설즈는 환자에 대한 사랑으로 인해 불안과 죄책감, 당혹감을 느낀다고 기술한다. 환자가 종결이 임박해서

슬프다고 말하자 설즈는 그녀에게 말한다. 그는,

> 영화 〈열두 명의 웬수들(Cheaper by the Dozen)〉에서 길브레스 부
> 인이 느꼈던 것처럼 느꼈어요. 열두 명의 아이 중 막내가 초기 유아기를
> 이제 막 지나고 있을 때 [그녀는]… 남편에게 말했죠. "16년 만에 처음으
> 로, 2시에 수유를 하기 위해 깨지 않은 건 분명 이상할 거야." (p. 290)

환자는 "놀란 듯 보였고, 자신이 그보다는 더 나이가 들었다고 생
각한다는 식으로 중얼거렸다"(p. 290). 설즈는, 회고적으로 이해하게
되었다. 그가 환자의 유아적 욕구에 초점을 맞춘 것이 "결코 내 것이
될 수 없는 성인 여성"(p. 290)인 그녀에 대한 자신의 사랑의 감정으
로부터 불안해서 후퇴한 것을 나타낸다는 것을 말이다. 설즈가 자기
자신과 (간접적으로) 환자에게 자신의 오이디푸스적 사랑을 (유아에
대한 부모의 사랑과 대조적으로) 인정하는 것을 두려워한 것은 주로 그
러한 감정을 개방적으로 인정하면 외부 및 내부의 분석 선배들로부
터 공격을 받게 될 것이라는 두려움에서 비롯되었다:

> 나의 훈련은 주로 분석가로서 환자에 대해 갖는 어떤 강한 감정도 의
> 심해 보도록 하는 것이었고, 이러한 특별한 정서는[환자와 결혼하고 싶
> 다는 낭만적이면서 성애적인 소망은] 특히 위법적인 특성을 띠는 것처럼
> 보였다. (p. 285)

비록 분석 세팅에서 오이디푸스적 사랑의 관리를 단지 부분적으
로만 성공하지만, 설즈는 환자에 대한 자신의 오이디푸스적 사랑 경
험과 관련하여 중요한 질문을 암묵적으로 제기하고 있다. "비－역

전이" 사랑과 반대되는 역전이 사랑이란 무엇인가? 역전이 사랑은 비-역전이 사랑보다 덜 현실적인가? 만약 그렇다면 어떤 점에서 그러한가? 이러한 질문은 해결되지 않은 채 잠정적으로 남아 있다.

설즈는 시간이 지남에 따라 전이-역전이에서의 오이디푸스적 사랑을 분석 작업의 일관된 부분으로 경험하면서 말한다:

> 나는 나 자신에게서 그러한 반응을 발견하는 것에 점점 덜 괴로워졌고, 환자에게 그러한 반응을 숨기려는 제약이 줄어들었다. 그리고 그러한 반응이 우리 관계의 결과에 나쁘기보다는 좋은 조짐을 나타낸다는 것을, 그리고 환자는 자신이 분석가에게 그러한 반응을 불러일으킬 수 있다는 것을 감지하는 데서 환자의 자존감이 크게 향상된다는 것을 점점 더 확신하게 되었다. 나는 한편으로는 분석가가 자기 자신 안에서 환자를 향한 그러한 감정을—그리고 그러한 감정의 실현 불가능성을—인식하는 경험의 정동적 강도와 다른 한편으로는 환자가 분석에서 성취하는 성숙의 깊이 사이에 직접적인 상관관계가 있다고 믿게 되었다. (p. 291)

이 구절은 설즈의 작업에서 절제된 표현의 힘을 보여 준다. 그는 이 논문의 중심적인 아이디어를 말하지 않은 채로 남겨 둔다: 오이디푸스 콤플렉스를 성공적으로 분석하기 위해서는 분석가가 환자와 사랑에 빠지면서도 자신의 소망이 결코 실현되지 않을 것이라는 것을 깨달아야 한다. 그리고 더 나아가, 어린 시절의 성공적인 오이디푸스적 경험을 위해서, 오이디푸스적 부모는 오이디푸스적 아이와 깊이 사랑에 빠지면서도 이 사랑이 결코 감정의 영역을 떠나지 않을 것이라는 것을 충분히 인식해야 한다(방금 인용한 구절에서와 같이, 설즈는 전이-역전이를 치료적으로 기술함으로써 치료 이론을 매끄럽게 생성한다).

설즈가 제시한 이 첫 번째 치료 예시는 건강한 오이디푸스적 사랑의 근원을 이루는 본질적인 역설을 시사한다: 어린 시절과 전이−역전이에서, 소망하는 결혼은 현실적인 동시에 상상적인 결혼으로 취급된다. 결혼이 가능하다는 믿음이 존재하기도 하지만, 동시에 결혼이 결코 이루어질 수 없다는 (부모/분석가가 자신들의 역할에 대해 충분한 근거를 가짐으로써 확보된) 앎도 존재한다. 위니콧(1951)의 "중간 대상" 관계성 개념의 정신에서는, "분석가는 환자와 **실제로** 결혼하고 싶은가?"라는 질문은 결코 제기되지 않는다. 환자와 분석가의 오이디푸스적 사랑은 현실과 환상 사이에 걸려 있는 마음의 상태를 수반한다(이러한 전이−역전이 사랑 개념에 대한 사려 깊은 조사와 정교화에 대해서는 Gabbard, 1996 참조).

설즈가 논문의 나머지 부분에서 제시하는 치료 예시는 모두 만성 조현병 환자와의 작업에서 가져온 것이다. 설즈는 체스트넛 로지에서의 광범위한 심리치료 작업을 바탕으로 조현병 환자에 대한(그리고 매우 초기 삶에 기원을 둔 심리장애가 있는 다른 환자들에 대한) 분석이 모든 인류에게 공통적인 경험 특성에 대해 배울 수 있는 특별하게 생산적인 방법을 제공한다고 믿는다. 설즈는 이러한 환자들과의 성공적인 분석 작업에서는 발달의 가장 성숙한 측면이(오이디푸스 콤플렉스의 해결을 포함한다) 경험되고 언어화될 뿐만 아니라, 건강한 환자들과의 작업에서는 드문, 전이와 역전이에서 명확성과 강도를 갖는 분석 관계로 이어진다고 믿는다.

조현병 여성에 대한 분석을 논의하면서, 설즈는 분석 후반부에 "… 병이 심하고 매력적이지 않다고 동료들이 볼 수도 있는" 여성과 결혼하고 싶은 강한 소망을 느끼는 자신을 발견하고는 당혹스러웠다고 인정한다(p. 292). 그러나 환자를 아름답고 성적으로 매우 매력

적인 여성으로 볼 수 있는 설즈의 역량은 바로 그에게 요구되는 것
이었다. 설즈는(자신이 치료자라는 것을 마음 안에 분명히 하면서도) 조
현병 환자에 대한 자신의 로맨틱한 감정을 솔직하게 직면함으로써
다음을 해결한다는 것을 발견했다.

> 환자가 치료자에게 환자의 어려움을 상호 조사하는 것을 질식시키
> 는 방식으로 근친상간적 호소나 요구를 하는 데 빠져 있는 틀에 박힌 상
> 황이 되는 것을 해결한다. 치료자가 그러한 반응을 스스로 인식할 엄두
> 조차 내지 못한다면ー환자에게 표현하는 것은 고사하고ー그 상황은 이
> 수준에서 더욱더 교착상태로 남을 것이다. (pp. 292-293)

여기서 설즈는, 치료자가 환자와 결혼하고 싶어 하도록 환자가 유
발한다는 것을 환자가 볼 수 있도록 치료자가 "솔직하게"(p. 292) 허
용하는 것은 환자의 끊임없는 "근친상간적 호소"를 악화시키는 것이
아니라, 오히려 치료자가 "환자에 대한 로맨틱한 사랑"을 인정함으
로써 교착상태를(반복적이고, 끊임없는 근친상간적 호소를) "해결"하고
분석 작업에 대한 환자와 치료자의 역량을 "해방"하는 것에(p. 292)
기여한다고 제안한다. 설즈는 자신의 발견에 대한 이론적 토대를 논
의하지는 않지만, 환자에 대한 치료자의 사랑 표현이 가진 치료 효
과는 교정적 정서 경험으로서가 아니라 환자가 누구인지 알기 위한
발달적 욕구의 충족으로서(성애적 욕망의 만족과는 반대로) 개념화되
고 있는 듯하다. 성애적 욕망은 성적 흥분을 증가시킬 것이고, 환자
가 누구인지 알기 위한 발달적 욕구는 심리적 성숙을 촉진할 것이
다. 이는 사랑받고 사랑하는 것으로 경험되는 자기의 공고화를 포함
한다. 설즈는 사랑하고 사랑받으며, 사랑을 가치 있게 여기는 분리

된 인간으로서 인식되고자 하는 인간의 발달적 욕구를 암묵적으로, 그리고 오직 암묵적으로만 가정하고 있다.

설즈는 환자에 대한 분석가의 오이디푸스적 사랑의 감정이 어떤 역할을 하는지에 대해 깊이 연구한다. 그는 "민감하고, 고도로 지적이며 신체적으로 잘생긴"(p. 294) 편집증적 조현병 남성을 분석한 지 약 18개월이 지났을 무렵 정점에 달한 복합적인 정서적 상황을 논의한다. 설즈는 이 환자에 대한 자신의 로맨틱한 감정의 강도에 대해 불편하다고 느끼기 시작했다. 그는 치료시간에 경계하게 되었다고 말한다.

> 우리가 침묵하며 앉아 있는 동안 그리 멀리 떨어져 있지 않은 라디오에서 감미로운 로맨틱한 노래가 흘러나오고 있었다. 그때 나는 이 남자가 세상 누구보다 소중한 사람이라는 사실을 깨달았다. 내 아내를 포함해서. 몇 달 만에 나는 그의 치료를 무한정 계속할 수 없는 "현실적인" 이유를 찾는 데 성공했고, 그는 먼 지역으로 떠났다. (p. 294)

설즈는 가정하기를, 그는 환자의 빈정댐과 경멸을 견뎌낼 수 있었는데, 그것은 환자가 어머니에게 미움을 받고 그래서, 어머니를 미워하는 환자의 감정 경험을 전이에서 반복하는 것이었다. 설즈가 "용기를 낼 수 없었던"(p. 295) 것은 전이-역전이 속의 사랑이었는데, 이 사랑은 "[환자와 어머니 사이에] 상호 거부의 스크린 뒤에 만연"(p. 295)했던 사랑에 기원한다. 특히 설즈가 경력 초기의 그 시점에, 이 환자와의 작업을 계속할 수 없을 정도로 그가 그토록 두려워했던 것은 한 남성에 대한 로맨틱한 사랑이었다.

설즈가 이 환자와 함께 앉아 있을 때 라디오에서 감미로운 사랑

노래가 흘러나온 것에 대해 이야기하는 것을 들을 때면 언제나 나는 깊은 감동을 받는다. 설즈는 독자에게 어떤 일이 일어났는지 단순히 말하지 않는다. 그는 독자에게 읽기 경험에서 무엇이 일어났는지를 보여 준다: 음악의 감미로움이 말의 소리에서 창조된다. 이 경험을 기술하고 있는 (위에서 인용된) 문장에서, "우리가 있는 동안(While we were)"이라는 (부드러운 "w"소리를 반복하는 세 개의 단음절어) 말 뒤에 "침묵하며 앉아 있는(sitting in silence)"이라는 (부드럽고 감각적인 "s"소리로 시작하는 이음절어가 쌍을 이룬다) 말이 나온다. 이 문장은 "away" "was" "when"이라는 단어에서 "우리가 있는 동안"의 부드러운 "w"소리가 계속 반복되고, 세 개의 단어가 꼬리처럼 달려 마치 수류탄처럼 터지며 끝이 난다: "내 아내를 포함해서(including my wife)". 대단원의 핵심에 있는 "아내"라는 단어는, 그 자체의 부드러운 "w"를 통해 이 단어가 내내 윤곽만 드러내온 단어라는 느낌을, 앞에 나온 모든 단어들 속에 숨어서 기다려온 단어라는 느낌을 전달한다. 소리의 잔잔한 움직임은 설즈와 환자가 서로에게 느꼈던 사랑의 고요함을 읽어내는 경험을 창조하고, "내 아내를 포함해서"라는 꼬리처럼 달린 사고는 장면의 꿈꾸는 듯한 고요함을 강력하게 뚫고 나간다.

이러한 방식으로 설즈는 제시되고 있는 분석 시점에서 갑작스럽고 예기치 못한 경계를 느낀 경험의 무언가를 읽기 경험에서 창조한다. 독자 역시 이러한 전개에 대한 준비가 되어 있지 않은 상태에서 설즈가 한 말이 정말인지 궁금해 한다: 환자가 그의 아내보다 더 소중하다는 말. "내 아내를 포함해서"라는 구절의 간결함은 이 질문에 대한 대답의 분명한 본질에 기여한다: 그렇다, 그는 진심이다. 그리고 그 사실에 설즈는 매우 겁을 먹고 서둘러 치료를 조기에 끝나게 했다. 방금 기술한 것과 같이 독자를 두렵고 놀라게 하는 것은 설즈가 자신이 제시하는 작업을 듣는 청중들에게 강렬한 분노를 끌어내기로 소문났다는 것을 상당부분 설명한다고 생각한다. 설즈는 날카로운 경험을 둥글게 만드는 것을 거부한다. 그의 작업을 읽는 것은 이해에 도달하는 경험이 아니다. 그것은 환자와의 경험에 대한 혼란스러운 진실에 갑자기 깨어나는 경험이다. 설즈에 따르면, 환자와 분석가 측에서 자기 자신에 대해 "깨어나는" 연속적인 경험은, 분석 경험의 중추적인 측면을 구성한다. 치료자가 현재 일어나고 있는 일에 대해 깨어날 수 없을 때 분석 안과 밖에서 행동화가 (환자와 분석가 측에서) 일어나는 경향이 있다. 여기에서도 이러한 치료 이론의 일부가 설즈의 치료 작업에 대한 기술에 함의되어 있다.

한 남성에 대한 오이디푸스적 사랑과 관련된(방금 기술한 치료 경험 이후 몇 년이 지나서 있었던) 또 다른 분석 경험에서, 설즈는 중증 편집증적 조현병 환자를 향한 다정한 사랑과 살인적인 증오가 뒤섞인 감정에 대해 말한다:

> 분석을 한 지 3~4년째 되었을 때, 그는 우리가 결혼한 것처럼 말했다. … 분석 시간 중 한번은 내가 그를 차로 태워다 주었을 때, 나는 전반적으로 매우 기분 좋은 환상과 감정에 놀라웠다. 즉, 그것은 우리가 결혼을 앞두고 있는 연인이고, 우리 앞에 경이로운 세상이 펼쳐져 있다는 환상과 감정이었다. 나는 함께 가구를 보러… 가는 것이 상상이 되었다.
> (p. 295)

"함께 가구를 보러… 가는"이라는 마지막의 세부적인 기술은 성적 각성이 아니라, 사랑하는 사람과 함께 살아갈 삶을 꿈꾸고 계획하는 흥분을 절절하게 전달한다. 오이디푸스적 사랑에서 아이와 부모, 환자와 분석가 측의 이러한 꿈은 현재 자신의 사랑 대상과 실현될 수 없다: "나는 14년 동안 계속 입원해 있던 이 남자의 욕망이 얼마나 완전히 비극적으로 실현될 수 없는지 통렬하게 깨달았다"(p. 296). 한 남성에 대한 오이디푸스적 사랑의 두 번째 예시에서, 설즈는 환자에 대한 사랑으로 슬퍼할 뿐 두려워하지 않는다. 이쯤되면 이 논문에서, 사랑의 감정을 느끼고 결혼했다는 환상을 경험하고 있는 환자를 설즈가 자신의 차에 태워줬다는 사실은 나에게 놀랍기는 하지만 충격적이지는 않다. 이 구절을 읽으면서 나는 이 환자를 위해 정신분석을 새롭게 창조해 낸 설즈의 역량에 대해, 설즈의 말을 빌리자면, 충격이나 공포가 아니라 "놀라움을" 느꼈다(p. 295). 지금까지 제시한 작업 과정을 통해 설즈가 정서적으로 성장했을 뿐만 아니라, 독자인 나 역시 그의 작업을 읽는 경험 과정에서 성숙해졌을 것이다.

나에게 있어 이 논문은 설즈가 부모로서 그리고 남편으로서 자신의 경험에 대해 이야기할 때 거의 마지막 순간을 향해 나아간다. 나는 이 구절 전체를 인용하겠다. 어떤 다른 말로 표현하거나 발췌문으로도 설즈가 신중하게 선택한 단어들의 힘으로 창조된 효과를 전달할 수 없기 때문이다:

> 환자와의 작업뿐만 아니라 남편으로서 그리고 부모로서 경험은 내가 여기서 제시하는 현 개념의 타당성을 확신시켜 주었다. 이제 여덟 살이 된 내 딸에게 나는 로맨틱한 사랑과 같은 수많은 환상과 감정을 경험해 왔다. 이것은 딸이 두세 살 무렵부터 지금까지 수시로 아버지에게 보여 준 로맨틱하게 반할 만하고, 매혹적인 행동과 완전히 상보적이었다. 딸이 나에게 매우 자신 있게 교태를 부리고 내가 딸의 매력에 매료될 때면

나는 때때로 다소 걱정스러운 마음이 들곤 했다. 하지만 얼마 전부터는 관계의 그러한 순간이 그녀의 성격 발달에 자양분이 될 수 있을 뿐 아니라 나에게도 기쁨이 될 수 있다는 확신을 갖게 되었다. 만약 어린 소녀가 자신의 아버지의 마음을 얻을 수 없다고 느낀다면 그녀를 그렇게 오랫동안 잘 알고, 혈연으로 연결된 그녀의 아버지의 마음을 얻을 수 있다고 느낄 수 없다면, 내 생각에, 그러면 이 어린 여성은 이후에 어떻게 자신의 여성성의 힘에 대해 깊은 확신을 가질 수 있겠는가?

마찬가지로 나는 이제 열한 살이 된 내 아들이 오이디푸스적 욕망으로 인해 나의 아내에게서 유사하게 활기차고 온 마음을 다한 감정 반응을 찾는다는 온갖 인상을 받는다. 그리고 나는 그들의 깊은 애정과 공공연하게 입증된 상호 끌림이 나의 아들에게도 좋을 뿐만 아니라 나의 아내를 풍요롭게 할 것이라고 똑같이 확신한다. 내가 이해한 바로는 여성이 자신의 남편을 사랑하면 할수록, 그녀가 결혼할 만큼 충분히 사랑했던 남자의 더 젊은 버전인 그 사내 녀석을 마찬가지로 적어도 상당한 정도로 더 사랑하게 된다. (p. 296, 강조 추가)

이 구절에서 설즈는 자신의 경험에 기초하여, 사람들이 서로에게 미치는 정서적 영향에 대해 자신이 "이해한" 것이 무엇인지 간단하게 언급한다. 자신의 경험에 기초하여 "이해한" 것을 간단하게 말하기—나는 설즈의 분석적 생각하기와 정신분석 치료방식의 본질적인 핵심을 전달하는데 있어서 이보다 더 좋은 방법을 생각할 수 없다.

논문 전체의, 그리고 특히 이 구절의 움직임은 마치 일련의 사진과 같은 느낌을 준다. 사진들 각각은 보다 숙련된 솜씨를 보였고, 사진 찍히는 피사체의 핵심을 성공적으로 포착했다: 분석적 관계. 이 구절에서 나에게 가장 생생한 단어와 이미지는—분석 시간 동안 내 마음에 자주 떠오르는 단어와 이미지는—설즈가 어린 자신의 딸이 그를 꼼짝 못하게 했던 방식을 기술한 것이다: "만약 어린 소녀가 자신의 아버지의 마음을 얻을 수 없다고 느낀다면 … 그러면 이 어린 여성은 이후에 어떻게 자신의 여성성의 힘에 대해 깊은 확신을 가질 수 있겠는가?"(p. 296) 그러나 그의 딸이 아무리 그의 마음을 사로잡고 있다 하더라도, 이전에 설즈의 환자들 중 한 명에 대한 그의 사랑의 그늘에 서 있었던 설즈의 아내가 이제는 그녀와 설즈가 경험하는 상호 사랑의 감정에 자리를 잡는다. 이것이 그들이 아이들에게 느끼는 오이디푸스적 사랑의 원천이다. 논문을 쓰고 읽는 바로 그 경험에서 (오이디푸스적으로) 사랑하는 사람에게 매료되는 경험으로부터 오이디푸스적 경험에 대한 안정장치로서 부모 서로에 대한 성인의 사랑이라는 "복원"으로의(Loewald, 1979, p. 393) 움직임이 있다.

설즈의 논문이 계속됨에 따라, 독자는 오이디푸스 콤플렉스에 대한 프로이트의 (명시적인) 개념과 설즈의 (대체로 암묵적인) 개념 사이의 차이를 점점 더 인식하게 된다. 설즈는 프로이트(1900)가 오이디푸스 콤플렉스에 대한 초기 기술에서(『꿈의 해석』에서), 이후의 저술들에서보다 "아동의 오이디푸스기에 대한 부모의 참여를 더 충분히 인식한다."(Searles, 1959, p. 297)고 지적한다:

> 부모도 일반적으로 성적 편애를 한다는 증거가 있다: 자연스러운 편애로는 보통 남자는 어린 딸들을 응석받이로 키우고 그의 아내는 아들들을 편애하는 경향이 있다. (Freud, 1900, pp. 257-258; Searles, 1959, p. 297에서 인용)

심지어 아이에 대한 부모의 오이디푸스적 사랑에 대한 이러한 언급조차도, 설즈에게 있어서는, 아이들과 부모 모두에게 인간 삶의 풍부함을 구성하는 활기차고 살아있는 것을 활기 없게 표현한 것이다. 그러나 이것이 설즈와 프로이트의 오이디푸스 콤플렉스 개념 차이의 핵심은 아니다. 프로이트(1910, 1921, 1923, 1924, 1925)에게 건강한 오이디푸스 콤플렉스 이야기는 한 부모에 대한 아이의 삼각구도적 성적 욕망과 로맨틱한 사랑, 다른 한쪽 부모에 대한 질투, 격렬한 경쟁, 살인적 소망에 대한 이야기, 자신의 부모를 향한 성적 욕망과 로맨틱한 욕망에 대해 아이가 두렵고 죄책감을 느껴서(거세 위협에 직면하여) 포기하는 이야기, 그리고 초자아 형성 과정에서 위협적이고 처벌적인 오이디푸스적 부모의 내재화에 대한 이야기이다.

대조적으로, 설즈 버전의 오이디푸스 콤플렉스는 부모에 대한 아이의 상호 로맨틱하고 성적인 사랑 경험에 관한 이야기이다("결혼하여" 그 부모와 함께 가족과 가정을 이루고 싶다는 소망이다). 다른 한쪽 부모에 대한 경쟁과 질투가 있지만, 부모에 대한 아이의 살인적 소망이라는 프로이트의 개념화에서보다는 훨씬 더 조용한 연애사건이다. 설즈 버전의 오이디푸스적 경험은 아이가 거세 위협에 패배했다고 느끼는 것으로 끝나지 않는다. 그리고 지속적인 죄책감을 느끼면서 부모에 대한 성적 및 로맨틱한 소망을 포기하고 수치스러워하며 숨겨야 할 필요성을 느끼는 것으로도 끝나지 않는다.

대신, 설즈에게는 건강한 오이디푸스 콤플렉스란 사랑과 상실의 이야기이며, 부모와 아이의 상호 로맨틱한 사랑 이야기이다. 이것은 부모로서 그리고 부부로서 그들의 역할에 대한 부모의 확고하지만 따뜻한 인식으로 보호된다. 부모의 역할에 대한 이러한 인식은 아이가(그리고 부모 자신이) 이 강력한 부모-아이 사랑 관계를 포기해야 한다는 사실을 받아들이도록 도와준다:

포기란, 내 생각에, 다시 말해, [아이의 오이디푸스적 사랑에 대한 보답과 같은] 무언가이다. 이것은 아이와 부모의 상호 경험이며, 인식된 더 큰 제한적 현실에 대한 존중으로 이루어진다. 이 현실은 경쟁자-부모에 의해 유지되는 금기를 포함할 뿐만 아니라 오이디푸스적으로 욕망하는 부모가 지닌 배우자를 향한 사랑을 포함한다. 이 사랑은 아이의 출생에 선행하며, 그 사랑은, 어떤 의미에서는, 아이 존재 자체가 빚지고 있는 사랑이다. (p. 302)

오이디푸스 콤플렉스에 대한 이러한 표현에서, 아이에게는 자신의 로맨틱하고 성적인 사랑이 받아들여지고, 가치 있고, 보답받는다는 느낌과 함께 자신이 살아야 하는 "더 큰 제한적 현실"에 대한 확고한 인식이 출현한다. 두 가지 요소는—사랑과 상실은—아이를 심리적으로 강화시킨다. 첫 번째 요소는—보답 받는 오이디푸스적 사랑은—아이의 자기 가치 감정을 향상시킨다. 두 번째 요소는—오이디푸스적 로맨스의 종말에 수반된 상실은—"인식된 더 큰 제한적 현실"에(p. 302) 대한 아이의 감각에 기여한다. 더 큰 제한적 현실에 대한 이러한 감각은 아이가 자신의 욕망의 실현 불가능성을 인식하고 받아들이는 역량의 향상을 포함한다. 이 성숙 단계는 부모의 비판적이고 위협적이며 처벌적 버전의 내재화라기보다는(즉, 초자아 형성이라기보다는) 현실 검증의 성숙과 내적 및 외적 현실을 구별하는 역량과 훨씬 더 관련된다. 설즈에게 오이디푸스 콤플렉스의 "계승자"는 주로 초자아의 형성이 아니라 외부 현실의 제약을 (상실감과 함께) 인식하면서 자신을 사랑하고 사랑받을 수 있는 사람으로 인식하는 감각이다.

우리는 이 구절에서 앞서 제기한 질문에 대한 부분적인 답변을 들

을 수 있다: "설즈에게 역전이 사랑은 다른 종류의 사랑보다 덜 현실적일까?" 분명 그 대답은 "아니다"이다. 역전이 사랑이 다른 유형의 사랑과 다른 점은 다음과 같은 분석가의 책임이다. 즉, 분석가는 환자에 대해 그리고 환자로부터 경험하는 사랑이 분석 관계의 한 측면이라는 것을 인식하고, 이러한 감정에 대한 인식을 활용하여 환자와 함께 참여하는 치료 작업을 촉진시켜야 한다:

> 이러한 감정은[환자에 대한 사랑의 감정은] 모든 감정과 마찬가지로 어디서 왔는지 보여 주는 꼬리표 없이 그에게[분석가에게] 다가오며, 그가 자신의 인식에 이러한 감정이 출현하는 것을 비교적 개방적으로 받아들일 때에만 그는 환자와의 작업에서 … 그 의미를 알아낼 기회를 갖게 된다. (pp. 300-301)

감정이 "꼬리표 없이" 분석가에게 다가온다는 생각은 역전이에서 오이디푸스적 사랑에 대한 설즈의 개념화와 정신분석에 대한 그의 전반적인 개념화에 중심축이 된다. 분석가의 과제는 무엇보다도 분석적 경험의 지금 여기에서 자신이 느끼는 모든 정서적 강도를 충분히 경험하도록 하는 것이다. 그래야만 분석가는 자신의 감정 상태를 분석적으로 활용할 수 있는 위치에 있게 된다.

무의식적 동일시

이제 나는 설즈의 「무의식적 동일시」(1990)를 살펴보겠다. 이것은 중요하지만 잘 알려지지 않은 논문으로, 「오이디푸스적 사랑」 논문이 출간된 지 30여 년이 지난 후 14명의 분석가가 쓴 논문집으로 출간되었다. 이 논문은 설즈의 치료적 생각하기의 가장 발전된 형태를 보여 준다. 설즈의 1990년 논문의 화자가 1959년 논문의 화자와 동일 인물이라는 것은 의심할 여지가 없다. 하지만 이제는 더 현명하고 더 숙련되게 작업을 하며 자신의 한계를 더 예리하게 인식한다. 1990년 논문에서 설즈는「오이디푸스적 사랑」논문에서보다 정신분석 이론을 훨씬 덜 활용한다. 내가 아는 한, 1990년 논문에서 설즈는 두 가지 분석 이론만을 활용한다: 역동적 무의식 개념과 전이-역전이 개념. 설즈가 이론을 최소한으로 줄인 결과, 마치 훌륭한 문학을 읽는 것과 유사한 읽기 경험이 창조된다: 등장인물이 스스로 말할 수 있는 정서적 상황이 제시된다.

설즈는 은유로 논문을 시작한다:

> 이 장의 주된 목적은 매우 다양한 치료 예시를 전달하는 것이다. 여기서 비교적 단순하고 명백한 의식적 동일시 아래 또는 뒤에서 가지를 뻗는 무의식적 동일시를 감지할 수 있다. 마치 바다 식물 같은 것이 수면에서 볼 수 있는 몇 장의 잎사귀 너머와 그 아래에서 번성하고 있는 것을 발견할 수 있다. (1990, p. 211)

설즈는 이 첫 문장에서 그가 분석적 관계에서 의식적 경험과 무의식적 경험의 관계를 어떻게 보는지에 관한 개념화를 제시한다. 만약 자기 자신 안에서 의식적 경험을 알아차리고 스스로 의식적 경험의 틀을 만들 수 있는 귀를 발달시켰다면, 의식적 경험은 "비교적 단순하고 명백"하다. 의식 경험 "아래 또는 뒤"에는 무의식적 경험이 있는데, 이는 의식적 경험과 연속된다. 마치 "번성하고" "가지를 뻗는" 바다 식물의 수면 아래 부분이 "수면에서 볼 수 있는 몇 안 되는 잎사귀"와 연속되는 것처럼 말이다. 내가 읽은 바에 따르면, 이 은유에 함의되어 있는 것은, 바다 식물의 특성을 알기 위해 해양 생물학자가 될 필요는 없지만, 마음과 감각이 보다 더 정교하게 지각할 수 있을수록, 식물이 작용하는 방식과 어떻게 그런 방식으로 작용하게 되는지에 대해 더욱 잘 이해할 가능성이 크다는 아이디어이다. 또한 훈련된 눈을 가진 사람은 자신이 관찰한 것에 대해 좀 더 호기심을 갖고, 좀 더 수수께끼를 풀려 하고, 좀 더 놀라워할 것이다. 그러나 내가 이 논문을 논의하는 과정에서 보여 주고자 하는 것처럼, 설즈는 이러한 은유를 사용함으로써 설즈의 생각하기와 작업하기 방식에서 무엇이 가장 중요한지 포착하는 데 실패한다.

첫 번째 치료 예시에서 설즈는 나이 많은 한 여성과의 작업을 기술한다. 그녀는 수년간 딸과 연락이 닿지 않았다. (당시 40대인) 딸로부터 편지를 받은 환자는 그 편지를 치료시간에 가지고 왔는데, 어떻게 답장해야 할지 확신이 없었다. 그녀는 편지를 설즈에게 읽어보라고 주었다. 설즈는 이에 대해 생각한 후, 말했다. "나는 실제 당신이 아니라고 느끼기 때문에, 내가 거기에 어떻게 반응할 수 있을지 불편하네요"(p. 214). 잠시 후, 설즈는 독자에게 대화하듯 말을 한다:

> 사실, 나로서는 이 상호작용에서 가장 기억에 남는 측면은, 편지를 받기 위해 손을 내밀기 직전의 순간에, 나는 내가 편지를 읽는 것이 옳지 않다는 매우 강렬한 감각을 느꼈다는 것이다. 나는 편지를 받은 사람이 아니었기 때문이다. 내가 이것을 읽기 바라는 그녀의 명백한 소망에 비춰보면, 이 금지의 힘은 놀라웠다.
>
> 나는 계속 이야기하다가 문득 떠올라서 말했다. "하지만 내가 의아한

것은 당신도 마찬가지로, 당신이 그 편지를 받은 사람이 아니라고 느끼는 것 같다는 거예요." 이에 대해 그녀는 강하게 확인시켜 주듯 반응했다. 그녀는 이 편지가 표현하고 있는 종류의 일과 관련된 이후로, 수년간 많은 치료를 받아왔다고 말했다. 본질적으로 실제 편지를 받아야 할 사람이 내가 아니라는 감각이, 마찬가지로, 그녀 역시 편지를 받는 사람이 아니라는 강한 감정과 상응한다는 것을 강하게 확증시켜 주었다. 여기서, 그녀의 확증은 충분히 억눌린 감정으로 표현되어 그녀가 이러한 감정들을 매우 분명하게 알고 표현할 수 있도록 나로부터 이러한 해석을 필요로 했다는 것을 나에게 알려주었다 (pp. 214-215, 원서 강조)

제시되고 있는 분석적 사건은 설즈가 손을 뻗어 편지를 받기 전에 그가 자신에게 온 것이 아닌 편지를 읽는다는 생각에서 불편감을 느낀 그 순간의 인식에 달려 있다. 이러한 느낌/사고를 바탕으로, 설즈는 그 상황에서 뭔가를 했고, 나로서는 놀라운 것이다: 그는 자신의 마음에서 경험을 "뒤집어서", 자신과, 환자, 그리고 독자인 나에게 진실로 느껴지는 무언가를 드러냈다(내가 경험을 뒤집는다는 은유를 사용한 것과 관련해서, 중요하게 염두에 둘 것은, 뫼비우스 띠의 표면처럼 안이 밖이 되고 밖이 안이 되는 과정이 계속되고 있다는 점이다). 설즈는 자신에게 온 것이 아닌 편지를 읽는 것이 옳지 않다는 느낌을—그것이 자신의 개인적 반응이라는 점에서, "내부"를—"외부"로 만들었다. "외부"란, 내가 말하는 맥락에서, 더 큰 정서적 현실이다. 그 안에서 그는 자신과 환자 사이에서 무엇이 일어나고 있는지 경험하고 있었고, 더 나아가 환자는 딸과의 관계에서 자기 자신을 경험하고 있었다. 바로 이런 종류의 반전은 설즈를 읽는 경험에서 가장 놀랍고도 종종 경악스럽다: 갑작스러운 전환이 설즈의 내적 삶으로부터(무엇이 일어나고 있는지에 대한 그의 뛰어난 지각과 정서적 반응으로부터) 보이지 않는 심리적 맥락으로 일어나고, 그 안에서 환자는 자기 자신을 경험하고 있다.

내가 말하고 있는 이 반전은 무의식을 의식화하는 것과 동의어가 아니다. 설즈가 하는 것은 그보다 훨씬 더 미묘하다. 이 예시에서, 환자 자신이 더 이상 딸이 상상하는 그런 사람이 아니라는 경험은 억압된 무의식적 사고와 감정이 아니다. 오히려 그것은 환자가 살고 있는 내적인 정서적 환경의 일부이다. 그녀의 자기의 아직 이름 붙여지지 않은 매트릭스는 그녀가 누구였는지에 대한 진실의 많은 부분을 구성하게 되었다. 기술한 대화에서, 먼저 설즈는 자신 안에서 맥락이 내용이 되도록 변형시키는 것이 필수적이었다: (편지를 받은 사람이 자신이 아니라는) 설즈 자신에 대한 감각의 "보이지 않는" 맥락이 "볼 수 있는", 생각할 수 있는 내용이 되었다. 생각하는 것을 소리내어 말하는 과정에서, 설즈는 환자가 그녀 자신을 편지를 받은 사람으로 경험하지 않았다는 느낌이/아이디어가 떠올랐다: "이야기를 하다 보니 문득 떠올랐어…"(p. 214). 설즈는 자신이 생각한 것을 말하는 것이 아니었다. 그는 자신이 말한 것을 생각하고 있었다. 즉, 말하는 그 행위에서, 내부가 외부가 되고 있었고, 생각하기가 말하기가 되고 있었으며, 생각할 수 없는 맥락이 생각할 수 있는 내용이 되고 있었고, 경험이 뒤집어지고 있었던 것이다.

나는 이제 설즈가 경험을 뒤집은 또 다른 예시를 들고자 한다. 이 논문 후반부의 치료 논의에서, 그는 환자로부터 "잘 지내세요?(How are you?)"라는 질문을 받은 사례에 대해 이야기한다. 설즈는 다음과 같이 종종 느낀다고 기술한다:

나는 내 자신의 짐을 내려놓고 그에게 … 오늘 내가 어떻게 느끼는지 무수히 많은 측면들을 자세히 말할 수 있다면 정말 좋겠다. 하지만 이것이 얼마나 불가능한지 알고, 여기 우리의 실제 상황에 비추어 볼 때, 나는 주로 "정말 대단해."라고 쓰라리게 아이러니한 놀이로 말하거나, 그저 고개를 끄덕일 뿐이다. (p. 216)

결국 설즈에게 떠오르는 것은, 매번 새롭고 예기치 않게 환자가 설즈 자신의 감정과 매우 유사한 무언가를 느끼고 있다는 것이다—즉, 그가(환자가) 어떻게 느끼는지 설즈에게 말하는 것이 그 상황에서는 불가능하다는 것이다. 그 이유는 "그[환자]는 [자신이] 나를 돕는 사람이어야 하기[한다고 느끼기]"(p. 216) 때문인데, 이는 환자가 어린 시절 부모와의 관계에서 그랬던 것과 같다. 설즈가 그 상황을 이런 방식으로 이해하게 될 때, 그는 침묵하지만 무엇이 일어나고 있는지 이해함으로써, "그럼에도 불구하고 환자가 이전보다 더 진정한 인내와 공감을 받고 있다고 느낄 수 있는 분위기를 조성할 수 … 있게 된다"(p. 216).

이러한 치료적 상황에서, 설즈는 자신이 환자의 분석가가 되는 정서적 경험의 맥락에서 결정적인 측면은 이 분석에서 환자가 되길 바라는 자신의(설즈의) 소망이었음을 깨닫는다. 환자의 질문/초대에 대답하는 자기 목소리의 쓸쓸함을 들으면서 그는 생각할 수 없는 맥락을 생각할 수 있는 내용으로 전환할 수 있게 된다. 설즈는 이러한 변형을 통해 환자가 자신의 분석에서 자신이 환자가 될 권리가 없다고 느끼는 것에 대한 환자의 보이지 않는(침묵하는) 쓸쓸함을 이해하고 (비언어적으로) 소통할 수 있다. 여기서도 설즈는 자신의 내적인 정서적 맥락을(이 분석이 자신의 분석이었으면 하는 소망을) 외적인(생각할 수 있는, 언어적으로 상징화된) 사고와 감정으로 변형시키는 심리적 작업을 한다. 설즈의 이러한 심리적 작업은 분석 관계의 "분위기"를 변화시키는 데 기여한다. 이전에는 생각할 수 없었던 환자의 경험에 대한 맥락이(이 분석이 **자신**의 분석이 아니라는 감각이) 설즈에 의해 의식적으로 사고되고 환자에 의해 무의식적으로 사고되는 과정으로 들어간다.

나는 설즈의 자기분석 작업의 일부를 마지막 예시로 들 것이다. 이 예시에서 그의 생각하기는 경험을 뒤집는 그의 독특한 방식으로 크게 특징지어진다.

> 수년 동안 나는 설거지를 즐겨왔다. 하지만 내 인생에서 이것이 내가 제일 편안하게 할 수 있다고 느끼는 유일한 일이라고 느껴본 적이 거의 없었다. 내가 설거지를 할 때, 어머니와 동일시하는 것 같다고 늘 생각해왔는데, 내가 어렸을 때 어머니는 일상적으로 설거지를 하셨다. 하지만 최근 몇 년 동안… 나는 설거지의 형태뿐만 아니라 정신으로도 어머니와 동일시하고 있다는 생각이 들었다. 어머니 역시 그렇게 만성적으로 압도되고, 너무 만성적으로 삶의 깊이를 벗어났다고 느껴서, 이 활동, 이 설거지가 그녀가 편안하게 대처할 수 있는 만반의 준비가 됐다고 느끼는 삶의 일부였을 수 있다는 것을 나는 이전에는 고려할 수 없었다. (p. 224)

이 문단은 설즈 외에는 누구도 쓸 수 없었을 것이다―부분적으로는 겉보기에 평범한 의식적 경험 안을 깊이 들여다보는 예술을 매우 정교하게 숙달했기 때문이다. 설즈는 다른 분석가들은 거의 알지 못하는 방식을 알고 있는데, 오직 단 하나의 의식이 있다는 것과 의식의 무의식적 측면은 의식적 측면에 있지, 의식 아래 또는 의식 뒤에 있는 것이 아니라는 것이다. 역설적이게도, 설즈는 이것을 치료 실제에서 알고 있고 그가 제시하는 거의 모든 치료 예시에서 이것을 활용하고 있지만, 내가 알고 있는 한, 그는 그의 글에서 이러한 의식의 개념을 논의한 적은 없다. 게다가 앞서 인용한 논문의 첫 문장에서, 설즈는 의식적 및 무의식적 경험의 관계에 대한 이러한 이해와 명백하게 모순되는데, 여기서 그는 무의식적 동일시가 의식적 동일시 "뒤와 아래" 있다고 말한다. 의식적 및 무의식적 경험 간의 관계에 대한 이러한 개념화는(그에 수반된 바다 식물 은유는) 설즈가 이 논문에서 강력하게 보여 주는 의식적 및 무의식적 경험 간의 관계에 대한 이해와 일치하지 않는다. 내 생각에, 다음과 같이 말하는 것이 설즈가 자신의 치료 작업에서 보여 주는 바를 좀 더 정확하게 반영하는 것 같다. 즉, 의식적 및 무의식적 경험은 단일 의식의 질적 특성이며, 우리가 경험의 무의식적 차원에 접근할 수 있는 것은 의식적 경험을 들여다봄으로써 가능하지, 의식의 "뒤"나 "아래"를 들여다봄으로써 가능한 것이 아니다.

설거지를 하는 동안의 자신의 심리 상태에 대한 설명에서, 설즈는 설거지를 하는 즐거움과 그것이 "내 인생에서 내가 제일 편안하게 할 수 있다고 느끼는 유일한 일"이라는 자신의 감정을 어머니가 설거지를 하는 "형태"로는 동일시하지만 "정신"으로는 동일시하지 않는다고 오랫동안 생각해 왔다. 설즈가 설거지에 대한 자신의 경험을 좀 더 깊이 탐구함에 따라 독자는(그리고 설즈도) 놀라게 된다. 그는 이미 "알고 있었지만" 알지 못했던 사실을 깨닫게 된다: 설거지하기에 대한 그의 경험은 강력하지만, 보이지 않는 깊은 부적절감이라는 정서적 맥락 안에서 일어난다는 것이다. 설즈는 이전에는 생각할 수 없었던 이 맥락을 생각할 수 있는 정서적 내용으로 변형시킨다:

어머니 역시 그렇게 만성적으로 압도되고, 너무 만성적으로 삶의 깊이를 벗어났다고 느껴서, 이 활동, 이 설거지가 그녀가 편안하게 대처할 수 있는 만반의 준비가 됐다고 느끼는 삶의 일부였을 수 있다는 것을 나는 이전에는 고려할 수 없었다. (p. 224)

설즈가 자신과 어머니에 대해 새롭게 창조한 이해의 진실은(그리고 아름다움까지도) 단순히 독자에게 기술되는 것이 아니라, 독자에게 이미지가 환기되어서 보인다. 설거지가 가득 담긴 싱크대에서 비눗물로 설거지를 하는 어머니를 바라보는 어린 설즈의 이미지는 우울한 어머니와 함께 있는 소년의 일상의 경험을 포착할 뿐만 아니라, 이것은 또한 그의 어머니가 감히 넘지 못했던—넘을 수 없었던—정서적 피상성에(부엌 싱크대의 매우 제한된 깊이에) 대한 감각을 전달해 준다.

설즈와 비온

설즈의 생각하기와 비온의 생각하기 사이의 상보성에 대해 간략하게 논의하는 것으로 마무리하고자 한다. 나는 놀랍게도 이 장을 쓰는 과정에서 이것을 "발견했다." 설즈는 치료 이론 이상으로 추상적 개념 수준에서 자신의 사고를 공식화하는 것을 기질적으로 꺼렸다(어쩌면 그럴 수 없었을 것이다). 매우 대조적으로, 비온은 정신분석 이론의 발전에 초점을 두었지만, 분석 세팅에서 자신의 아이디어를 어떻게 활용했는지 독자에게 거의 알려주지 않는다. 매우 압축된 방식으로, 나는 설즈와 비온의 작업의 세 가지 측면을 다룰 것이다. 여기서 나는 독자들이 두 저자의 작업에 익숙해야 어느 한 가지라도 충분히 제대로 이해할 수 있다고 제안한다.

컨테이너-컨테인드

딸이 쓴 편지를 읽어 달라는 환자의 요청에 대한 설즈의 작업하기 방식을 논의하면서, 나는 설즈의 생각하기를 "경험의 뒤집기"로서 생각할 수 있다는 아이디어를 소개했다. 볼 수 없고 생각할 수 없는 경험의 맥락에서 시작된 것이 설즈에 의해 경험적 내용으로 변형되어, 그와 환자는 그것에 대해 생각하고 말할 수 있다. 설즈가 무엇을 하고 있었는지에 대한 나의 은유적 기술은 (내가 인식하지 못한 사이에) 비온(1962a)의 컨테이너-컨테인드 개념에서 비롯되었다. 컨테이너-컨테인드 개념은 심리적 내용이(사고와 감정이) 사고를 생각하기 위한 바로 그 역량을(컨테이너를) 압도하고 파괴할 수 있는 방식에 대한 생각하기 방식을 제공한다(비온의 컨테이너-컨테인드 개념에 대한 논의는 6장과 Ogden, 2004c 참조). 설즈의 환자는 강한 죄책감을 가지고 있었을 수 있다. 그로 인해 자신이 변해 온 방식에 대한 사고를 생각하는 역량이 제한되었고, 따라서 그것에 대한 무의식적인 심리적 작업을 할 수단이 없었다. 설즈는 자신에게 온 것이 아닌 편지를 읽는다는 아이디어에 대한 자신의 죄책감/불편감과 관련하여 환자의 생각할 수 없는 사고와 같은 무언가를 생각할 수(컨테인할 수) 있었다. 설즈는 환자에게 그녀 역시 스스로를 편지를 받은 사람이라고 경험하지 않는 것 같다고 말하면서, 환자가 이뤄온 심리적 성장과 관련하여 그녀가 이전에는 생각할 수 없었던 사고와 감정을 컨테인/생각할 수 있도록 했다.

이러한 방식으로 설즈의 작업을 공식화하면서, 나는 설즈의 작업에서 결여되어 있는 관점을—즉, 분석적 대화가 사고의 근육적 상호작용과 자신의 사고를 생각할 수 있는 역량을 언제나 포함할 수 있는 방식에 대한 개념화를—창조하고 있다. 동시에 전이-역전이에서 일어나는 정서적 변화를 기술하는 설즈의 비범한 역량은 컨테이너-컨테인드 작업하기의 경험적 수준을 생생하게 보여 준다. 내생각에, 설즈는 이것을 비온이 그의 글에서 이룰 수 없었던 방식으로 하는 것 같다.

진실에 대한 인간의 욕구

(자기 자신과 환자에 대한) 혹독한 정직함이 설즈의 치료 작업에 대한 설명에 스며든다. 이 장에서 논의된 예시들 중 바로 떠오르는 것들로는 다음을 들 수 있다. 설즈는 오이디푸스적 전이-역전이 경험이 가장 활발할 때, 환자와 결혼하고 싶다는 자신의 강렬한 소망을 (그러면 안 된다는 내적, 외적인 압력에도 불구하고) 스스로 인정했다. 또한 설즈는 조현병 남성 환자를 향한 깊은 다정함을 느꼈는데 그것이 자신의 아내에게 느꼈던 사랑보다 더 크다는 것을 경계하며 자각했다. 그리고 그는 자신이 하고 있는 분석에서 자신이 환자가 아니라는 사실과, 결과적으로 자신이 느끼고 있는 것을 환자에게 자세하게 말할 권리가 없다는 사실에 대해 씁쓸한 감정을 인식했다. 설즈가 분석 관계에서 무엇이 일어나고 있는지에 대한 진실을 직접적으로 마주하는 것이 분석 작업에서 없어서는 안 될 요소라고 분명하게 믿는 동안, 비온은 이러한 치료적 인식을 추상화의 더 높은 수준으로 공식화했다—즉, 인간 동기의 가장 근본적인 원칙은 자신의 생

생한 정서적 경험에 대한 진실을 알고자 하는 욕구라는 것이다. "환자가 행복하기 위해서는 신체적으로 생존하기 위해 불가피하게 음식을 필요로 하는 것과 같이 진실에 대한 끊임없는 공급을 필요로 한다."(Bion, 1992, p. 99; 또한 6장 참조). 설즈는 전이-역전이에서 진실에 대한 욕구가 어떻게 보이고 느껴지는지, 그리고 그것이 분석 경험을 어떻게 형성하는지를 보여 주는 데 있어 타의 추종을 불허한다. 그리고 비온은 그 아이디어를 말로 나타내고 그것을 분석 이론 전체와 연관시켜 위치시키고, 진실에 대한 욕구를 그 핵심에 두는 인간 조건에 대한 이해를 창조해 냈다.

의식적 경험과 무의식적 경험의 관계 재고찰하기

설즈가 자신의 분석 작업을 기술할 때 분명한 것은 분석가의 의식적 및 무의식적 경험의 관계가 이 상호작용이 일반적으로 개념화되는 방식과는 상당히 다르게 생각된다는 것이다. 명시적으로 언급하지는 않지만, 설즈는 독자에게 의식을 전체적으로 활용한다는 것이 무엇을 의미하는지 보여 준다—즉, 분석 세팅에서 분석가는 의식의 형태에 의해 전이-역전이에서 무엇이 일어나는지를 인식하는 조건을 만든다. 이 의식의 형태는 의식적 및 무의식적 경험의 매끄러운 연속성으로 특징지어진다. 비온은 설즈가 치료적 설명에서 보여 준 것을 자신의 작업에서 인식하였고, 그 인식을 활용하여 지형학적 모델을 급진적으로 변화시킴으로써 분석 이론에 혁명을 일으켰다. 비온이 지형학적 모델을 바꾼 것은 숨 막힐 정도로 놀라운 일이다. 의식적 마음으로부터 어떻게든 분리된 ("아래의") 무의식적 마음이라는 아이디어 없이 정신분석을 상상하기란, 적어도 나에게는 불가능했다는 점에서 그렇다. 의식적 및 무의식적 "마음"은 비온에게 있어서 분리된 실체가 아니라 단일 의식 차원이다. 의식적 및 무의식적 마음이 분리되어 있는 것처럼 보이는 것은, 비온(1962a)에 따르면 우리가 인간 경험을 관찰하고 생각하는 관점의 인위적 산물에 불과하다. 다시 말해, 의식과 무의식은 서로 다른 정점에서 바라본 단일한 실체의 측면들이다. 무의식은 쉽게 지각할 수 있든 없든, 항상 의식의 한 차원이다. 별이 태양의 눈부심에 가려져 있든 아니든, 항상 하늘에 있는 것처럼 말이다.

비온(1962a)이 "레브리"(자신과 환자의 의식적 및 무의식적 경험에 대한 수용성의 상태) 개념을 발전시킨 것과 동시에 설즈는 초기에 만성 조현병 환자에 대해 기술했다(1950년대와 1960년대에 썼다). 여기서 그는 경험의 의식적 및 무의식적 측면 간의 구분을 흐리게 하는 마음 상태를 활용한다. 비온이 설즈에게 어느 정도 영향을 받았는지, 또는 설즈가 비온에게 어느 정도 영향을 받았는지에 대해 말하는 건 불가능하다. 설즈는 투사적 동일시에 대한 비온의 비교적 초기 작업에 대해서만 언급하고, 비온은 설즈의 작업에 대해 전혀 언급하지 않는다. 그럼에도 불구하고 내가 보여 주고자 하는 것은 설즈의 작업이 비온의 작업의 지식에 의해 개념적으로 풍부해지고, 비온의 작업이 설즈의 작업의 친숙함에 의해 경험적으로 더욱 충분히 생생해진다는 것이다.

참고문헌

Anderson, A. and McLaughlin, F. (1963) Some observations on psychoanalytic supervision. *Psychoanalytic Quarterly*, 32: 77-93.

Baudry, F. D. (1993) The personal dimension and management of the supervisory situation with a special note on the parallel process. *Psychoanalytic Quarterly*, 62: 588-614.

Berger, J. and Mohr, J. (1967) *A Fortunate Man: The Story of a Country Doctor*. New York: Pantheon.

Berman, E. (2000) Psychoanalytic supervision: The intersubjective development. *International Journal of Psychoanalysis*, 81: 273-290.

Bion, W. R. (1948-1951) Experiences in groups. In *Experiences in Groups and Other Papers* (pp. 27-137). New York: Basic Books, 1959.

Bion, W. R. (1952) Group dynamics: A review. *International Journal of Psychoanalysis*, 33: 235-247.

Bion, W. R. (1957) Differentiation of the psychotic from the non-psychotic personalities. In *Second Thoughts* (pp. 43-64). New York: Aronson, 1967.

Bion, W. R. (1959) *Experiences in Groups and Other Papers*. New York: Basic Books.

Bion, W. R. (1962a) *Learning from Experience*. In *Seven Servants*. New York: Aronson, 1975.

Bion, W. R. (1962b) A theory of thinking. In *Second Thoughts* (pp. 110-119). New York: Aronson.

Bion, W. R. (1963) *Elements of Psycho-Analysis*. In *Seven Servants*. New York: Aronson, 1975.

Bion, W. R. (1967) Notes on the theory of schizophrenia. In *Second Thoughts* (pp. 23-35). New York: Aronson.

Bion, W. R. (1970) *Attention and Interpretation*. In *Seven Servants*. New York: Aronson, 1975.

Bion, W. R. (1987) Clinical seminars. In F. Bion (ed.), *Clinical Seminars and Other Works* (pp. 1-240). London: Karnac.

Bion, W. R. (1992) *Cogitations*, F. Bion (ed.). London: Karnac.

Borges, J. L. (1923) *Fervor de Buenos Aires*. Privately printed. Excerpts in English in *Jorge L. Borges: Selected Poems*, A. Coleman (ed.) (pp. 1-32). New York: Viking, 1999.

Borges, J. L. (1962) Kafka and his precursors. In J. Irby (trans.) and D. Yates and J. Irby (eds.), *Labyrinths: Selected Stories and Other Writings* (pp. 199-201). New York: New Directions.

Borges, J. L. (1970a) Preface. In N. T. Di Giovanni (trans.), *Dr Brodie's Report* (pp. 11-14). London: Penguin, 1976.

Borges, J. L. (1970b) An autobiographical essay. In N. T. Di Giovanni (ed. and trans.), *The Aleph and Other Stories, 1933-1969* (pp. 203-262). New York: Dutton.

Borges, J. L. (1980) *Seven Nights*, E. Weinberger (trans.). New York: New Directions, 1984.

Borges, J. L. (1984) *Twenty-Four Conversations with Borges (Including a Selection of Poems). Interviews with Roberto Alifano 1981-1983*, N. S. Arauz, W. Barnstone and N. Escandell (trans.). Housatonic, MA: Lascaux Publishers.

Breuer, J. and Freud, S. (1893-1895) *Studies on Hysteria*. SE 2. (*The Standard Edition of the Complete Psychological Works of Sigmund Freud*. J. Strachey [ed. and trans.]. London: Hogarth Press, 1974.)

Chodorow, N. (2003) The psychoanalytic vision of Hans Loewald. *International Journal of Psychoanalysis*, 84: 897-913.

Chomsky, N. (1968) *Language and Mind*. New York: Harcourt, Brace and World.

Coetzee, J. M. (1983) *Life & Times of Michael K*. New York: Penguin.

Coetzee, J. M. (1990) *The Age of Iron*. New York: Penguin.

Coetzee, J. M. (1999) *Disgrace*. New York: Penguin.

Davis, L. (2007) What you learn about the baby. In *Varieties of Disturbance* (pp. 115-124). New York: Farrar, Straus and Giroux.

DeLillo, D. (1997) *Underworld*. New York: Scribner.

de M' Uzan, M. (2003) Slaves of quantity. *Psychoanalytic Quarterly*, 72: 711-725. ([1984] Les esclaves de la quantit. *Nouvelle Revue Psychanalyse*, 30: 129-138.)

Doehrman, M. J. (1976) Parallel processes in supervision and psychotherapy. *Bulletin of the Menninger Clinic*, 40: 3-104.

Epstein, L. (1986) Collusive selective inattention to the negative impact of the supervisory interaction. *Contemporary Psychoanalysis*, 22: 389-409.

Freud, S. (1900) *The Interpretation of Dreams*. SE 4-5.

Freud, S. (1905) Three essays on the theory of sexuality. SE 7.

Freud, S. (1909) Analysis of a phobia in a five-year-old. SE 10.

Freud, S. (1910) A special type of object choice made by men (Contributions to a psychology of love I). SE 11.

Freud, S. (1911) Formulations on the two principles of mental functioning. SE 12.

Freud, S. (1916-1917) *Introductory Lectures on Psycho-Analysis*. SE 15-16.

Freud, S. (1917) Mourning and melancholia. SE 14.

Freud, S. (1921) *Group Psychology and the Analysis of the Ego*. SE 18.

Freud, S. (1923) *The Ego and the Id*. SE 19.

Freud, S. (1924) The dissolution of the Oedipus complex. SE 19.

Freud, S. (1925) Some psychical consequences of the anatomical distinction between the sexes. SE 19.

Frost, R. (1939) The figure a poem makes. In R. Poirier and M. Richardson (eds.), *Robert Frost: Collected Poems, Prose and Plays* (pp. 776-778). New York: Library of America, 1995.

Frost, R. (1942) Never again would birds' song be the same. In R. Poirier and M. Richardson (eds.), *Robert Frost: Collected Poems, Prose and Plays* (p. 308). New York: Library of America, 1995.

Gabbard, G. O. (1996) *Love and Hate in the Analytic Setting*. Northvale, NJ: Aronson.

Gabbard, G. O. (1997a) The psychoanalyst at the movies. *International Journal of Psychoanalysis*, 78: 429-434.

Gabbard, G. O. (1997b) Neil Jordan's *The Crying Game*. *International Journal of Psychoanalysis*, 78: 825-828.

Gabbard, G. O. (2007) "Bound in a nutshell": Thoughts about complexity, reductionism and "infinite space". *International Journal of Psychoanalysis*, 88: 559-574.

Gabbard, G. O. and Gabbard, K. (1999) *Psychiatry and the Cinema* (2nd ed.). Washington, DC: American Psychiatric Press.

Gabbard, G. O. and Lester, E. (1995) *Boundaries and Boundary Violations in Psychoanalysis*. New York: Basic Books.

Gediman, H. K. and Wolkenfeld, F. (1980) The parallelism phenomenon in psychoanalysis and supervision: Its reconsideration as a triadic system. *Psychoanalytic Quarterly*, 49: 234-255.

Gould, G. (1974) *Glenn Gould: The Alchemist*. (A documentary film by B. Monsaingeon). EMI Archive Film.

Grotstein, J. S. (2000) *Who is the Dreamer who Dreams the Dream? A Study of Psychic Presences*. Hillsdale, NJ: Analytic Press.

Grotstein, J. S. (2007) *A Beam of Intense Darkness: Wilfred Bion's Legacy to Psychoanalysis*. London: Karnac.

Karp, G. and Berrill, N. J. (1981) *Development* (2nd ed.). New York: McGraw-Hill.

Kaywin, R. (1993) The theoretical contributions of Hans W. Loewald. *Psychoanalytic Study of the Child*, 48: 99-114.

Klein, M. (1946) Notes on some schizoid mechanisms. In *Envy and Gratitude and Other Works, 1946-1963* (pp. 1-24). New York: Delacorte Press/Seymour Laurence, 1975.

Langs, R. (1979) *The Supervisory Experience*. New York: Aronson.

Laplanche, J. and Pontalis, J.-B. (1967) Repression. In D. N. Smith (trans.), *The Language of Psychoanalysis* (pp. 390-394). New York: Norton, 1973.

Lesser, R. (1984) Supervision: Illusions, anxieties and questions. In L. Caligor, P. M. Bromberg, and J. D. Meltzer (eds.), *Clinical Perspectives on the Supervision of Psychoanalysis and Psychotherapy* (pp. 143-152). New York: Plenium, 1984.

Loewald, H. (1979) The waning of the Oedipus complex. In *Papers on*

Psychoanalysis (pp. 384-404). New Haven, CT: Yale University Press, 1980.

McDougall, J. (1984) The "dis-affected" patient: Reflections on affect pathology. *Psychoanalytic Quarterly*, 53: 386-409.

McKinney, M. (2000) Relational perspectives and the supervisory triad. *Psychoanalytic Psychology*, 17: 565-584.

Meltzer, D. (1983) *Dream-Life*. Perthshire, Scotland: Clunie Press.

Mitchell, S. (1998) From ghosts to ancestors: The psychoanalytic vision of Hans Loewald. *Psychoanalytic Dialogues*, 8: 825-855.

Ogden, T. H. (1979) On projective identification. *International Journal of Psychoanalysis*, 60: 357-373.

Ogden, T. H. (1980) On the nature of schizophrenic conflict. *International Journal of Psychoanalysis*, 61: 513-533.

Ogden, T. H. (1982) *Projective Identification and Psychotherapeutic Technique*. New York: Jason Aronson/London: Karnac.

Ogden, T. H. (1986a) *The Matrix of the Mind: Object Relations and the Psychoanalytic Dialogue*. Northvale, NJ: Aronson/London: Karnac.

Ogden, T. H. (1986b) Instinct, phantasy and psychological deep structure in the work of Melanie Klein. In *The Matrix of the Mind: Object Relations and the Psychoanalytic Dialogue* (pp. 9-39). Northvale, NJ: Aronson/London: Karnac.

Ogden, T. H. (1987) The transitional oedipal relationship in female development. *International Journal of Psychoanalysis*, 68: 485-498.

Ogden, T. H. (1989a) The schizoid condition. In *The Primitive Edge of Experience* (pp. 83-108). Northvale, NJ: Aronson/London: Karnac.

Ogden, T. H. (1989b) The concept of an autistic-contiguous position. *International Journal of Psychoanalysis*, 70: 127-140.

Ogden, T. H. (1989c) *The Primitive Edge of Experience*. Northvale, NJ:

Aronson/London: Karnac.

Ogden, T. H. (1994) The analytic third-working with intersubjective clinical facts. *International Journal of Psychoanalysis*, 75: 3-20.

Ogden, T. H. (1997a) Reverie and interpretation. *Psychoanalytic Quarterly*, 66: 567-595.

Ogden, T. H. (1997b) *Reverie and Interpretation: Sensing Something Human*. Northvale, NJ: Aronson/London: Karnac.

Ogden, T. H. (1997c) Listening: Three Frost poems. *Psychoanalytic Dialogues*, 7: 619-639.

Ogden, T. H. (1997d) Some thoughts on the use of language in psychoanalysis. *Psychoanalytic Dialogues*, 7: 1-21.

Ogden, T. H. (1998) A question of voice in poetry and psychoanalysis. *Psychoanalytic Quarterly*, 67: 426-448.

Ogden, T. H. (1999) "The music of what happens" in poetry and psychoanalysis. *International Journal of Psychoanalysis*, 80: 979-994.

Ogden, T. H. (2000) Borges and the art of mourning. *Psychoanalytic Dialogues*, 10: 65-88.

Ogden, T. H. (2001a) Reading Winnicott. *Psychoanalytic Quarterly*, 70: 279-323.

Ogden, T. H. (2001b) An elegy, a love song and a lullaby. *Psychoanalytic Dialogues*, 11: 293-311.

Ogden, T. H. (2002) A new reading of the origins of object-relations theory. *International Journal of Psychoanalysis*, 83: 767-782.

Ogden, T. H. (2003a) On not being able to dream. *International Journal of Psychoanalysis*, 84: 17-30.

Ogden, T. H. (2003b) What's true and whose idea was it? *International Journal of Psychoanalysis*, 84: 593-606.

Ogden, T. H. (2004a) This art of psychoanalysis: Dreaming undreamt dreams and interrupted cries. *International Journal of Psychoanalysis*, 85: 857-877.

Ogden, T. H. (2004b) An introduction to the reading of Bion. *International Journal of Psychoanalysis*, 85: 285-300.

Ogden, T. H. (2004c) On holding and containing, being and dreaming. *International Journal of Psychoanalysis*, 85: 1349-1364.

Ogden, T. H. (2005a) *This Art of Psychoanalysis: Dreaming Undreamt Dreams and Interrupted Cries*. (New Library of Psychoanalysis.) London and New York: Routledge.

Ogden, T. H. (2005b) On psychoanalytic writing. *International Journal of Psychoanalysis*, 86: 15-29.

Plato (1997) *Phaedrus*. In J. M. Cooper (ed.), *Plato: Complete Works* (pp. 506-556). Indianapolis, IN: Hackett.

Poe, E. A. (1848) To _____ . In *The Complete Tales and Poems of Edgar Allan Poe* (p. 80). New York: Barnes and Noble, 1992.

Pritchard, W. H. (1994) Ear training. In *Playing It by Ear: Literary Essays and Reviews* (pp. 3-18). Amherst, MA: University of Massachusetts Press.

Sandler, J. (1976) Dreams, unconscious fantasies and 'identity of perception'. *International Review of Psychoanalysis*, 3: 33-42.

Searles, H. (1955) The informational value of the supervisor's emotional experiences. In *Collected Papers on Schizophrenia and Related Subjects* (pp. 157-176). New York: International Universities Press, 1965.

Searles, H. (1959) Oedipal love in the countertransference. In *Selected Papers on Schizophrenia and Related Subjects* (pp. 284-303). New York: International Universities Press, 1965.

Searles, H. (1990) Unconscious identification. In L. B. Boyer and P.

Giovacchini (eds.), *Master Clinicians: On Treating the Regressed Patient* (pp. 211-226). Northvale, NJ: Aronson.

Slavin, J. (1998) Influence and vulnerability in psychoanalytic supervision and treatment. *Psychoanalytic Psychology*, 15: 230-244.

Springmann, R. R. (1986) Countertransference clarification in supervision. *Contemporary Psychoanalysis*, 22: 252-277.

Stimmel, B. (1995) Resistance to the awareness of the supervisor's transference with special reference to parallel process. *International Journal of Psychoanalysis*, 76: 609-618.

Tower, L. E. (1956) Countertransference. *Journal of the American Psychoanalytic Association*, 4: 224-255.

Tustin, F. (1981) *Autistic States in Children*. Boston: Routledge and Kegan Paul.

Weinstein, A. (1998) Audio tape 1. In *Classics in American Literature*. Chantilly, VA: Teaching Company.

Williams, W. C. (1984a) *The Doctor Stories*. New York: New Directions.

Williams, W. C. (1984b) The girl with a pimply face. In *The Doctor Stories* (pp. 42-55). New York: New Directions.

Williams, W. C. (1984c) The use of force. In *The Doctor Stories* (pp. 56-60). New York: New Directions.

Winnicott, D. W. (1945) Primitive emotional development. In *Through Paediatrics to Psycho-Analysis* (pp. 145-156). New York: Basic Books, 1975.

Winnicott, D. W. (1947) Hate in the countertransference. In *Through Paediatrics to Psycho-Analysis* (pp. 194-203). New York: Basic Books, 1975.

Winnicott, D. W. (1951) Transitional objects and transitional phenomena. In *Playing and Reality* (pp. 1-25). New York: Basic

Books, 1971.

Winnicott, D. W. (1956) Primary maternal preoccupation. In *Through Paediatrics to Psycho-Analysis* (pp. 300-305). New York: International Universities Press, 1975.

Winnicott, D. W. (1960) The theory of the parent-infant relationship. In *The Maturational Processes and the Facilitating Environment* (pp. 33-55). New York: International Universities Press, 1965.

Winnicott, D. W. (1964) *The Infant, the Child and the Outside World*. Baltimore, MD: Pelican.

Winnicott, D. W. (1968) The use of an object and relating through identifications. In *Playing and Reality* (pp. 86-94). New York: Basic Books, 1971.

Winnicott, D. W. (1971) Playing: A theoretical statement. In *Playing and Reality* (pp. 38-52). New York: Basic Books.

Wolkenfeld, F. (1990) The parallel process phenomenon revisited: Some additional thoughts about the supervisory process. In R. C. Lane (ed.), *Psychoanalytic Approaches to Supervision* (pp. 95-109). New York: Brunner/Mazel.

Yerushalmi, H. (1992) On the concealment of the interpersonal therapeutic reality in the course of supervision. *Psychotherapy*, 29: 438-446.

🌱 찾아보기

인명

Grotstein, J. S. 16, 28

H

Hunter, H. 44, 46~48

K

Karp, G. 194
Klein, M. 152, 175, 204
Kohut, H. 175

L

Lacan, J. 175
Laplanche, J. 182
Loewald, H. 20~22, 85~89,
    91, 128, 175~185, 188~190,
    193~201, 216

M

McDougall, J 31
Meltzer, D. 30
Mohr, J. 84

O

Ogden, T. H. 16, 31, 32, 33, 43,
    119, 128, 228

P

Ping-Ni Pao 71
Plato 180, 183
Pontalis, J. B. 182
Pritchard, W. H. 26

S

Sandler, J. 16, 28
Searles, H. 12, 20, 21, 54, 58, 69,
    70~72, 128, 203~231
Shakespeare, W. 199

T

Tustin, F. 31

W

Williams, W. C. 98, 99, 100, 101,
    102, 103
Winnicott, D. W. 28, 26, 30, 84,
    128, 155, 158, 209

내용

🌱 저자 소개

토마스 H. 오그던(Thomas H. Ogden)은 2004년 『국제 정신분석 저널』의 우수 논문상 수상자이다. 그는 정신증 고등 연구소(the Center for the Advanced Study of the Psychoses) 소장이자 국제정신분석협회(the International Psychoanalytical Association) 회원이다. 그의 이전 저서로는 『정신분석의 예술: 꿈꾸지 못한 꿈과 중단된 외침을 꿈꾸기(Art of Psychoanalysis: Dreaming Undreamt Dreamsand Interrupted Cries)』가 있다. 그의 작업은 16개 언어로 출판되었다.

🌱 역자 소개

김정욱(Kim Jungwook)
서울대학교 대학원 심리학과 박사
한국심리학회 공인 상담심리사 1급
전 연세대학교 객원교수
　　서울정신분석상담연구소 부소장
현 마인드앤소울 심리상담센터 소장

민경희(Min Kyunghee)
숙명여자대학교 대학원 교육학과 박사수료
한국심리학회 공인 상담심리사 1급
전 삼성SDI 열린상담센터 전문상담사
　　서울시청소년상담복지센터 상담원
현 마인드앤소울 심리상담센터 선임연구원

정신분석 재발견하기
생각하기와 꿈꾸기, 배우기와 잊기
Rediscovering Psychoanalysis: Thinking and Dreaming,
Learning and Forgetting

2025년 2월 20일 1판 1쇄 인쇄
2025년 2월 25일 1판 1쇄 발행

지은이 • Thomas H. Ogden
옮긴이 • 김정욱 · 민경희
펴낸이 • 김진환
펴낸곳 • ㈜ **학지사**

04031 서울특별시 마포구 양화로 15길 20 마인드월드빌딩
대표전화 • 02-330-5114   팩스 • 02-324-2345
등록번호 • 제313-2006-000265호

홈페이지 • http://www.hakjisa.co.kr
인스타그램 • https://www.instagram.com/hakjisabook

ISBN 978-89-997-3305-5 93180

정가 16,000원

출판미디어기업 **학지사**

간호보건의학출판 **학지사메디컬** www.hakjisamd.co.kr
심리검사연구소 **인싸이트** www.inpsyt.co.kr
학술논문서비스 **뉴논문** www.newnonmun.com
교육연수원 **카운피아** www.counpia.com
대학교재전자책플랫폼 **캠퍼스북** www.campusbook.co.kr